他不仅仅是来过

李万增传

李代权 著

黄河出版传媒集团
阳光出版社

图书在版编目（CIP）数据

他不仅仅是来过：李万增传 / 李代权著. -- 银川：阳光出版社, 2022.12
ISBN 978-7-5525-6725-0

Ⅰ. ①他… Ⅱ. ①李… Ⅲ. ①李万增－传记 Ⅳ. ①K825.72

中国版本图书馆CIP数据核字(2022)第258138号

他不仅仅是来过：李万增传　　李代权　著

责任编辑　丁丽萍
封面设计　圣立文化
责任印制　岳建宁

黄河出版传媒集团
阳光出版社　出版发行

出 版 人　薛文斌
地　　址　宁夏银川市北京东路139号出版大厦（750001）
网　　址　http：//www.ygchbs.com
网上书店　http：//shop129132959.taobao.com
电子信箱　yangguangchubanshe@163.com
邮购电话　0951-5047283
经　　销　全国新华书店
印刷装订　四川金邦印务有限公司
印刷委托书号　（宁）0025144

开　　本　720 mm × 980 mm　1/16
印　　张　15.5
字　　数　252千字
版　　次　2023年1月第1版
印　　次　2023年1月第1次印刷
书　　号　ISBN 978-7-5525-6725-0
定　　价　58.00元

李万增

李万增（1927—2009），笔名耕牛，著名侗族画家，中国美术家协会会员、中国版画家协会会员，其民族风情版画作品被美术理论家称作贵州民族艺术发展演进的“活化石”。1994年获文化部美术专业奖项“民族百花奖”，1999年获中国文化艺术政府最高奖“群星奖”。1995年，在中国美术馆举办“李万增民族风情版画展”，是中国第一位在中国美术馆举办个人画展的侗族画家。

李万增一生坎坷，但矢志不渝，本着民族的情感和一个共产党员的初心，扎根基层，用毕生精力推动贫穷落后地区民族文化事业的发展，创造出一个又一个文化奇迹。他用精彩的人生诠释生命的意义，给予我们多方面的启示和教益。

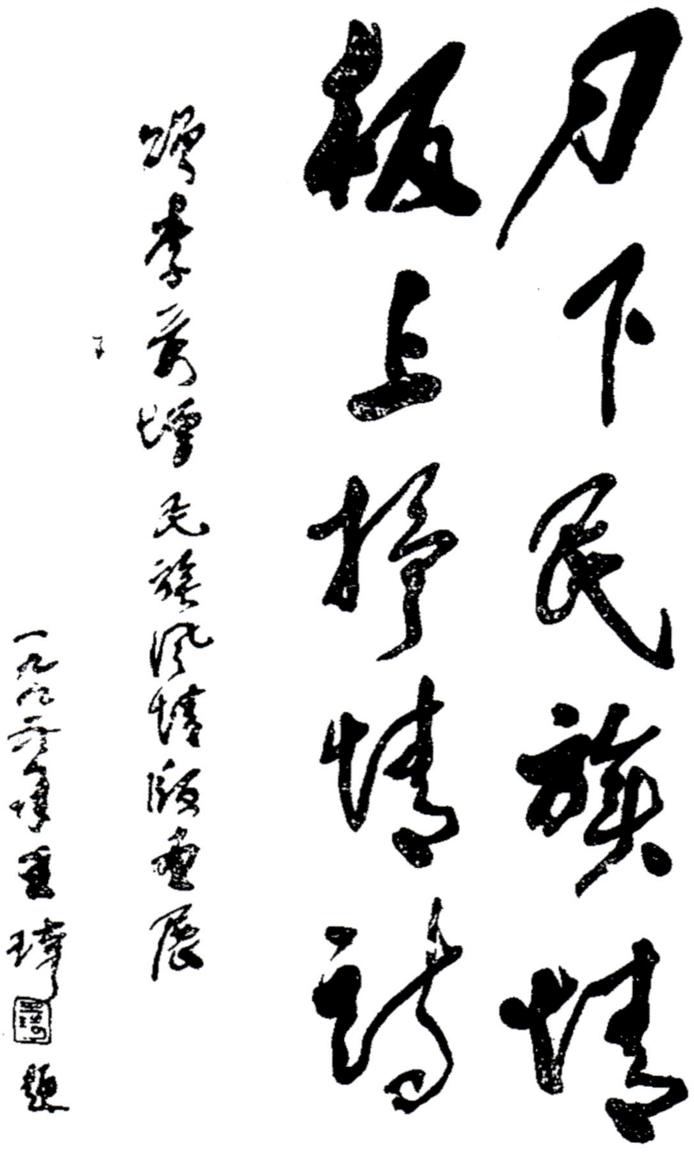

❖ 王琦，中国美术家协会党组书记、常务副主席，中国版画家协会主席，杰出版画家

情融乡土
意满人间

题李万增画展

古元

❖ 古元，中国美术家协会副主席，中国版画家协会副主席，中央美术学院院长，杰出版画家

❖ 任虹，中国儿童艺术剧院首任院长，杰出艺术家。曾经出席延安文艺座谈会

杨长槐，第九届、第十届全国人大常委会委员，贵州省文联主席。人民大会堂国画《高山流水》作者，杰出画家

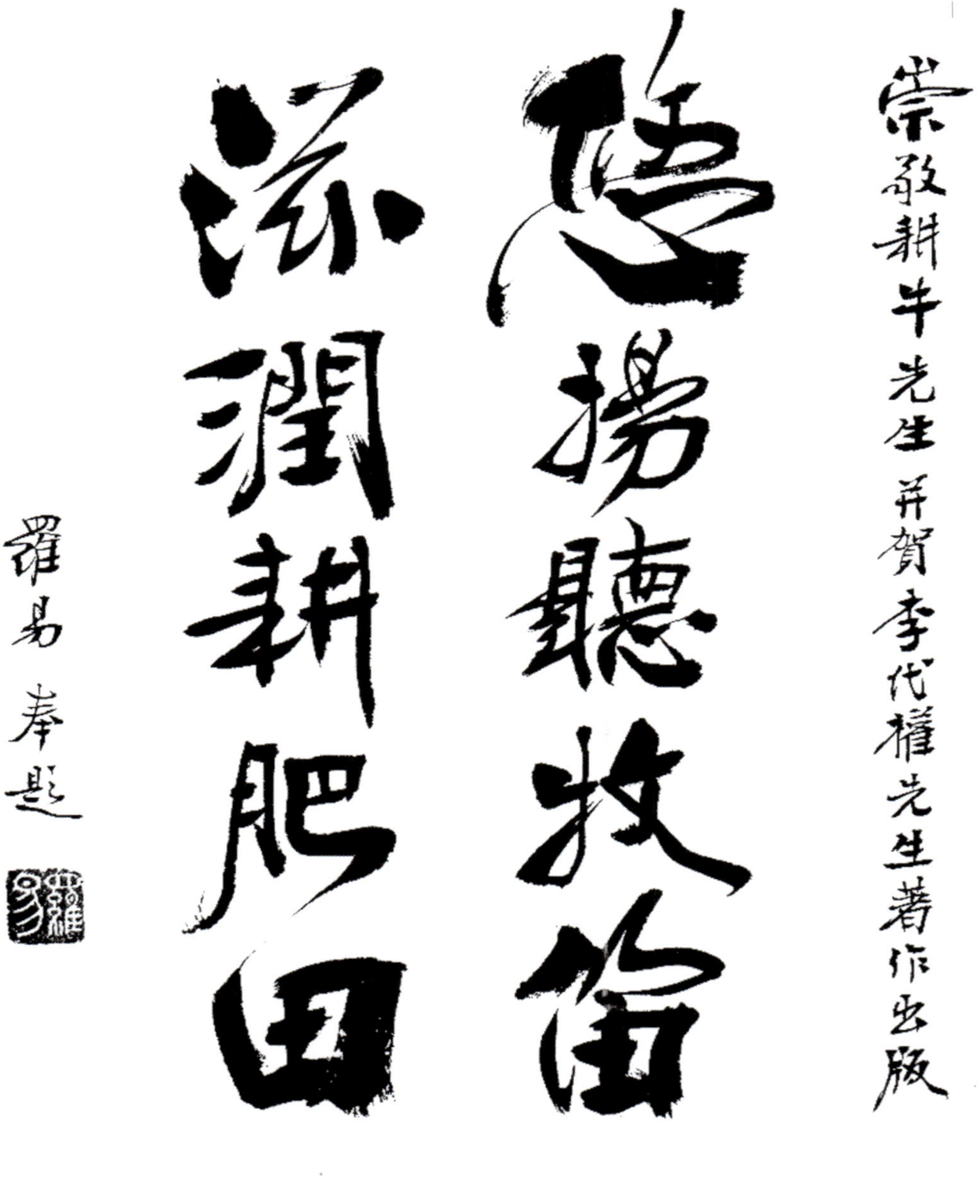

罗易，广东省人民政府督学，特级教师，著名书法家

李万增美术作品

高原雄风（90×60cm）

凯　旋（84×60cm）

风雨桥畔（50 × 52cm）

久仰人的歌（50 × 50cm）

侗家迎新娘（65 × 25cm）

秋山鸟语（54×43cm）

舞水赛龙舟（40×40cm）

开心鼓声颂国魂（58×76cm）

送寒衣——毛主席长征过剑河（90×60cm）

他不仅仅是来过

石佳能

在李万增先生诞辰95周年之际，李代权创作的《他不仅仅是来过——李万增传》作为广东清远市文艺创作精品扶持项目即将付梓，这是对万增先生最好的纪念。李代权说，写作《他不仅仅是来过——李万增传》是为了完成父亲的遗愿。作为儿子，这本书的写作过程也是代权对父亲文化遗产最好的传承。

对于读者来讲，阅读人物传记多是通过对传记人物深入的了解，触摸传记人物心灵，借鉴传记人物的人生经验，丰富对生活的认识，引发对人生、对社会、对历史的思考。李万增先生这位内心强大的侗家人，出身贫寒但不自卑，一生坎坷却矢志不渝，不忘初心，扎根基层，用毕生的精力改变家乡文化落后的面貌，在波澜起伏的人生中书写传奇，创造出一个个民族文化奇迹。其人生阅历丰富，向上励志，建构了一个视艺术如生命的基层文化工作者的典型，给读者留下太多思考、借鉴的东西。我想，这部传记的价值也在于此。

爱情的磨难，身陷囹圄的屈辱，身患重病的挣扎绝望，万增先生历经人生苦楚，忍受太多委屈。不过，打开那部厚厚的中外艺术史，我们就会发现，凡是有成就的艺术家大都经历过人生的坎坷和生命的磨砺。假如没有这坎坷丰富的生活阅历，他也许画不出那么多经典的画卷，也可能写不出那些生动精彩的文章和诗篇。

中国艺术研究院《文艺研究》文学部主任、编审杨志一先生，中国社会科学院研究员邓敏文先生都是德高望重的著名侗族学者，他们在合著的文艺评论《人生诗情重，旅途画意浓》中写道："中外历史上真正能做到诗画并举的人并不多……在中国侗族历史上，同时留下诗集、文集和画集的人，恐怕只有李万增先生……万增先生开了侗族诗画并举的先河。"万增先生是享誉中国西南的侗族画家，是中国美术家协会、中国版画家协会会员中功勋卓著的代表，他的美术作品被国家选送到欧美30多个国家展出，有15件作品入选当代中华文化名家邮票工程发行，其民族风情版画作品被美术理论家称作贵州民族艺术发展演进的活化石。1995年，文化部在中国美术馆举办"李万增民族风情版画展"，万增先生是第一位在中国美术馆举办个人画展的侗族画家，轰动一时。文化部为了表彰他在美术方面所取得的重大成就，1994年、1999年先后授予他中国美术专业奖项"民族百花奖"和中国文化艺术政府最高奖"群星奖"，万增先生两次登上了中国文化最高荣誉殿堂。

多年来，李万增的版画深深地感染着观赏的人们：

中国版画家协会主席王琦先生赞誉他的画为"刀下民族情，版上抒情诗"。

中国美术家协会副主席、中央美术学院院长古元先生褒扬他的画："情融乡土，意满民间。"

世界知名画家、国家一级画师杨抱林先生赞扬他的画："浓烈的民族民间味，加之有意识的夸张，强调生活中的装饰情趣，构成其作品独特的个人风格。"

著名画家宋吟可先生肯定他的画："粗犷朴实情趣感人，耐人寻味，画出了民族魂。"

著名国画家、全国人大常委会委员、贵州省文联主席杨长槐先生评价他的画："总是充满了神秘、古朴的艺术美感与魅力，能唤起人们无边的遐思。"同时，高度赞誉他的作品是民族艺术发展的"活化石"。

万增先生美术成就辉煌，可是他从没上过一天美术学校。

李万增出生在中国西南文化落后的边远山寨，在侗族文化的感染熏陶下，他孩提之年便爱上绘画，恋上了艺术。中学时代，他有缘得到毕业于北平艺专的袁行恕女士的画业启蒙；在镇远高等师范求学的时候，他又承受画家蒋踧公、史泮虹先生（徐悲鸿得意门生）的教诲，打下了一定的美术基础。在他的处女作《你见到毛主席了吗》《侗家姑娘积肥忙》入选“贵州首届青年美展”并获奖，并被推荐参加“全国青年美展”之后，他创作的第三幅作品《清水江上》又入选“贵州省第一届美展”并被评为优秀作品。作为难得的美术人才，他被贵州省文联吸收进绘画组，下文上调培养，可却被以“县里也需要人才”为由，断送了他人生难得的机缘。他没有气馁，决定走刻苦自修的道路，并最终成就了自己艺术人生的辉煌。

万增先生除了美术方面的非凡成就，他还另有《嚷花与太阳的儿子》《多情的红豆树》《情洒山乡》《艺海萍踪》《岁月从身边走过》以及《将军梦》（与李代权合著）等8部文学著作出版和获奖。20世纪80年代后期，他不顾许多人的质疑，硬是把文化知识极度贫乏的剑河温泉苗族村寨，打造成文化部命名的国家级画乡……著名作家，贵州省委副书记、政协主席龙志毅在《〈岁月从身边走过〉序》中这样评价他：“李万增长期生活于群众之中，植根于民族文化的土壤，辛勤耕耘，硕果累累……他是一位很有艺术成就的人。”他被州、省和国家授予“科技兴州奖”“贵州省自学成才奖”“孺子牛奖”和“拔尖人才”“全国先进文化馆长”等荣誉称号。

李万增年轻的时候给自己取了个艺名——“耕牛”。在漫长的艺术人生中，他以耕牛的精神执着在平凡的艺术天地里，立足山乡，情洒山乡，不辞辛劳。十一届三中全会之后，他有好几次调离基层的机会，但他放弃了，他说他不愿离开耕耘的土地；1984年，上级领导找他谈话，打算提拔他担任县专职政协副主席从事行政工作，他也放弃了，他说他不想改变耕耘民族艺术天地的初心。

以耕牛的精神热爱并执着于自己的事业，让人生发光发热，不负生养的土地，这是李万增先生为我们诠释的人生意义。

读罢《他不仅仅是来过——李万增传》文稿，勾起了我与先生交往的回忆。万增先生是我的长辈，他和蔼可亲，平易近人。在凯里召开全国侗族地区经济文化协作研讨会时，我们曾在一起研讨侗族文化艺术如何继承、如何创新、如何走向现代化等议题。由于各自在不同的省份从事不同的工作，我与万增先生交往的机会不多，但每次在凯里、贵阳、怀化等地参加侗学研讨会时都会见面，并互赠过书作。他把《李万增画集》赠送于我，我把《侗族文化研究笔记》赠送于他。

阅读代权这本传记，备感亲切。

万增先生年至耄耋，又患着严重的眼疾，仍然执着事业。2005年夏，他为创作一本名为《伟人名流与黔东南》的画册向贵州黔东南建州50周年献礼，从剑河上凯里查找资料，途中发生严重交通事故送到医院抢救，他从昏迷中醒过来的第一句话是："我没死？还活着就好。"这话里边的意思是，他还活着，《伟人名流与黔东南》的问世就有希望。他在医院待了一年，身体未痊愈就急着出院，用一年的时间，硬撑着病体绘就了他人生的最后一部作品。这种"生命不息，奋斗不止"的精神让我动容。

李万增的人生意义不仅仅在于他那些耀眼的成就，更在于他那份为家乡文化发展的执着，那份生命不息奋斗不止的品质和精神，在于他那份对家乡、对艺术事业、对民族文化发展的深情。

人类历程，生命来来往往。虽然是人民在创造历史，但每一个时代的发展都离不开具有崇高境界的人士的精神引领。李万增离世已经13年，但是家乡的人们对他的作品依然喜爱，对他的精神依旧崇敬，依旧从他的身上获取奋发的力量。

李万增作为艺术家，他用锐利的刻刀去描绘苗侗等民族的神采；作为一名工作在基层的文化干部，他用尽一生的努力推动民族文化的发展。

一个人在冥冥之中来到人世，又必将归于尘埃，李万增先生为自己没有白来这世上走一遭而自豪。

是为序。

2022年10月于湖南怀化

（石佳能，中国侗族文学学会常务副会长、湖南省侗学研究会名誉会长，《鼓楼》创刊人兼主编。中国侗学研究领军人物和主要组织者，入围"庆祝改革开放40周年全国侗族地区40名侗学研究有影响力学者"。）

目录

在悲痛中出生

贵州省剑河县城东北面，离县城150多里的地方有个侗族古镇，名叫南明。如今的南明镇面积仅221平方千米，是个侗族小镇，但在元代却曾管辖过贵州锦屏县、天柱县以及湖南靖县的部分地区。南明古称湳洞司，因元至元十二年（1275年）朝廷在南明设“赤溪湳洞长官司”而得名。“长官司”土司衙门驻司头，司头之名源于土司。后来衙门变成村寨，寨名便叫司头寨。这寨名已有将近700年历史。

司头寨坐东朝西，斜靠在南明大田坝最北端的矮山脚下。寨子偏大，有100多户人家，鳞次栉比的吊脚木楼随地势的起伏波浪式地往后山延伸。寨前田园、绿水、古木，寨后群山绵延、茂林苍翠，是一处山清水秀的村落。难怪旧时土司要选这里修衙门。

南明大田坝

司头寨

司头寨前的大坝子是剑河境内唯一的大田坝。南明大坝很宽大，从坝子这边远远望过去，即使是晴天，坝子那边的山峦轮廓也是淡淡的，像仙境一般。分别发育于土牢高坡和平珍沙子坡的两条小河从司头寨前的坝间流过去，蛇行于大田坝中间，灌溉万亩良田。这里土地肥沃，盛产水稻、玉米、土豆，田鱼、土鸭、鸡、鹅丰富，是剑河的富饶之地。

坝子四周不规则的边缘疏疏朗朗地坐落着一些古铜色的寨子，这些寨子笼罩在一绺绺深绿的杉林、浅绿的田土和峻峭山体的轮廓之中，如套色木刻。寨子后边是矮山，矮山后面是高山，高山后面是更高的山峦。在司头寨屋后坡往大田坝望去，分别来自两个不同方位的两条小河在远处的漂寨和敏寨之间汇流成更大的河流，在更远处的河口村进入小江河，流往清水江，奔向洞庭湖。

司头寨后寨土坎上，有座有四合院天井的木楼，我父亲李万增就出生在这里。

我们司头李家，原先住在湖南省怀化一个叫浦市（古地名）的地方。雍正末年，为避兵荒从中原奔贵州，沿清水江而上，跋山涉水，迁到贵州剑河落户定居。道光年间（1821—1850年），有一位名叫李启彩的，从落户定居的高下柳搬到了湳洞司的司头寨。这位李启彩是我的高祖。这间四合院小屋是李启彩的儿子李世德盖成的。李世德是我父亲的爷爷。

我的祖爷爷世德公略识诗书，为地方义务讲圣谕，劝人行善。经过他大半辈子的苦心经营，置有田产80多担，子媳未分家时，在地方上尚称中户人家。坚信多子多福的世德公养育了五男一女，爷爷李泽强排行老二。泽强爷爷粗壮结实，为人重义气，仅跟世德公读私塾两年，识字不多。世德公在泽强爷爷的婚姻上很动脑筋，希望给二子讲个贤德媳妇，让他好好务农。在那世道纷乱的年代，世德公可谓煞费苦心。因此，世德公亲自到我奶奶的寨上去打探。他沿九曲小径爬上衙寨屋背的高山，翻过山坳，再斜过深深的沟湾，来到名叫板栗脚的寨子，仔细观颜看相，发现我奶奶相貌周正，聪明伶俐，人勤心贤，暗中高兴。于是回寨聘媒人代子求婚。

爷爷跟奶奶结婚的时候不到20岁，而且比奶奶小两岁。这是世德公的心计：年长的媳妇可以给儿子挑重担。

1927年的一天，爷爷从圭垓塆犁田归家，喝了碗奶奶送过来的凉水，坐在椅子上休息。奶奶坐在旁边摸着越来越大的肚子说："看这样子，可能要生了。”爷爷叹了口气，说：“你休息，我去喂猪。”

不久之前，世德公生病辞世（享年56岁），一家人正处在悲痛之中。

这天晚上，奶奶心怀悲伤，昏昏入梦，在睡梦中看见一道闪亮流光落入后山，她从梦中醒过来，惊心疑虑：“莫非是火殃？火映入寨不吉利……”就在天刚蒙蒙亮时，我父亲呱呱坠地。奶奶这梦对父亲未来人生仿佛是因果相连的预言。当她在惊疑中看到白胖的孩子，和所有的母亲一样，奶奶在一刹那间觉醒，非常疼爱这个初生的儿子！忘了分娩的痛苦、疲劳，也淡忘了头晚那奇怪的梦境，忙着给孩儿包衣裹片。

这天是公元1927年农历五月初十。

侗乡习俗，男孩出生第二天，要打发人带上一只公鸡到阿婆家——侗族把外婆叫阿婆——去报“阿婆”，同时要请族人、亲戚、寨邻吃油茶。一大早，爷爷到鸡圈抓了只公鸡，叫他四弟去板栗脚报喜，并安排族中娃崽去请人吃油茶。油茶是侗家过年过节和嫁娶生育喜庆日子招待客人的传统食品。族中妯娌天没亮就过来了，她们先把茶叶、炒米、红薯、葱花、姜丝等食材准备齐全，而后把大汤锅烧热，放一把米在锅里炒到焦黄，再添上家存的土制茶叶炒拌几下，放进切成片的红薯、灰碱粑，加水煮沸后，把茶食倒进盛着米花等原料的碗里，一碗碗摆放在土灶上、案板上等待客人到来。到太阳升起的时候，族人、寨邻和近处的亲戚陆陆续续赶来，一边说着恭喜的吉祥话，一边吃油茶。一个上午过去，司头寨及邻寨远近侗家都知道泽强家又添丁了。

父亲的出生，给这个刚痛失亲人的家庭带来了喜庆。

此时，爷爷奶奶膝下已有两男一女。我大伯出生的时候，心有诗书的世德公见长孙脸目方正，浓眉大眼，于是选好吉日为长孙取名字，老人家摇头晃脑背诵了一段四书后十分得意，而后给我大伯取了个很有书香味的名字“万章”：章，出口成章，提笔成章。“万章”，寄寓了世德公对长孙读书成才的期望。

现在轮到爷爷给二子取名字了，读书不多的爷爷心中没有高远的梦想，他那朴素的情感祈求的只是子女有饭吃有衣穿以至样样都有，于是给父亲取名“万增”。爷爷自得地对奶奶说：“万增的名字就是增钱、增财……”让爷爷意想不到的是，多年过后，我父亲和我大伯的人生命运均与名字背道而驰。

奶奶相继生下六男二女，成为多口之家，祖父遗产十几担田，哪能养活得下满屋能吃不能做的娃崽呢？生活压力越来越重。但爷爷奶奶总是在从祖辈继承下来的多子多福信念的鼓舞下对未来充满信心，任劳任怨，甘为儿女做马牛。只是，父亲和他的兄弟姐妹们全然不知在那多难的年代，不经意中来到了苦难的人间，人生之路必将历经曲折。爷爷奶奶不断在新生命到来的喜悦里，不辞劳苦，全心全意哺育儿女，其中的酸甜苦辣只有他们自己知道。据说，有一天爷爷奶奶出工了，大姑忙活路把我父亲安坐在火铺上，从灶房凉猪潲转进屋，父亲刚刚学会爬，不小心跌进火坑，脑门烫起了血泡。奶奶回屋看到儿子破相，母女俩抱着我父亲伤心而泣。

最让人伤心的是，年纪不到14岁的大姑在弟弟烫伤这年暴病身亡。奶奶失去心头肉，哭得死去活来，直到她84岁过世之前提到这事还伤心不已。

爷爷奶奶养育这么多儿女特别艰难，其中最为艰难的是一年一度的过年关。每到年关，爷爷奶奶苦费心力，忧心年肉年米，忧心儿女穿戴……爷爷起早摸黑地劳作、赶乡场挣年钱，奶奶赶夜摸黑为儿女赶做衣鞋，时常通宵不合眼。没崽女的人家却赞誉爷爷奶奶“多子多福禄”。爷爷奶奶一年忙到头，常以酒歌来表达以苦为甜的乐趣：

人说我崽是毛虫，我爱我崽是条龙，
有朝一日春雷动，拨云驾雾上九重！

我父亲和他的兄弟姊妹们，就这样听凭命运的差遣，结伴来到人世间。

“可惜生到穷人家”

贵州深处云贵高原，辣椒是最出名的。父亲作为号称“辣不怕”的贵州人，我不知道他为什么从小就厌恶当地人人都喜好的辣椒。父亲不吃辣椒，被爷爷视为娇生惯养，常被爷爷责怪，从而使父亲养成了在长辈面前沉默少语、孤僻、倔强的性格。爷爷喜欢甜言依顺的儿女，父亲自然成了另类。

父亲幼小的心灵中有着本能的反抗：“我就不喜欢吃辣椒，为什么要强迫我呢？”他自小就觉得人世间缺乏理解，就连爹妈也不待见自己。

父亲从小爱画如命是出人意料的。家里无人引导，寨邻无人影响，他怎么就爱上画画了呢？当时父亲还是四五岁的小孩，就对司头寨的古庙宇、石板路、鸡鸭鸟兽、花草树木有着浓厚的兴趣，时常看得入迷，也画得入迷。他经常流连在司头古庙前，如痴如醉地欣赏庙墙上的花花鸟鸟、狮虎麒麟，家里屋壁上，路边石板上，被他用白粉石、火炭子画满了人、牛、猫、狗……还未上学的他常把我大伯的纸笔偷来作画，把庙上的“薛仁贵大战盖苏文”“唐王陷在乌泥河”的古装彩画画在纸上，因此常被我大伯吼骂。不管我大伯怎样责骂，父亲都没有因此减少半点对画画的喜爱。

父亲小时候，司头寨还保存着不少土司衙门的遗迹：寨子四周有高城墙，虽然残破，但规模和气势尚存。寨口至寨中是一条用近千块一丈二尺长的雕花青条石铺成的缓缓而上的石板路。寨后有顺着天然乱石的走势挫成的颇有规模的后花园，寨前有狮头龙身的石狮及浮雕花纹的上马石礅，寨内有宏伟富丽的寺庙。虽然破败，但城池的框架尚存。司头寨这座传统文化氛围浓郁的破败城池，成了我那孤独的父亲幼小心灵的乐园，和引导了他痴迷涂画的动力，培养了他与众不同的观察力。

一个赶集天，奶奶因我父亲帮家里看园撵鸡没损坏园里庄稼有功，给他一枚铜毫买粑吃。南明的集市在司头寨脚左侧不远处的大坝边沿，两排吊脚木屋护卫在一条4米多宽的石板路两边，从坡脚寨门前一直延伸到衙寨区公所南面的水沟边。闲日天，这古老的街道很悠闲，只有三三两两过路的行人从街中穿过；赶集天就不同了，大坝四周的村民和四面八方的山民会集到一起，蕨菜、竹笋，苞谷、洋芋，土鸭、油鱼，穿山甲、白面狸，烤烤糖、香炒米……各种农作物、山货、小吃应有尽有，目不暇接。父亲捏着铜毫来到街上，见到许多人围着异乡汉人带来的“西洋镜”看稀奇。父亲抵住街边油炸粑香味的诱惑，把那一枚铜毫交到了“西洋镜”生意人的手里，在“西洋镜”里看到的故事令他激动不已。看罢“西洋镜”回到家，他意犹未尽，悄悄拿走大伯的纸和笔，在大家入睡后，独个在松柴灯下默画“西洋镜”里的故事。他正画得如痴如醉，族公李世荣从衙寨亲戚家来看望我爷爷，从窗外望见我父亲神气十足地作画，并且画得那样好，喜在心里。当我爷爷开门招呼族公进屋时，族公问：“他是老几？破蒙学了吗？”爷爷说：“是老二，还没破蒙呢。”族公责怪说：“万般只有书香贵，再穷也要盘崽读书呀。”

族公李世荣在那个时代可谓大名鼎鼎。他生于清光绪十六年（1890年）五月十六日，家住剑河县八十溪，侗族。他早年向往民主革命，投笔从戎。在当时的军事教育背景下，聪明的李世荣先是考入贵州陆军小学就读，后来与北伐名将王天培一道进入湖北陆军第三中学就读。1911年10月，21岁的李世荣参加武昌起义，担任总司令部侦探科科员，因作战勇敢，战功卓著，受到孙中山通令嘉奖。1921年秋，孙中山委派在广州担任代总督的李世荣率领黔军入广西镇守。后因局势变化，李世荣率部改道湖南回到贵州玉屏，组建国民革命联军第十一军。1925年3月，孙中山先生病逝，蒋介石叛变革命，李世荣心灰意冷，退出军界，解甲归田，出资建立八十溪四维学堂，并担任校长，解决了八十溪附近侗族子弟读书的难题。李世荣作为辛亥革命元勋，战功卓著，名盛一方，四维学堂师生以及整个南明侗乡无人叫他校长，一直尊称他为李军长。

爷爷奶奶和族众都很尊重族公，爷爷虽有难处，但不好辜负族公心意，于是请人看好破蒙的吉日，送二儿子破蒙。一天三更，爷爷把一本皇历书和新笔新墨、一个小照镜放进二儿的衣袋里，背着二儿到私塾去破蒙。同一班发蒙的有田姓、张姓子弟和大公的独子万良叔。万良叔比父亲略小些，家境较好，大公总是保证万良叔每顿饭不少于二两肉菜或是两个荷包蛋，我父亲呢，干干稀稀、豆荚南瓜，只要填饱肚子不饿就行。读书识字呢，万良叔边读边忘，先生教了一月书只记得几个词；父亲则只需两三遍便牢记不忘，凡学过的课文，晚上温习后，第二天醒来便背熟了，因此，很受先生器重。

❖ 李世荣将军

教私塾的姚先生是本地街坊人，并是地方上的富户人家。先生尽管贪财，却也喜爱聪明有才的穷学生，他不仅夸耀父亲聪明灵气，更是夸耀他的画画得不俗。姚先生时常跟人讲到李泽强的老二：“可惜生到穷人家！”

“可惜生到穷人家！”这句带有歧视的话，成了不服输的爷爷让父亲一直读到高等师范毕业的强大动力。

感恩老师是南明侗家人的优良传统。端午那天，爷爷奶奶特意杀了一只肥母鸡，接姚先生来家过节。先生走进堂屋，就被父亲画得歪斜贴在板壁上的“王祥卧冰孝母图”吸引住了。姚先生是重孝道的人，看画更加激发他爱才之心，故情不自禁发出感叹：“嗨！可惜生到穷人家！”

爷爷听了不高兴，认为姚先生存心侮辱穷人。吃饭时，尽管劝酒劝菜，感激先生用心教儿读书，但先生辞走后，爷爷对奶奶说：“‘狗麻子’（先生诨名）看不起穷人呐，我们再穷也要咬起牙根盘崽读书让他看！”

人秉性各异。乡村的孩子贪玩，看牛、放羊、摸鱼……充满无穷的乐趣，不少孩子对学习没兴趣。父亲却不同。他虽然也喜欢这些，但更喜欢动脑子，爱学习。从破蒙之后，《三字经》《弟子规》一学就会，过目不忘，姚先生对他喜爱有加。所以父亲的名气在族中兄弟、寨邻子弟之中不断攀升，人们把父亲举止斯文、性情孤独、少语、食量少、不吃辣椒……都看成是超人不凡，把他当作振兴家族、振兴寨子的希望。

多口之家，人手紧缺的问题难以解决，爷爷奶奶不得已把带小弟、帮助操劳家务的担子放到大伯身上，大伯才上两年学便停学了。这是爷爷奶奶弃众扶一的无奈做法。大伯失学，父亲内心愧疚。众姊妹兄弟唯让老二读书，奶奶总以我父亲“聪明”偏爱他，做饭菜时总要照顾他不吃辣椒的口味，先留一份给他，才放辣椒。奶奶对我父亲的疼爱，得到了其他孩子的理解。

父亲的名字寄托了爷爷“务农发财”的心愿，而今父亲却成了全家唯一的读书人。命运的转折，源自姚先生“可惜生到穷人家”的叹息。

委　屈

❖ 南明小学旧址

司头寨背坡左侧的山脊梁缓缓而下，在对齐寨子中部的位置陡然抬高，形成一个秀丽的小山坡，面向南明大坝，突兀在司头寨边。南明中心小学就坐落在这座小山坡上。

父亲7岁的时候，从私塾转到了中心学校。学校离家不到一里远。学校是湳洞司最高学堂，百姓称为“洋学”。应聘到学校任教的老师大多数是本地方的读书人，只有少数老师是从外地应聘来担任英语、数学、国文主科的。学校的数学课基本排在早上第一节、第二节课，国文课排在第三节、第四节课或下午时间。

随着五弟六弟和小妹的相继出生，大伯成为帮助爹妈的小劳力。帮助奶奶搭脚舂碓、看牛、煮猪潲、带弟妹的活路落到了父亲和三叔的身上。尽管父亲是全家全族唯一的洋学生，除了每天早上帮奶奶搭脚舂完米或砍好猪菜就上学的特殊照顾，其他时间以及星期天必须帮助家里做活，减轻爹妈的劳动负担，父亲成了半工半读的学生。爷爷奶奶不懂新学啥叫算术、国文，什么时间排哪样课，在沉重的活路面前，不得不忍痛让孩子承担力所能及的事务。我父亲脾性孤独言少，从没把心事跟爹妈讲，他还担心爹妈的活路太重太累，怕自己会像大哥一样被终止读书。因而，早上经常迟到，经常缺课，时常算术课上过了才赶到学堂。那时的学校老师，几乎没受过师范教育，不讲究学校与学生家长联系，不去了解学生情况，于是父亲由被族人、村民夸赞的学生，变成了老师眼中"迟到""旷课""贪玩"的学生，并经常遭老师责罚，打手板、罚站……父亲满腹痛苦、委屈，最终他鼓起勇气把心里的苦衷向母亲说了出来，家里才减轻了他的活路，把他从老师眼中"迟到""旷课""贪玩"的印象中解救出来。可是他的算术因长时间迟到而受到影响，不论怎样努力都只是中等成绩，但他的国文、历史、地理以及美术成绩一直拔尖。

父亲对文科的热爱达到了忘我的程度，上学路上，稻田边，灶边厨房……到处都是他学习文科的课堂。在上学路上，他一边走路，一边温习背诵课本知识和古诗文；在稻田边，他一边赶鸭，一边观察土鸭子那摇摇摆摆的形象，时常将赶鸭子的杆子竖起来，就着田边泥地土坎把鸭子的形象画下来；在灶边舂米，他一边舂米一边按照舂米的节奏背古诗、课文……高度投入，加上天生的好记性，为他的人生发展打下了良好基础。

爷爷是个威严却又粗犷的农民。他勤劳，是把干农活的好手，但嗜酒如命，哪怕六月没米下锅也要喝酒。有酒笑颜开，干起活路来虎生生的，不知什么叫累和苦；没酒苦沉脸，不分青红皂白打妻骂子，孩子多，淘气多，不顺心则扎烟袋脑、体罚孩子。爷爷毕竟是一家之主，重活路由他承担。每年大忙季节之后，爷爷出门赶乡场，出售自家种植的柑橘、叶烟、甘蔗，有时经营小百货，挣钱养家。奶奶了解爷爷的脾性，再穷也要保证爷爷有酒喝，爷爷也乐得自在，只管下田做活路和挣钱养家。念到二年级，一天，父亲放学回家看菜里有辣子粒便放下碗筷不吃饭了。他进房拿书包回学校，却发现屋里放有纸包，父亲好奇地轻轻拆开纸包，里面包的是红糖，是爷爷买来做生意的。父亲正饿，拿出一块糖，复又把纸包封好，便上学去了。父亲几次

这样取糖充饥。爷爷发现糖少了，问奶奶："谁把做生意的糖拿去吃了呢？那是买来卖，挣钱买米的呢。"

奶奶顺着爹的脾性说："可能是增儿见菜有辣子吃不下饭，饿了把糖吃了。儿子不吃饭，坏了身子，不是白费盘子成龙的苦心么！"听了奶奶的话，爷爷不再追问这事。幼小的父亲出乎意料地没有受到爷爷的责骂，永远记住了这次严父不失疼儿情的慈爱，这成了他更加发奋学习的动力。多年以后，他在外工作每次回家看望父母，都记得带上好的红糖孝敬双亲。

一个人的性格往往与童年的经历有关。父亲童年在学校的一次遭遇在他心里刻下深深的印记，也塑造了他能够忍受委屈发愤图强的意志和品格。

父亲在一向严厉的爷爷面前寡言少语，但对奶奶却没那么拘束。父亲上初小三年级时的一个赶场天，放学走过奶奶卖甘蔗的摊子，他看到自卫兵对着货摊"打摊捐"，觉得有趣，于是学着对奶奶喊了声："打摊捐！"便拿着一节甘蔗吃着回家了。不幸，这事被名叫熊兴丙、吴弟炎的学生看见了，向校长检举，告发父亲在场上"打摊捐"。校长是平珍的姜大一先生，对于举报不加调查，只图严肃校纪，不过问被检举的学生。第二天中午放学时，校长集中全校学生训话，突然把父亲拉出队列："谁叫你打摊捐？"他举起楠竹扁担朝我父亲身上几扁担，打得我父亲身上块块发青。父亲这个自卑感重、不善辩驳的9岁穷孩子，白白背了黑锅，他满腔委屈、悲愤，哭着回家。爷爷一向待子从严，从奶奶那里了解到事情真相后，同情儿子的委屈，但生怕学校说自己纵儿护短，不愿代子阐明问题，却强硬命令9岁的父亲写申诉向校长论理，澄清是非。年纪幼小的父亲懂哪样叫申诉？孤僻倔强的父亲怎肯跟校长当面论理？爷爷用竹条赶着父亲走到学校路坎下说："你要跟校长讲明白，不能挨冤枉！"

父亲始终不敢当面找校长理论，只把自家写的申诉托同学送交校长。校长既不纠正，也不追究诬陷父亲的学生，他以其威严、歧视穷学生的心理偏护自己的失误。童年的委屈深深伤害了父亲幼小的心灵。这件事成了一生正直、好面子的父亲埋藏在心里的撕心之痛。

多年以后，已年过四十、功成名就的父亲偶遇年迈的姜大一老校长。父亲盛情邀请他到家里吃饭，讲起童年的委屈，姜校长自责不已。

爷爷的马刀

父亲在全校学生训话会上受冤蒙羞，最初对姜校长不问青红皂白糊涂行事是心怀憎恨的，但随着慢慢长大，阅历逐渐丰富，人生挫折增多，他想开了：每个委屈的背后都是自己人生向前的能量。他甚至认为没有委屈的人生是苍白的。可是，父亲对爷爷始终有意见：在他受到校长羞辱的时候，爷爷作为父亲有责任和义务为子女打抱不平。是啊，在这种情况下，父亲给孩子撑腰是对孩子幼小心灵的保护，有父亲伸张正义做后盾，孩子会变得更加坚强。更何况爷爷在这之前一直是父亲的偶像。

爷爷有一把令人生畏的龙壳马刀。爹娘不在家，大伯称王，经常把爷爷的马刀取来装鬼吓人。奶奶对几个儿子讲："这把马刀是你们祖爷爷留下的护家刀。祖爷爷喜欢推年庚看相，他认为二崽求林（爷爷小名）是个强人，于是给你们的爹取书名叫泽强，后来马刀传给二崽……"

有一次，"噔噔"的脚步声从远走进了屋里。大伯说："爹回来了。"三叔万发迎出房去，盯着爷爷手握磨得雪亮的马刀走进屋来。三叔素来蹦蹦跳跳的猴子性情，一边瞅着爷爷的马刀，一边伸着手想去摸，奶奶制止三叔："那不认人肉的马刀你能玩嘛？"爷爷如同往常一样，走进房把马刀放在枕头边的墙角，出来跨上火铺"吧嗒吧嗒"地抽叶烟，看样子心里有气，不知发生了哪样事，大家不敢问。奶奶把饭菜摆上桌，爷爷边喝稀饭边骂："狗日的，居心毁掉我们寨子的龙脉，他要跟穷父老作对，老子偏不怕他有钱有势！"

这天，四公、大公、万三表公……同样年纪的男人集在一起，议论岩洞脚风水岩的事。“风水岩是全寨人的龙脉，寨上人哪怕一身剐也要保护好，不许人毁坏。他吴谋成舍得不要家产，舍得不要娘崽，老子们穷光蛋还有哪样恋惜的……”四公狠狠地骂。四公是与爷爷最同心的亲兄弟。

吴谋成的兄弟从乡民政干事升了副乡长，自己也因此以地方财绅的身份当上了保长，兼做布匹生意，赚了不少钱。家业越发越大，他觉得兄弟合居的老房子小了，决意在老屋基上边向阳处修造一幢走马转角楼。吴谋成跟老婆炫耀心中的计谋：“这地势当阳灵气好，会保佑我们发富发贵的。”新开屋场是地势坑洼不平的大土坎，需要大量的石头垒砌成屋基。司头寨岩洞脚的石头距屋场近，节约钱。吴谋成请好了石匠人工，马上就要动手炸石开岩了。风声传到了司头寨人的耳朵里，大家都气得怒火从胸升。

从司头寨前边的坝上望过去，寨子左侧的矮山从遥远的大山逶迤而来，在寨侧坝边陡然而下，俯卧成龙头的形态，护卫着这个有着700多年历史的侗族村寨。岩洞脚在龙头的位置，吴谋成要在这龙头上开岩。

所谓龙脉就是起伏延绵的山脉，但是在中国传统文化中，龙脉有着浓厚的神秘色彩。爷爷那个年代，老百姓谁不信奉风水龙脉呢？吴谋成要动司头寨的龙脉，寨民们绝对不会同意。

寨民集中爷爷家开了几次会，商量对付吴谋成的办法。

吴谋成是坡脚寨人，坡脚寨与司头寨首尾相连，是为一体，寨民也通常被认定为司头寨人，可他仗着钱势不顾及破坏寨子龙脉。令他万万没想到的是，司头寨的人会团结起来共同对付他这位副乡长的兄长，而且当头者竟然是与自家有着姨表亲的老表李泽强。他知道泽强虽然崽多人穷，但他那硬朗强悍的身体，应事精明、正直不怕死的性子，深受寨中人的信任拥护。他也知道泽强的四弟泽凤虽大字不识一个，却能颠倒走路，手脚麻利不怕死，他二兄泽强说咋办他就咋办。那次，杨之发的山羊闯进泽凤家园地吃了几篼麦，被泽凤一竿子捅死，尽管杨之发是地方上的有钱人家，也奈何不得……吴谋成想到这些，有些胆怯却又不甘心罢手。一天早上，他提着一包糖作为礼品第一次走访姨表家，想用姨表亲的关系劝爷爷不要出面。当时爷爷正在屋侧半山上割牛草，老远就望见吴谋成朝自己家走来，知道他是狐狸拜年没安好心，不想跟他见面。奶奶是个机灵人，笑着脸招呼吴谋成上火铺烧烟，装作不知他为何而来，故意试探道："他爹走老四家磨马刀去了……"吴谋成心里震惊："他们真的要跟我作对啊，一人舍死众人难挡，众人舍死我咋个抵挡？"吴谋成在回家路上一路思索，打消了到司头炸岩洞脚取石造房的念头。

父亲聊起爷爷来总是很自豪。有一次他跟我讲了爷爷的另一件事。那是一个冬月天，巴冶那边一股强盗大张旗鼓到天柱邦洞去抢劫，趁大白天人们赶场做生意，匪盗在街头放了一阵枪冲进街，掠得货物钱财连夜返回。匪盗经过滴洞司，滴洞司的民众打匪心齐，爷爷提着那把马刀带领地方民众去打股匪，连夜追击，把股匪打得东逃西散，还抓住十几个交给乡公所杀在甘溪桥脚示众。趁着那次事件，民众下了狠心要清剿地方上跟土匪内外勾结的坏人。一个天还没蒙蒙亮的早上，爷爷等民众包围了各安的独家房子，窝藏在这里的一帮坏人惊慌失措，匪首杨戏坤被当场打死，一个叫老岑的惯盗被追到河边砍死。从那以后，地方上的秩序越来越好。民众对爷爷这些肯为大众伸张正义的人充满感激。

爷爷是受过世德公书礼家教抚育的人，除在家有时粗暴外，对外人很有教养，从不无理生事，不跟人斗架，更没杀生害命，但他却在父辈叔伯中、寨邻民众中成为人中领袖，有钱人不敢明目张胆欺负他，坏人畏惧他，皆因为他正派的为人，和他手中那把正义的马刀。可是，父亲在学校蒙冤受屈，强悍懂理的爷爷为什么不出面找校长为二儿讨个说法呢？我想，爷爷是担心学校说他纵儿护短吧。

后来父亲做了父亲后也是如此。我小学二年级跟随父亲到城里读小学，当我被城里的学生欺负的时候，他也是很少批评别人的小孩，总是责怪我。

正午枪声

1938年夏天，发生在南明的一件震惊大西南的事情给父亲留下了永世难忘的记忆。

那天上午，吃过早饭的爷爷奶奶带着其他孩子下田去了，留下父亲和三叔万发在家看屋护菜园，不让家禽进门口和屋侧坡边的菜园偷吃庄稼。父亲在堂屋做暑假作业，三叔在门口一边观察菜园一边玩秋千。

到了正午，阴沉的天空云层厚厚的，门口天井一丝风都没有，三叔热得脱光了外衣，只穿着裤衩到园里去撵鸡。忽然，滴洞司岑戈坳的上空“砰”的一声枪响。接着，“砰—砰—砰”，又是几声刺耳的枪声从岑戈寨方向传来。紧接着，区公所、老庵堂、龙口背一带枪声激烈地响起来，子弹吱吱长啸，屋后大公家的竹林、隔屋王公家的屋壁、爷爷家的屋柱都被子弹打穿。这突然发生的事，在父亲人生中是第一次，他既紧张害怕又有些新奇。玩心重的三叔毫无惧意，缠着父亲去看热闹：“看看去，是在哪点打仗？捡子弹壳去。”

父亲已经11岁了，懂事的他制止了三叔的想法。他记得奶奶平时的嘱咐：“看好家，不让盗贼进家拿走东西，不让鸡鸭进园里去吃庄稼。”

在坝上干活的爷爷奶奶听到枪声，料到地方上出事了，担心孩子受惊，赶紧收工回屋。一路上见到人们惊慌失措，回到家门口见到屋柱上的枪洞，魂神不定，进到堂屋见孩子安然无事才放心。一家人躲在屋里不出门。夜深了，枪声由近渐远，渐渐寂静……

南明一片混乱，司头寨气氛很紧张。第二天天边刚露鱼肚白，司头寨已有百姓拖儿带女逃向外乡。上午，爷爷和晚爷也带着大娃细崽往高下柳四表公家去避难。司头寨到高下柳要走80里山路，一路上爬坡越岭，穿谷蹚溪。走过龙潭，离开南明已有20多里，父亲和叔叔已经走不动了，他俩轮换坐在爷爷担的箩筐里，继续前行。夏日的蝉声在路旁和高岭的灌木丛、枫木树上远远近近单调地嘶鸣。走到麻龙盘，遇上一支扛枪扛刀的队伍，一个当头的凶神恶煞地盘问："站住！你们是哪个寨子的？"

应事精明沉着的爷爷不惊不慌："我们是湳洞司一保的村民，带孩子走亲戚！"

可能是这些人看见爷爷一行不带财物，便不予纠缠，径直朝湳洞司去。爷爷一行天黑才走到高下柳。

高下柳是一个坐落在莽山的山寨，这里山高林密，远离集镇，离开官路还要走10多里溪边山径，再爬上高高的山坡翻过长长的山梁才能到达。战祸出现，这里算是个相对安全的地方。

这里是我的先祖曾经生活过的地方。我族《李氏家谱》上说：雍正末年，我祖李公仙银为避兵荒带家人从中原奔贵州，沿清水江而上，跋山涉水，来到此地定居，开创家业。在那极不太平的年代，我祖选此安居，繁衍生息，在当时堪称睿智之举。但是，在当时交通极为不便、没有具体目的地的情况下，要实现这样的长途迁徙是很不容易的。侗族先民留下的《忆祖歌》叙述了侗族祖先迁徙的艰难：

顺着沅水逆江而上到坦村，
坦村住不下，坦村不能停……
撑船撑断船篙子，
走路走断草鞋筋。
要找那山坡有树田有水，
能够养活儿孙的地方才能停……

仙银祖公携家带口，几经艰辛，来到这犹如世外桃源的"化外之地"（政府不加管辖的地方），伐木造屋，垦地造田，享受了好些年自耕自足、

远离污秽的舒心生活。莽山给我祖提供造房的优质杉木，提供四季采摘的山果，提供野猪、山羊、野鸡等猎物，整座莽山是我祖的欢乐家园。就在这座山上，知书达理的祖辈定下了我族的族训家规：“孝父母，笃兄弟，睦宗族，慈子孙；重道德，明礼仪，尚勤俭，尊贤能……”实际上，在民不聊生的年代，真正的世外桃源是没有的。我祖在此安居不到30年，官家把手伸了过来，战火烧了过来，兵匪横行，土匪出没。于是他们几次离开，又忍不住几次归来，归来后又无奈离开，结果在那最后一次离开——举家迁往我族现居的山外南明大田坝后就再也没有回头，只留下几座祖先坟茔永恒地守候在这方土地。

第二天，爷爷和晚爷在四表公的陪同下，带着祭品到莽山麻栎坡祭拜祖先。出了寨子，斜过古木苍苍的茂林，来到麻栗坡边的开阔地带，梯级排列的八座坟茔面朝山峦绵延的远方。走近坟场，父亲与三叔跟随大人俯身弯腰除掉坟头上经年的树叶杂草，接着按照侗家的习俗焚香、烧纸、摆置祭品，叩头祭祀。晚爷念念有词，说了好些托祖宗保佑家庭顺遂、人畜平安的话语。此时，爷爷担心着远在南明司头的家人，他在心中默默祈祷留守的妻子儿女平安渡过这次南明的烽火劫难。

父亲第一次来到高下柳，第一次祭拜这处祖先的坟茔。他读过世德公编写的族谱，知道家族的历史，有对振兴家族的期盼。“许个愿吧。”爷爷对父亲说。父亲双手合掌于胸恭立坟前，叩首，祈祷，把许愿的内容情不自禁地说了出来：希望祖宗庇佑自己考上剑河中学，以及镇远高等师范……

几天过后的一个夜晚，高下柳的百姓集中到高处，望着红透半边天的远方议论说：“那里是湳洞司呀！湳洞司被大军烧寨了……”

爷爷和晚爷、亲戚都焦愁万分，担心家里出事。三叔吵着想娘，父亲望着南明方向，心里升起越来越重的对娘的担心和思念。

坏消息不断传来：“湳洞司被大军进剿啦……”“大军烧了岑戈寨呀……”“湳洞司的阳坝铺满晒席晒火药，百姓要跟军队打大仗……”“湳洞司是匪盗窝，政府的县长也敢杀呀……”

自从历史上侗族陈大陆、李子金占据湳洞司江口屯聚众反清以后，政府一直把湳洞司视为“蛮不开化之地”，咒骂侗族百姓为“贼匪刁民”，把湳洞司视为嘴边肥肉任意掠夺。滴洞司百姓暴动杀县长之事就发生在1938年。国难当头，国民党政府高压、民不聊生之期，当时剑河县县长高焕升，不勤民政，横征暴敛。正值百姓大忙农事的季节，高县长率领亲信赵科长、韦队长、张班长等及大队兵丁坐镇滴洞司逼税派粮，把缴不起赋税的平民百姓及拖娃带崽的农妇关押进杨光洪家和区公所。衙丁们用辣椒熏烤他们，令百姓集合“报数”，农妇不懂啥叫“报数”因而抱手胸前，衙丁们咒骂她们为“傻妇”，用竹片打她们的胸部取乐……这毕业于国民党中央政治大学的高县长哪像父母官！官逼民反，引发了忍无可忍的百姓拉队伍追杀包含县长在内的政府官员的暴动，结果县长高焕升、保安大队队长韦善长被村民击毙，县财政科科长赵广兴被乱刀砍死，警卫班班长张春明被石头砸死……这就是震惊国民党中央的“南明暴动”。

贵州国民党政府恼羞成怒，派出重兵清剿，一场灾难降临滴洞司，侗族生灵涂炭，苦遭蹂躏。

国民党政府使用软硬兼施的手段，一面调军压境，烧杀抢掠，几天之内杀22人，烧毁房屋上百间；一面诱骗“自新”，通过地方官员杨区长、龙保长“自新，不咎既往”的宣传动员，久后不防的百姓消除顾忌，陆续回家。一次百姓训话会上，大军抓了不少人。一个逢场天，盘布坳一阵枪响过后，一大群荷枪实弹的大兵枪杀了大坪的杨姓几弟兄，宣布他们是组织暴动的罪魁祸首。紧接着的下个逢场天，岑戈寨的杨涛被剖腹挖心示众。再下一次逢场天，屯侯姓吴、姓刘的百姓相继被无辜杀害……军队选定逢场天杀人，意图是杀一儆百以达到恐吓老百姓的目的。

国民党政府大兵镇压，烧杀掳掠，一片阴云笼罩滴洞司，百姓处在惊惶不安的恐怖之中。好长一段时间，凄凉情况惨不忍睹。

国民党政府动员逃散的百姓回家抓生产，许诺“过去的事‘自新’后不再追究”后，爷爷才带孩子们从高下柳回家。但看到政府兵不讲信用，滥杀无辜，在担心恐惧中，爷爷又不得不带着大娃细崽逃奔三穗展勤寨去避难，住在姓莫的斋娘（吃斋不嫁的妇人）家。依照侗家对姨表亲的称呼，应称年老的斋娘为姑婆。

家人每次逃难离家都留下奶奶看家，爷爷不放心，到了展勤寨，把儿子

们安置后就返回南明司头抓活路去了。一大家子人的生活出路要紧啊。

斋娘家供有许多造型不一的菩萨，父亲喜欢那些涂抹金色、形象逼真的木雕佛神，喜欢神龛上的浮雕狮虎龙凤艺术，展勤寨的日子成了他童年生活的一段美好时光。在这里，父亲不用干活，有更多的时间读书画画。出门逃难，父亲悄悄把世德公留下的《唐诗三百首》放进书包里，在展勤寨寄宿的两个多月时间里，他背完了《唐诗三百首》，并把斋娘家的所有木雕佛神画了个遍。

爷爷来接父亲和叔叔了。在弯曲的回家山路上，父亲和叔叔走在爷爷的前边。父亲回想起4个多月来由“正午枪声”开始的世事变化和自己一家的经历，他仿佛一下子长大了许多。

龙乡长“开发‘蛮疆’”

自从“南明暴动”，南明遭到血洗之后，国民党政府更是把这个敢杀县长的湳洞司视为“蛮”侗之地，于是一改在当地选拔联保主任（乡长）的传统做法，1940年春天空降了一个名叫龙宏志的来湳洞司任职。龙宏志担任乡长的同时兼任中心国民学校校长。师范毕业的龙主任抱着开发“蛮疆”的理想，决心要在这里搞出点政绩作为他升迁“流芳”的资本。

湳洞司与“烂洞司”谐音，国民党县政府官员喜欢把湳洞司叫成“烂洞司”，有侮辱贬损的意味。新来的龙主任在“湳洞司”地名字眼上苦耗心思，最后他得意地把“湳”去掉偏旁三点水取其“南”字，“洞”无光明，以意去掉偏旁三点水，洞则“明”矣。从此，湳洞司被他改称为“南明”。

这是新主任开发“蛮疆”的第一步。换旧革新，不能说他的出发点有问题。南明，南方光明之地，寓意也不错。不过，他这一改，湳洞司的地名文化特征被改没了，失去了地名文化的原汁原味。湳洞司古意为水边有洞的土司衙门，是有特别的诗意内涵的：南明大坝四面环山，山山有溶洞，每条山川都有溪流。

新主任改了湳洞司地名，却没有改革政务，照样采用高压手段，把老百姓整治得喘不过气来。

1940年秋收过后的一天，家住八十溪的李世荣将军来湳洞司缴公粮，在街上与新主任相遇。新主任脸露笑容一番奉承话后说：“李军长，你老人家占用庵田种的粮食没交公粮就算了，请你老人家来乡公所喝杯茶说明一下情况……”接着追问起庵田与“四维学堂”的事情，含沙射影地表明要追究

“占用庵田”之事。庵田的粮食是用来维持“四维学堂”开支的，这是政府早有定论的事情。李将军对龙主任篡改湳洞司地名本来就有气，加上对他高压收税、强夺百姓不满，顿时怒从心生，呵斥道：“你要敲诈么？你把眼睛睁大点！”伸手就是一耳光，打得姓龙的新主任脸膛火辣难受。李将军是辛亥革命元勋，新主任纵有愤怒，但奈何不得，不敢声张，饮羞回乡公所去了。过路的百姓看见了，满是快意。

父亲当时是高年级学生。新主任喜欢戴一顶塑料遮阳帽，手撑文明棍，身着西装黑皮鞋，常来学校走走，耀武扬威，不可一世。新主任给全校学生训话的时候虽然喜欢穿插古诗词让人佩服，但官腔很重让人讨厌。父亲听到龙校长被叔公打了一巴掌，幼小的他隐隐明白了一些道理。

司头寨虽然人户不多，却山清水秀，古雅宜观，有好多好玩的地方。春天来了，父亲与小伙伴喜欢到屋背山后花园去玩，天然石阶边有空筒萢吃，生根大石槽有小鱼可观。渐进夏日，去那残垣不全，像苍苍石龙般圈住司头寨的高城墙下捕土蜂也有无穷的乐趣。墙体下部有不少拇指大的蜂穴，父亲与小伙伴在墙边等着，看见有土蜂飞进去，马上用洗干净的药瓶口塞住洞口，不一会土蜂爬进瓶子，急忙拿戳了洞的瓶盖塞上，土蜂“嗡嗡”的蜂鸣声从手中发出，与他们的欢呼声交织成趣。

当然，最好玩的地方是寨口那古代遗留下来的上马石礅。

旧时，司头寨中有吴杨两姓土司衙门。坐落寨中屋场的是吴姓土司，衙门屋迹已不存在，然用大石砌就的屋基和用卵石砌成的图案花街路尚完好无损，一栋三间木房是后人修建的，户主吴本立是吴土司的子孙后代。杨姓土司的后辈早些年已经迁居圭恩寨，司头寨已无他家的产地。寨子左右前后的几块园地属吴姓，是祖辈世袭的封地。那条闻名四乡、壮观气派的石级路从寨中吴土司家门口一直延伸到寨脚。司头寨脚是寨子左坡右坡往左右伸展退让出的一块平坦开阔、与大田坝相连接的处所。土司留下的两个高大的圆形上马石礅坐落在石板路最后一级台阶的两旁，石礅上刻满图案浮雕，但经过不知多少年沧桑岁月的风化，图案花纹已经模模糊糊，仅依稀可见。这样的石礅在几百里侗乡绝无仅有，它一直是司头寨人的骄傲，寨口有这两尊石礅积聚人气，几百年来都是司头寨人的闲乐场所。每年年底，寨中手艺人要在这近旁的风水树下扎长龙，正月间玩龙的热闹从这里开始。平时，这里是村民们天黑摆门子的地方——父亲后来写的许多民间故事就是在这里听来的。这里也是青年人“打山棋”、练山歌的场所，更是我父亲等小伙伴游戏的乐园。一年四季，只要天气晴好，女娃们常聚在石礅前捡石子、打鞋底、踢毽子，男娃子则在石礅前的大石板上“跌麻石三”（一种赌钱活动）、滚铜毫。我父亲尤其喜欢跨上石礅装作将军上马，耀武扬威，做出鞭马驰骋的架势，快乐无穷……

父亲的幼年伙伴中，有一个忘年交天神哥，对他影响很大。

天神哥姓欧，奶名大狗，跟我父亲同住一个寨子。

大狗父母早亡，跟人看牛做长工过日子。他二叔欧银匠是天神哥唯一的亲人。欧大狗机智、聪明、神气，人称“大狗天神”，又称“天神哥”。

父亲刚脱懵懂的时候就时常听大人们说到天神哥，有人赞扬说：“张某某被‘大狗天神’戏弄了……真解恨！”也有人嘲戏说：“大狗那崽本上棒（善搞恶作剧），喜欢戏弄人……”不管人们怎么评说，父亲都特别佩服天神哥，不仅佩服他敢于整治坏人，还佩服他会拉二胡、会唱小调、会摆门子。只要天神哥来寨门口歇凉摆门子，父亲都是忠实的听众。天神哥习惯坐在上马石礅底座边的石板路上闲聊，父亲时常骑在上马石礅上听他讲他整治人的故事。天神哥的故事中只整坏人，加上他特别会讲，大娃细崽听了很过瘾。父亲听过故事后喜欢提问，一来二去，他俩成了年龄相距十七八岁的忘年之交。天神哥多次邀请父亲到他的破茅屋里去听他拉二胡，后来父亲二胡拉得好大概是受天神哥的影响。

天神哥对穷人很有感情，给人破柴、锄地等，只吃饭不收工钱，穷人们也不把他当外人看待。天神哥最善设计捉弄豪绅、恶人，被天神哥捉弄的人，硬是朝着圈套钻，上了当，哭笑不得。天神哥给人扛活、看牛，活动地域大，接触的财绅富人也多，感受压迫不平的事也深。他捉弄恶人的故事有“烧马蜂”“张冲包现郎”“耀麻子卖蛋”“误吃毒包子”……讲起来有几大箩筐。

天神哥在标寨富裕户——小学校长杨昌球家做工。有一次，天神哥与高傲自大的杨校长打赌，内容是天神哥叫杨昌球走去哪里他就会走去哪里，成功了，杨昌球就多给天神哥一个月工钱；失败了，天神哥就给杨昌球多做一

个月活路。天神哥暗中了解到杨校长好捉鱼。过了几天的一个下午，天神哥扛撮箕、背笆篓，急急忙忙往敏寨河跑，路遇杨昌球，杨昌球问他去哪里，他一边跑一边说敏寨河闹鱼，堂堂小学校长杨昌球被骗到敏寨河边才恍然大悟。爱占便宜的杨昌球偷鸡不成蚀把米，不得不多付了天神哥一个月工钱。

财主狗麻子是个爱贪便宜的人，在狗麻子家做工的天神哥决定要整他一下。一天晚上，狗麻子听天神哥说田坝有一丘鱼田水干了，大鲤鱼跳得满田响。正在打麻将的狗麻子叫天神哥：“快去捉来宵夜。”天神哥去田里捉来两水桶鱼，大家饱餐了一顿。第二天，狗麻子发现自家的鱼田被人放得干巴巴的，鱼全没了，才发觉宵夜吃的鱼是自家的，痛心不已，又无理由责怪天神哥。

…………

如此之类的故事大都是父亲在上马石磡旁边从天神哥那里听来的。

天神哥没到30岁就被地方官绅杨料满抓去当了新兵，死在了外面，但天神哥爱憎分明、善美纯真的高大形象永远活在父亲心间。许多年以后，父亲邀请杨胜溢一同整理出系列《天神哥的故事》，在《南风》《贵州日报》《贵州民族报》等报刊发表，并被收入《侗族文学史》。这是父亲弘扬正义并纪念天神哥的情意。

龙主任来到湳洞司第二年，开始了开发“蛮疆”的第二步。

有一段时间，龙主任有事无事喜欢到司头寨走动。他有时到靠山边的城墙下弯腰瞅瞅，抬头望望，走到后花园瞧瞧。更多的时候是在寨口至寨中雕花青石路上徘徊，用棍子量一量石条的长宽，用手指卡卡石条的厚度。父亲见到校长关注青石阶梯的行为，他不明就里：龙校长量这些石板路干什么呢?

过了没多久，答案出来了。龙主任宣扬这些土司衙门的铺路石板有灵气，他以兴办教育的名义，从邻寨叫来好多劳动力，几天工夫，司头寨这些元明时代遗留下来的土司文物遗址被这位开发“蛮疆”的校长拆毁一空，连古墙砖都没留下，全被他搬到隔壁中心国民学校去铺筑面对大田坝的校前阶梯了。从南明大坝边缘集市街头到坡脚寨的路面，以及由坡脚寨逐级而上到中心国民学校校门的几百米阶梯，全是用司头寨文物遗址的石板铺成的。经过这次洗劫，司头寨经700年积攒下来的众多石礅包括将军上马石礅、石物、墓岩消痕灭迹，雄伟壮观的城垣石墙、古雅秀气的文明遗址，成为一片萧条阴森的废墟。入夜，鸟叫兽鸣，人们疑是鬼神吟泣！

父亲看到吴家主人为阻止挖毁祖业挨打成疾，从此吴家门庭不振，老妻双眼失明，儿媳不睦，儿子暴病身亡，老的老，小的小，度日艰难。人们一直议论是龙主任挖损了吴家风水龙脉造成的。后来，龙主任骑马进县城，跌落圭冲桥下，跌拐了脚，成了人们口中的“官拐子”。

城墙没了，雕花青石路没了，特别是父亲经常骑驾的上马石礅也没了，他的朋友天神哥也早已随之远去。后来父亲每次回到司头寨，面对空空荡荡、野草丛生的寨口，总是会深深叹息……

司头寨被迁移的雕花青石路

给母亲送牢饭

可以想象，在那民不聊生的年代，爷爷奶奶在煎熬中把父亲七姊妹拉扯大是多么的不容易。一家子大娃细崽共九口人要吃要穿，凭手拖拉大一帮儿女，可苦坏了爷爷奶奶。爷爷种田，种地，料理果树，砍柴，割牛草，承担了家里的所有重活。奶奶承担一大家子的煮饭弄菜，浆洗缝补，喂鸡养猪，还要跟爷爷一块下地做活路，里里外外操碎肝肠，毫无怨气。同时，她还是爷爷的好参谋，把多口之家的生活安排得有条有理。爷爷是个好酒之人，辛苦一天回到家总要喝几杯。奶奶疼怜爷爷作为一家之主的辛苦，将就爷爷几杯酒解辛劳的嗜好，再穷也让爷爷做完活路回家有杯慰劳酒。奶奶把酿好的酒隐藏起来不让爷爷知道，细水长流让爷爷有酒心里欢。爷爷这个不怕苦累的庄稼人，把听从奶奶的安排当作福气。

爷爷是个闲不住的人。每年大年初几，人家饮酒作乐过年，爷爷却乐呵呵地挑着撮箕一大早出门去捡粪。猪粪、牛粪、狗粪……一点一坨都是宝，屋侧塝坡上几十上百棵树施肥全靠爷爷勤捡粪肥料理。植树打枝杀虫的劳作，爷爷也全是在新年期间完成的。过完年，爷爷又忙种甘蔗、栽叶烟……真是一年到头难有一天清闲。

虽然如此劳作，虽然奶奶管家尽量一颗一粒地节省，可每到炎夏青黄不接之时，为了维持生计，一家人每天的饭只能吃稀。这时节，爷爷便带着子女上山采桐油、山稗子解决油盐钱，奶奶则上坡挖蕨粑解决缺粮的问题。蕨粑，是指用蕨类植物的根当中所含的淀粉，经加工提炼出来的一种食物。挖蕨粑，也就是挖蕨根。蕨根在秋冬季节所含淀粉才是最丰厚的，炎夏时节挖蕨根捣粑是无奈之举。

挖蕨粑是最重最苦的活路，能量消耗大，所以只有奶奶上坡挖蕨粑时的午饭是干的。父亲平时挑嘴，吃稀饭吃烦了，他多么想吃一餐干饭啊。一个星期天，父亲跟奶奶讲："妈，明天我同你去挖蕨粑吧。"

天没发亮，奶奶包好干饭带着父亲去唐仁高坡挖蕨粑。盛夏时节，唐仁高坡上那一大片一大片的蕨类植物，生长在许多年前曾经开荒种植过的向阳缓坡上，一丛丛深绿的蕨类爪叶密密挤挤地铺陈在稀稀疏疏的麻栎树木间。年少的父亲跟在奶奶挖的位置旁边重一锄、轻一锄地挖，从太阳未露脸挖到太阳火辣辣地晒在膀子上，手板长起了一串乌红的血泡。到了中午，就着山涧凉水吃过干饭再挖。到了太阳快下山时，才担着娘帮捆的两小把蕨根，跟随娘顺长长拐拐的下坡路走回家。还未下到半坡，肩膀痛得像马咬，两腿酸疼难熬。有了这次经历，父亲才知道娘挖蕨粑的干饭真不容易吃。

爷爷奶奶是有志气的人，再苦再累都不肯让儿女在世上低三下四，拼死拼活撑家立业，却也猪牛顺遂，果橘挣钱，慢慢地钱米松动宽裕了许多，还置办了几十挑田地。

大伯14岁的时候就由爷爷奶奶做主到圭坪湾讲了亲事。尚未过门的大妈也来自子女众多之家。大妈的爹妈靠种花生、打木器摆摊维持农家生活，经常跟爷爷奶奶一起摆小摊，建立了一定的感情。爷爷奶奶常跟亲家摆笑说："我们穷人爱穷人，才结成穷家姻缘呢。"

然儿女债是还不尽的，爷爷奶奶背上的儿女尿还没干，眼见大伯慢慢长大，又开始担心崽多抓兵役的苦事了。咬紧牙关，省吃俭用积钱，爷爷奶奶在艰难中给儿子设下一条宽路（交钱抵兵役），为盘儿女出人头地，为免受兵役之苦，费尽了心思。

可是大伯刚满15岁，就被石保长抓了兵役。据说，大伯未到当兵年龄，被石保长抓来抵替他表姐夫的崽。同时还想借此拆散大伯和他外甥女的婚事，并敲诈我家的兵役钱。这石保长是大妈的亲舅舅，可是他嫌弃爷爷家崽女多家穷，不顾及爷爷奶奶与大妈家的感情，一直公开反对他妹妹家和我家结亲家的事。爷爷血性刚强，心里不服，壮着胆抗抓兵役，悄悄把大伯送到几百里外的镇远躲了起来。可是，爷爷的抵抗不顶事，还被以"抗兵罪"关进了剑河县城大牢，同时奶奶也被关押进南明乡公所。生活秩序井然的一大屋人，大人被抓走了，一下子，家里只剩下了小孩——父亲和他的五个弟妹，犹如天塌。那时父亲刚上小学五年级，弟妹年小，整天哭爹叫娘，没办法，父亲只好停读料理家事，照顾弟妹。那天，父亲招呼弟妹吃喝后，流着泪给奶奶送牢饭。半个世纪过后他对我说，他是走哪条路去见奶奶的他还记得，他是求谁才见到奶奶的他也记得，奶奶含泪吃牢饭的情景他记得很清楚，特别是奶奶当时对他说的“要展劲读书哟，不能祖祖辈辈受欺压”的话语，更是清清楚楚地刻印在他的心底，并成为他发愤图强的动力。

李万增先生的母亲杨引娣老人像

政府逼得很紧，四爷无奈赶赴镇远接回大伯交了兵，爷爷奶奶才被从监牢放回了家。大伯是被用绳子绑着抓走的，正处战乱年代，大儿这一去要有个三长两短可怎么办啊……奶奶痛不欲生。奶奶经常烧香祈求祖宗神灵保佑：“太公太婆保佑孙儿能逃脱队伍回家团圆啊！”那年三十晚，一家人快半夜还没吃年饭，奶奶在门外一声崽二声儿地哭泣，全家人咋个吃得下饭呢！盼呀盼，想呀想……三月间一个逢场天，大伯突然从菜园地间走进屋来，一家人惊喜交加，奶奶扶住衣衫褴褛的大伯热泪如泉涌：“不枉娘烧香求神显灵应，我崽回来了……”

第二年，大伯又被抓去当保警兵，吃掺沙子饭，过着牛马般的生活。那个社会，当兵受罪的必然是穷家子弟，哪有官富子弟吃粮当兵的呢。

大伯两次被抓兵，爹妈无辜进监狱，父亲已深深地痛恨这个不公平的社会。他无从抗争，只能发奋读书。大伯被抓离家，父亲成了留在这个家里最大的孩子。懂事的他开始承担大伯在这个家庭的责任，他一边尽力协助父母为这个家多出一份力，一边努力备考——他要考去剑河县中读书！

美术启蒙

1941年，父亲以优异成绩考入剑河中学，有幸成为被誉为“江南才女”的画家袁行恕的学生。袁行恕毕业于北平艺专，画艺精湛，热心教育。当年，陈致平、袁行恕夫妇带着年仅5岁的凤凰（即琼瑶）从北平沦陷区逃难，辗转来到剑河县城并留在剑河中学任教美术。袁老师对热爱美术、在绘画上很有天分的穷学生李万增关怀厚爱，给他以良好的美术启蒙，并结下难以忘怀的师生情缘。

陈致平先生，祖籍湖南衡阳，生长于北京。袁行恕先生，祖籍江苏武进，生长于北京，就读于北平艺专。陈致平曾经是袁行恕的老师，后来他们组成家庭。这对教师夫妇沉迷艺术，热爱教育，为国家培育人才、抚育儿女含辛茹苦。

七七事变之后，抗日战争在中华大地全面爆发，人民处在漫天烽火之中。陈致平、袁行恕先生一家离开北京南撤移居四川，1938年在成都生下孪生姐弟“凤凰”“麒麟”，1940年生下三子巧三。日军从北到南，生灵涂炭，民不聊生，战火烧到成都，先生二人便又携儿带女逃避日军的烧杀抢掠，离开成都辗转贵州回祖籍湖南老家。身怀教育情怀的他们一路上走走停停，走到哪里遇阻停下来，就进当地学校任教并宣传抗战。他们回到家乡已是两年之后的事情。战争年代也不能缺少教育。回到家乡衡阳，他们夫妇一并应聘于南华中学任教，为家乡培育子弟，陈先生教历史、英语，袁先生授美术、国文。

1943年，抗日战争席卷全国，日本侵略军攻破长沙防线，进犯衡阳，日军大量涌进农村，烧杀奸淫，祸害生灵。广大知识分子宣传抗战深入人心，对日本侵略者形成巨大冲击，所以日军最恨知识分子，不知多少知识分子惨遭蹂躏。陈致平、袁行恕先生处在国破家亡的险境下，泪别高堂老父离开家乡，穿过战火线，绕过大风坳向广西逃难。他们前有退却的国军暴敛扰民，后有追击的日军纵火杀戮。这场侵略战争带给中国百姓无尽的灾难。麒麟、巧三在离开东安城逃难的混乱中失踪，陈致平、袁行恕夫妇悲痛欲绝，抱着小女投河轻生。他们跳进不深的河中，女儿在恐惧、惊吓中放声大哭："妈妈呀！爸爸呀……"一阵呼天抢地的哭喊，喊醒了父母，陈致平老师从水中站起来："我们为什么要死呢？我们不能死！"他们抱着女儿上岸，忍着泪，继续朝着广西方向前进。陈先生赤着脚背着女儿在漫长的山路上跋涉，历受战乱之苦，走到了广西桂林。在桂林，先生从朋友那里找到了失踪的两个儿子，总算劫后重逢。

桂林失守，桂林的一些机关迁往融水县，先生一家跟随逃到融水。在融水，陈先生受聘广西大学副教授。战争势态日益紧张，融水危急，广西大学向贵州撤迁。先生一家搭乘小木船，沿着融河度过惊险的20多天来到贵州榕江。榕江并非先生的目的地，他们的目的地是重庆，还有漫长的路程。到达榕江后，广西大学经济不支，师生纷纷各奔前程。陈致平、袁行恕夫妇失业了，前路要继续走下去。他们与广西大学同事瞿成波先生商议结伴前行，彼此有个照应。于是，由陈先生和瞿先生两家大大小小10口人组成的队伍踏上继续逃难的路途。他们携带锅碗瓢盆，一路上，时常露天生火造食。陈先生的肩担上一头挑着孩子，一头担着衣物用具，摇摇晃晃，步履艰难。经过好些天翻山越岭的艰苦跋涉，他们终于走入剑河县，来到南哨。南哨这个坐落在崇山峻岭里的山乡小镇，风光旖旎，一条名叫乌潞的河流一尘不染地从寨前急涌流逝，两岸绝崖，森林莽莽。但是他们哪有闲情欣赏自然风光呢？天色慢慢黑了下来，他们在路边破庙住了一宿。第二天清晨，陈先生和瞿先生携带家眷继续上路，几步一息，停停走走，吃力地爬完在当地以高大陡峭著名的章汉五里大坡。刚上到坡顶，一行人气喘吁吁，正要停下来歇息，突然，从丛林深处跳出几个衣衫不整、满脸抹黑的盗贼，凶神恶煞地劫走了他们的全部衣物、用具。好在无财不丧生，人没受到伤害。

天将近晚，他们走到剑河县城。瞿先生怒气冲冲走进县府衙门，怒斥县长渎职，任凭县境强盗横行。姓阮的县长曾经留学日本，对远道而来的大学教授及家人热情接待，一面道歉，一再安抚，一面为几位先生家小添置衣物和安排食宿。阮县长安顿陈先生暂住在县城东门口丁叔仁家。

阮县长兼任剑河中学校长，他以校长的身份高薪执意挽留几位先生，盛情难却，陈致平、袁行恕夫妇和瞿成波先生成了剑河中学的老师。同时留在剑河中学任教的还有广西大学的王慎庵教授和吉林大学的徐人月教授，徐教授有一手好书法。

袁行恕老师一家颠沛流离的经历，是父亲从袁老师那里以及一些老师的闲谈中断断续续听来的。

陈袁夫妇和瞿成波先生等留在剑河中学任教的大学教授，都是有爱国良知的知识分子，心怀敌忾，忧国忧民，时常在课堂上宣传抗日，痛斥日本侵略者的暴行。陈致平先生经历了国难当头所导致的人生坎坷，情绪波动大，容易发怒，善良贤惠的袁行恕老师理解先生，努力克制，一家人的生活操持、浆洗缝补、孩儿辅教，不辞劳苦，让陈先生用心做学问，挤时间作画刻图章，卖些钱补贴家用。

来到剑河没多久，爱国心切的陈致平、袁行恕老师牵头组织了一支“剑河抗日宣传演出队”，宣传抗战。富有艺术才气的瞿成波老师负责编导，陈致平、袁行恕、徐人月等老师担任主演，王慎庵老师和剑中师生担任配角和伴奏。宣传队利用每天下午课外活动时间排练，每周六晚在县城戏台公演。虽然演出条件简陋，但节目形式有齐唱、合唱、独唱、乐器演奏和话剧，可谓丰富多彩。歌曲演唱的保留节目有《松花江上》《延水谣》《义勇军进行曲》《保卫黄河》等，歌剧保留节目主要是《王老三我问你》，此外每场演出都有教授们自编自演的节目。每次周末演出，简陋的戏台灯光耀眼，锣鼓喧天，掌声震天，热闹非凡。

父亲回忆观赏过的节目，印象最深刻的是陈教授、袁老师担任主角的话剧《红苕熟了》。这出戏讲述了一个农家妇女送丈夫出征抗日的事迹。眼看丈夫就要踏上征程了，妻子依依不舍，百般留恋，牵着丈夫的手说：“我正在蒸红苕，锅里的红苕，很快熟了，吃了红苕再走……”

窗外集合的军号声响了。丈夫虽然内心焦急，但还是与妻子绵绵不绝地倾诉衷情。

婴儿的啼哭声传来，妻子进房哄孩子。婴孩被哄睡了，妻子复出房，情话绵绵。

军号又响了，妻子说我去看红苕熟了没有，等了一会儿出来，说："红苕还没有熟透，等等，很快就熟了……"

军号又更加激越地响起！一会儿婴孩又哭了，妻子焦急地走出走进，但红苕一直没有熟透。

集合号声急切地吹响！即将出征的丈夫，按捺不住急切的心情，实在不能再流连下去，不忍心面对离别的场面，等妻子再度进厨房的时候，越窗而去。

妻子手里捧着一碗滚烫的红苕上场，不见丈夫，嘴中喃喃地说："红苕熟了！红苕熟了……"但是已经人去屋空，泪湿衣衫，手一松，碗滑落，红苕撒落一地。

话剧在婴孩啼哭声、集合军号声、马蹄声、哭泣声中落幕。

极富表演力的陈致平、袁行恕夫妇将这出话剧演绎到极高水平，既生动形象地表现了夫妻情深，更把抗日气氛渲染得淋漓尽致。这出戏让剑河观众大开眼界，每次演出，都有许多观众触景生情，泪湿眼眶。

陈致平、袁行恕夫妇得到全校师生和全城民众的尊敬，特别是二位老师一家和善，待人亲切，能给人留下很深的印象。

有次我跟父亲谈起陈致平、袁行恕老师的话题，他回忆道："陈先生身材高健，戴副眼镜，身着长衫，文静，健谈。袁先生个子不高，身材匀称，容貌秀丽，与学生交谈总是面挂微笑，年纪二十八九岁的样子。长女凤凰，年纪五六岁，稍瘦，沉默少语。孪生弟弟麒麟，性格内敛。唯独那个年约三岁的巧三，天真烂漫，惹人喜爱，会说英文，同学们经常给他糖果花生，跟他逗笑交朋友。"父亲补充说他也特别喜爱小巧三。

父亲还说："袁行恕老师看样子比陈先生小几岁，精于诗画。画虫鱼花鸟，物象逼真，色彩艳丽。袁老师被剑河民众誉为'剑河美人'。'剑河美人'既是对她个人外貌和性格的赞赏，也包含着对她的画艺的褒扬。"

父亲从小爱画如命，但从未遇到过像袁老师这样的美术老师。父亲在袁老师的教导下，进步很快，他的画深受老师喜爱，期期被选入学校橱窗展览。袁老师经常指点父亲，教他认识色彩，识别画种。至此，父亲才知道什么叫作素描，什么叫作版画、油画、国画……每当袁老师课余或星期天作画之时，父亲常常站在木窗外观看。一次课余，袁老师专心致志地描绘一幅4开见宽的国画《小鸭芙蓉》，画作完成后，画中两只未换绒毛的黄毛鸭雏嬉戏于鱼塘，画面上角伸出一枝艳开芙蓉，活灵活现，看得父亲如醉如痴。袁老师回头望见我父亲立身窗外入迷地看她作画，便亲切地叫道："李万增，别在外面看了，进来吧。"父亲忐忑地走进去，和蔼可亲的袁老师问了父亲的家境情况，鼓励他："家贫不要紧，你悟性非常好，只要你有当画家的志向，就一定会成功。"作为对一个穷学生的鼓励和肯定，袁老师将《小鸭芙蓉》这幅画连同一本速写本赠送给我父亲。父亲这个乡下穷学生，得到老师这样的厚爱，非常感动。自此以后，父亲以袁老师为榜样，立志要成为一名画家。袁老师的画业启蒙，奠定了父亲后来心向艺术，不畏艰难、拼搏一生的信念。这之后，《小鸭芙蓉》在很长一段时间一直陪伴在父亲的身旁，为父亲提供了从画之路上战胜困难的内在力量。

过后不久，父亲得了一场恶性"打摆子"（疟疾），被劝回家养病。待他病愈后回校，袁老师已随陈先生携儿女离开学校，奔往重庆。

接着，徐人月教授、王慎庵教师也相继离开剑河。只有瞿成波先生一家留了下来，抗日胜利后他们依然留居剑河，并曾到民教馆做群众文化工作。离开剑河的陈先生一家，翻山越岭，长途跋涉，走向远方。

父亲一直没有忘记袁行恕老师的画业启蒙之情，1998年写了散文《〈小鸭芙蓉〉的回忆》刊发在《贵州日报》，以此表达了对老师深深地思念。

漫画风波

剑河古称清江，民国初年改称剑河。这座小县城坐落在贵州苗岭逶迤浩渺的莽山脚下，这里山高谷深，江水湍急，崖峰如剑，“剑河”形象地体现了这里的地理特征。小小的剑河山城紧靠着奔腾咆哮的清水江西岸，在厚实的大山脚下依地势窄窄地伸展着。

剑河中学在县城中段靠北的腹部。学校在山脚，后山往上是座百年古庙，古庙再上去是鳞次栉比的村落。这些村落随地势分布，有的紧贴山脊，有的掩映在古林丛中，有的藏于塆中。从学校操场往后山望去，村落后边层层梯田联韵如曲谱，有雾的时候又飘动如云烟。

周末的时候，父亲只要有空，就带上袁行恕先生赠送的速写本到后山去画寺庙，画民居村落，画村民的劳作。他甚至多次翻过梯田，走过好长的盘山路，再继续沿着古时留下的花街路爬上更高的山冈，来到一个斜卧在山顶上的苗族古村落公鹅寨。

公鹅寨坐落于高山顶上，在历史上是一个名声赫赫的苗族大寨。父亲第一次来到公鹅寨的时候，画了寨前那几棵苍虬高大的枫木树。后来，他把这几棵颇具个性特征的古枫大树，用到他的版画作品《秋山鸟语》中。

又一个周末，父亲再次到公鹅寨写生，遇到这里过芦笙节，一个父亲帮她担过水的老奶奶盛情邀请父亲参加。阳春三月，春暖花开，在即将播种的时节，公鹅寨的寨民们在德高望重的寨老带领下，在寨中芦笙场上祭祀祖宗神灵，祈求顺遂丰收。随后寨中姑娘身着盛装，佩戴银花银饰，小伙子们各自带着芦笙，从四面八方向芦笙场地涌来，自行结对围成圆圈，吹笙，欢歌，跳舞，热闹非常。这次节日活动，父亲学会了芦笙舞，还吃到了苗家美食酸汤煮鱼。

那时画画成了父亲在求学过程中的娱乐方式和精神寄托。16岁时，眼看就要中学毕业，一次漫画风波让他差点毕不了业。

抗战胜利、举国欢庆的那一年，锦屏、天柱、三穗、剑河四县联合成立师范（简师），师范与剑中共用一个校址，后合并成了剑河中学简师班。剑河中学历任校长均为县长兼职，有了简师班后，县党部派来一位潘姓的专任校长。

潘校长身材瘦小，满脸络腮胡子，学生们暗称他为潘胡子。潘胡子浓眉倒挂，不露笑容，极为严肃，任校长之前任县党部职务。潘胡子时常召见那些关心政治的学生，没多久，那些学生中的积极分子成了国民党员或者三青团员。1946年3月的一天上午，学校敲钟集合学生到县党部去听报告，潘胡子亲自到父亲所在班级催督学生集合，并点名父亲和潘年吉同学不用参加，因为潘年吉和父亲在同学中年龄偏小，潘年吉还满脸娃娃气。潘年吉是父亲在班里关系最要好的同学。那天，只有他俩不用去县党部。潘年吉买了4个油炸粑两人吃，要父亲教舞花架。父亲认认真真地教，可是，重复到两三遍时，路数不对，潘年吉才识破父亲根本不懂武术，两个人落得大笑一阵。11点过后，去县党部的学生回到班里，每人拿着一份表格，是加入三青团的。父亲对政治不闻不问，更不羡慕，只是埋头学业，挤时间绘画，自得其乐。

当年，有一位名叫姚志书的教师，颇具才华，曾任大纲报编辑，出版过文著。由于没有靠山，又不善交际，不被重用，时常以酒解愁，消极人生。但他课上得好，深受同学喜爱，父亲特别喜欢听他的课，受益匪浅。父亲文章写得好，跟他的教导有一定关系。

潘胡子是我父亲的美术老师。每堂美术课，他都事先在一块小黑板上用粉笔画上一只鸡或一只山鸟，放在讲台上叫学生临摹。一个学期下来，没听他讲过一堂课，这令酷爱美术的父亲很沮丧。

1946年的深秋，寒霜染地，阴冷潮湿。一个星期六的中午，父亲和往常一样，吃过午饭后回到教室，一个人自由自在地用粉笔在黑板上作画。突然，他的脑海里出现了潘校长的严肃形象，于是，用漫画的笔调抓住校长的特点，按照记忆画了幅潘校长的漫画像。同学们陆陆续续回到课室，见到黑板上的漫画一阵欢笑："潘胡子的阎王像画得太像了……""不准擦掉……"父亲在同学们的喝彩中飘飘然。

班上学生中有校长的侄儿，还有几个喜欢告黑状的，不知是谁暗中跑去向校长告发了父亲，说父亲居心不良丑化校长。在下午上课铃未响的时候，潘胡子突然凶神恶煞走进教室，望着黑板上的漫画，气得吹胡子瞪眼睛，命令父亲赶紧擦掉，而后怒不可遏地掉头走了。

料不到，父亲一场艺术得意的欢欣，化成了"恶意攻击"的罪名。过了几天，潘胡子不以"漫画"直接定罪，而是诬陷父亲给女同学写情书，对父亲做出除名处理。沉重的打击，极大的羞辱，满腔的冤屈，使父亲痛心难过；辜负父母哥弟、族伯望其成才的心愿，更使他陷入人生无路的困境之中。一个品学兼优的学生就这样被打入了地狱，幼小的心灵被严重摧残。

班主任莫大成老师深知其中缘由，他把父亲叫到宿舍，埋怨道："万增啊，你怎么敢去画校长的漫画呢？把校长的威严当作乐趣，你太不懂事了……"他拍拍父亲的肩膀，接着说，"你没必要过于伤心，毕业证书我给你想想办法。"

剑河中学旧址

莫老师是校长的侄女婿，从中周旋，给我父亲补发了毕业证书。当他把毕业证书放到我手中的时候，再三叮嘱："回家要努力复习功课，准备来年开春的考试……"

父亲再次爬上高高的公鹅寨，在寨边的田埂上俯瞰远在江边的县城。这县城曾经在他童年的想象中非常大，现在在他的眼里却非常小，小得像一艘停泊在滔滔清水江边的渡轮。父亲在田埂上坐了很久……

穷娃中考

“漫画风波”之后，父亲回到南明司头，白天干活，晚上挑灯夜战，发奋备考，度过了夏秋冬三个季节，转眼到了年底。

南明侗乡的春节是从杀年猪开始的。从农历腊月二十三日开始，杀猪一直延续到二十六日，这几天司头侗寨天天都有人家磨刀杀猪，年猪的叫声此起彼伏。每年，爷爷都安排在腊月二十三杀年猪，这年也是如此。杀年猪这天，天未破晓，奶奶就把一大屋人都叫了起来。父亲负责打扫场所，准备杀猪的架子等用具，三叔万发负责磨刀，其余的叔叔要在杀好猪后负责请族人亲朋来吃刨汤，分享喜悦……头天晚上，奶奶就已经给大家分好了工。父亲起床，打开房门，情不自禁地叫了出来：“啊，下雪了！好大的雪！”这年，南明侗乡的雪似乎是随梦而来的。恬静的夜晚，父亲蜷缩在暖和的棉被里沉在梦境中的时候，雪花悄悄地从村寨上空飘了下来。他早晨起来，大雪已经铺白了山冈、野径，染白了树梢，抹白了瓦檐，一切是那么干净、素洁。父亲自小就喜欢雪。

父亲怀着欣喜的心情——自从“漫画风波”回到家后，他很少有这样的心情——来到屋边，把雪扫开，扫出一块杀年猪的地方，而后把秋天打谷子用的打谷桶扑倒在地上洗干净，并洗净大木盆放在旁边备用。干完这些活，天已大亮。

杀了年猪，增添了过年喜庆的气氛。瑞雪兆丰年，这自然的色彩在父亲的心中隐隐泛起一份来年的吉祥。

吃过刨汤，爷爷还在与族人寨邻亲朋好友喝酒聊天的时候，父亲带着速写本提着小火箱上塝坡画雪景去了，一直画到傍晚奶奶喊吃晚饭才回家。

接下来的几天，打年粑、推豆腐、做灰碱粑……全家人忙忙碌碌，兴高采烈。父亲白天干活，晚上复习，甚至大年三十吃过年夜饭也在复习。他知道，只有考上才能改变命运。为此，他必须全力以赴！

1946年的大年初一，南明侗乡的娃们穿新换新，转“陀螺”（一种侗族舞蹈），骑木马，“跌麻石三”，十六七岁的后生、妹子游山唱歌，尽情玩乐，欢喜过年。这天，整个司头寨的年轻人就只有父亲待在家中，紧张地复习。晚上，父亲对奶奶说：“妈，我明天要去镇远考学……”奶奶抬头问他：“能考上吗？”他点点头，轻轻地回答：“能。”

于是，奶奶天没亮就起来为父亲热饭煎粑，只以为二儿赴考已得到他爹的同意，也不问父亲有无盘缠。吃过饭，父亲背着猪肝色书袋装着课本和午餐糍粑、踏上了赴考的路途，奶奶站在门前再三嘱咐：“好好地考，考完就回家啊！”

父亲不好意思向爷爷奶奶讨钱赴考，身无分文却糊里糊涂地出门考学。他没有盘缠，忧心忡忡走到鱼塘坎上，碰着爷爷从街上回屋：“大新年，你去哪里？是去哪里走亲戚？”

父亲回答说：“我去考镇远高等师范。师范享受国家津贴，家里不用出钱，毕业出来当教师……”知道父亲身无分文后，爷爷责怪道：“崽呀，你身无盘缠咋个考学呢！”

爷爷摸出身上仅有的一元银圆交给儿子：“你到镇远，去找李锦章叔，他住在卫城河坝街。叔爹会照顾你的。”

父亲和爷爷都不知这块银洋的价值，只以为盘缠已足够了。

从南明到镇远有两百多里。雪刚融化，空气湿冷。父亲迎着寒风朝岑戈方向，踏着花街古道一路走去，途经小滴、高兴、巴也……翻山越岭，走村过寨，过桥爬坡。高处的积雪未融化，他也不觉得冷。当他行走在荒山野岭的石径上，好久都见不到人家的时候，内心充满了孤独和恐惧；当他走过热闹过年的村寨的时候，喜庆的鞭炮声、少年娱乐的欢闹声不绝于耳，在别人过年喜庆的气氛中，他更加孤独。当天下午，在他走到三穗县城的时候，已是跛涉吃力，脚板冒出了串串血泡。实在走不动了，他坐在路边休息，打算

吃点粑再继续上路。

“李万增，去考学吗？”他抬头一看，是几个赶考的同学。他们邀他一同搭车上镇远。他不好说出自家贫穷，于是硬着头皮搭车，车价恰是一元银洋。到了镇远，父亲身上已是半文不剩了。他依照爷爷的嘱咐找到锦章叔公家。这时，父亲才突然意识到两手空空走进叔公家，大过年的，好难为情啊。叔婆脸上没有表情，淡淡地说：“你叔爹年前去锦屏了……”

当年，爷爷跟锦章叔公在镇远合修了三间木房，锦章叔公有二份，爷爷占一份。房子已装修完毕，楼上尚空着。父亲也是因为这个房子，才敢身无分文投奔本家报考学堂。

冬天，父亲睡在竹靠椅上过夜，刺骨寒冷与周身疼痛，使他埋头于书复习。每天早餐，叔婆将糍粑切成二指宽的片子在炭火上烤，父亲暗地将糍粑放入衣袋，打算做回家路上的干粮。他每餐吃一小平碗饭，勉强充饥，内心充满着两手空空有失礼仪的不好意思！

报名费3角银洋。父亲忍受着寒冷，脱下身上外衣上当铺抵押。他相信自己能考中。

夜深了，叔婆关心提醒：“哎，万增，鸡叫二遍了还没睡觉，别把身体搞坏了……”

会考期终于来临，父亲将与四川、湖南、广西、贵州集中镇远的考生，展开一场搏战。无声的战场十分沉静，监考员在场上踱来踱去，眼神像无情的利剑闪出庄严的杀气，令人生畏。湖南来的一位考生因作弊被当场勒令退场。三朝临试，有的考生心情沉重，父亲却十分轻松。但世间之事难以预料，强手如林，加上人为的紧张，使他彻夜难眠。

终于等到了张榜那天，天刚麻麻亮，父亲和其他所有考生都早早来到贵州省立镇远高等师范学校大门前候榜。早上8点整，张榜文书终于抱着榜文，拿着糨糊，慢条斯理地来到大厅。“大家散开些……”“把高凳抬过来……”文书先生招呼考生。

大家都期待自己榜上有名，恨不得马上在榜上找到自己的名字。可是，贴榜文的文书却偏偏你急他不急，慢条斯理地把卷成筒的榜文从后面往前贴，几百双眼睛焦急地盯着榜文，有的满面春风，有的紧锁眉头。父亲的心中像压着一块巨石似的沉重，榜文一张接着一张地贴过去，他跟在后边一张张地细看，都没有看到自己的名字。只剩下最后一张了，失望和希望在心中交织。“这是最后的希望了。”他这样想着，在人群中奋力朝最后一张榜单挤过去。他终于看到了自己的名字，父亲生怕眼花看走眼，睁大眼睛重看了几遍，看到自己的名字堂堂正正地列在第三名的位置，激动得淌下了热泪。

考生们还在议论“第一名……第二名……第三名是哪里来的考生”的时候，父亲已高兴得简直要疯了。他压制住激动，挤出人群，握紧拳头，差点吼出声来：我考上了！我考上了！我考上了！

仿佛一下子，小学中学的两次委屈已经被这优异的成绩洗涤干净。他终于站在了一条全新的起跑线上。虽然，他还不知道自己的人生之路会迈向何方。

父亲激动的心情驱散了人生的苦闷。当天他辞别叔婆，起程步行回家，第二天半夜才到家。奶奶看到二儿两只脚板串串血泡，肿得厉害，十分心疼。

奶奶问儿子考中了不？她听父亲说考了第三名，很是欣慰。爷爷得知儿子考中高级学堂了，有一种光宗耀祖的喜悦。第二天一早，爷爷跟奶奶商量办酒饭，把大爹小叔请到家来，爷爷把儿子高中榜首第三名的喜事告诉了房族，全房人欢天喜地！

屋檻上大公十分激动：“李家出‘探花’，是李氏宗族的喜幸！借债也要读书啊！”

四公接话说：“一人有志，遮盖一屋，大家要支助万增把书读下去。狗麻子‘可惜生到穷人家’的话不伤人皮也伤心嘛！”

于是叔伯亲戚众人扶一，让父亲实现了成为省立高师学堂的学生的愿望。邻近寨子的人称父亲为“秀才”。山旮旯的穷娃中考，传为佳话。

刘校长

贵州省立镇远高级师范学校是黔东南最高学府。它的前身是镇远明德中西学堂，始建于清光绪二十七年（1901年）。当时光绪帝实行维新变法，倡导“兴办中学堂，兼习中西各科”，新式学堂在各地兴起，镇远顺势创办了明德中西学堂。1911年清王朝灭亡，第二年，中央教育部统一学校系统，镇远明德中西学堂改名为黔东南实质中学。1926年军阀混战，兵匪劫掠，学校停办，1930年恢复，改名为贵州省立第八中学。到了1936年7月，国民政府将贵州省立第八中学改为贵州省立镇远高级师范学校。

父亲就读镇师没多久，校园内外形势日益紧张，反政府、反压迫、反饥饿抗议活动此起彼伏。一堂英文课上，姓段的老师酒后吐真言，公开在课堂上面对学生高声咒骂蒋介石：“我以为把日本人赶走了就有好日子过了，想不到蒋总统这家伙也是个大坏蛋，让我们的日子过得更艰难……如果是我老段当总统……保证不打内战……”这之后，有的学生叫他“段总统先生”，他也不生气。父亲心中佩服段先生的胆略，同时也替他担心，好在没有人告发他。

1947年秋天，镇师校长吴敦义辞职。吴校长是省主席杨森安排过来任职的，杨森调离贵州，吴校长也就辞职了。镇远国民政府打算提拔当地人杨金谷担任校长。杨校长正准备上任，省政府却空降大学老师刘剑华来镇师担任校长，于是镇师因校长的更换刮起一场“拥杨反刘”的风波。

刘剑华校长即将到任，镇远府城、卫城一夜之间贴满了“反对形同烟鬼的刘剑华到镇师当校长”“反对不学无术的刘剑华到镇师任校长”一类的标语。这些标语大都是拥护杨任校长的学生写的。这些学生还涌到进城路口六牌去阻止刘剑华进城。不喜欢杨代校长的学生了解到刘剑华校长是毕业于北京大学的教授，他们组成了“拥刘派”，拉着横幅也到六牌路口去欢迎刘剑华来镇师任校长。六牌路口，气氛紧张。虽然两边都有同学邀请，父亲并未参与任何一方，只是埋头读书。

这场风波，最终以刘校长胜利、杨校长出走而告终。

刘剑华校长上任后，这位校长机智、宽容、文雅，给父亲以及全校师生留下了好的印象。

刘剑华校长以硬对硬上任之后，分别召见了反对他的学生头目。“你们看我是‘形同烟鬼’么？”他以长辈姿态坐在办公室上侧，笑容可掬、平易近人地开导学生，“你们年幼，不明真相，凭着满腔热血，意气用事……我也年轻过，我完全理解你们……你们很有正义感，希望你们今后对我的工作多多监督……”过后，他没有追究任何学生的责任，赢得了全校学生的尊敬。刘剑华对学生的大度，对父亲这个曾经受到剑河中学“潘胡子”心灵摧残的学生产生了很大影响。

刘校长是广西人，高度近视，典雅斯文，颇具学者风度。他时常身着洗旧的学生蓝色布长衫，生活很简朴。特别是他不似前任吴校长闲着拿薪俸不上课，他任教父亲那个班的语文同时兼任班主任。

刘剑华校长主要给父亲那个班的学生讲授语文课。有一堂课讲七绝，刘剑华校长以唐代诗歌为例，巧妙地传授七绝平仄韵律，并当场示范了一首：

江洲感怀

征尘一帽过江洲，四五年前感旧游。

红树青山犹未改，唯怜白了少年头！

刘校长吟罢问道：“哪位有胆量的同学也来一首？”

他给同学们几分钟的准备时间。几分钟过后，父亲第一个举手回答，咏诗如下：

画 竹

翠竹摇影试天娇，骨傲风霞节更高。
夜静倚栏星月朗，好乘诗性上云霄。

父亲的即兴之作赢得了满堂喝彩。刘校长当即对父亲的诗作从立意、构思、意境、平仄、押韵等方面进行详细点评，充分肯定父亲的作品，并表扬父亲。之后，同学们你一首我一首地朗读自己的诗作……

唐代李商隐的著名诗句“桐花万里丹山路，雏凤清于老凤声”，把师生喻为老凤雏凤，在幽雅的环境中雏凤清脆圆润的鸣声，附和着老凤苍厚的呼叫，显得更为悦耳动人。这是一幅生动感人师生和鸣的美妙图景。刘校长讲古代诗歌深入浅出，更长于示范。他讲课的时候，同学们专心致志，鸦雀无声；他与学生互动的时候，课堂活跃，学生积极参与，轻松愉快。父亲后来作诗题画，还出过诗集。他说，他是从刘剑华校长那里学会了写诗。可以说，父亲后来的文艺追求与成就，与刘剑华校长的教育和启示是分不开的。

国画老师蒋踱公

❖ 镇远古城

镇远这座历史文化名城素有“滇楚锁钥、黔东门户”之称，自古以来就是贵州省的东大门，历来是兵家必争之地。镇远地名出现在南宋宝祐年间，有威镇远方的意思。这里的民族以苗族、侗族为主，镇远城一河两岸那蜿蜒的水岸边，连绵的峭壁下，尽是大片的徽式建筑。舞阳河面碧波清澈，白墙黑瓦、飞檐翘角倒映其中，鱼波涟镜，古韵迷人。父亲爱好美术，他到镇远高师念书，面对如此风光，很是喜欢。只要周末没有学业任务，他就带着速写本或者穿城过巷，或者漫步河边，或者参观道教圣地中元禅院，或者爬上吴三桂屯兵的后山长城俯瞰。他的速写本绘进了镇远古城的山山水水。

他也喜欢画人。提着鸭子的、挑着担子的市井黎民；提着画眉笼，早早上山遛鸟的老人；背崽买炭的苗民；耐心垂钓的渔人……都被绘进了他的速写本。

这个阶段，在踱公先生的影响下，父亲开始学习国画。

镇远高师卧虎藏龙，父亲进入省立学堂后，结识了不少风云人物：曾任山东省政府秘书长的刘名军老师，来自安徽擅长武术的体训教官刘军，来自四川大学的地理专家李视如老师，本地的音乐家谭翼红老师……好学的父亲从他们那里学到了历史、地理、音乐等各个方面的知识。

最为幸运的是，父亲在这里认识了艺术造诣深厚的画家跛公先生。跛公先生姓蒋名阿仙，号“江南跛公”，浙江人，长于国画。在父亲学习生涯中，除他的画业启蒙老师袁行恕、陈致平之外，他最崇敬就是蒋先生了。蒋先生待人随和，穿着简朴又不失高雅。蒋先生擅长写意花草，且书法也好，变形隶书尤见功底。他作画，随即草草几笔，便栩栩如生，水墨葡萄、水仙是先生的应手力作。

父亲课余之暇，总是将自身埋在求文习画的奋斗中，疯狂地练画和阅读文学书籍。他对艺术，始终保持一种“饥饿状态”，沉迷其中。

一个周末的傍晚，父亲外出写生回校，遇到跛公先生。打过招呼后，先生问道：“万增同学好，你去哪里了”父亲平静地回答说去写生了，先生要看看父亲的速写本，父亲兴奋地从书包里掏出速写本递给先生。跛公先生一页页地细心翻看，看得很认真。忽然，他停了下来，指着一张描绘买炭老翁的画问我父亲：“这张是临摹的吗？”我父亲回答：“是写生的。”先生有点激动地夸奖道：“画得真好！希望你坚持画下去……”他从中选出6幅速写（3幅人物、3幅风景），叫父亲过后撕下来，把撕开的边剪裁好，明天交给他。一个礼拜过后，这6幅速写入选镇远县美术作品展览。

跛公先生是父亲那个班的美术老师。自从他看了父亲的速写本之后，父亲成了他最关心的学生。他每堂课都要提问父亲，父亲的每一次作业他都会详细评改。父亲成了蒋老师的得意门生。

艺术追求是父亲精神理想的寄托。在学校里，父亲有几位崇尚艺术的好朋友，尤其是三穗的毛锡爵。与父亲比起来，毛锡爵“天真”多了，他在女同学中亮出穷不可辱的气派，他的画也有与众不同的个性。毛锡爵的家境和父亲无多差别，他靠老娘摆摊读书，脚上那双米黄色的袜子补了又补，穿了又穿。因为类似的出身、共同的爱好，父亲和他建立了深厚的情谊。他们同是蒋先生的得意门生。蒋先生经常训导说：“好的画家有高尚的心灵，他们永远不会觉得自己寒酸。”

蒋先生就是这样的人。尽管蒋先生著有画集问世，是当地艺术名流，镇远府富裕门庭几乎都挂有先生落款“江南跛公”的字画；尽管蒋先生工资之外还有卖画收入，而且他还以与临教院院长同乡之缘，领取一份薪饷。可是战事动荡，物价飞涨，货币贬值，先生的生活也还是十分艰难的。

学生向先生求画，先生慷慨应承，但需自家研墨，待墨磨好后，先生提笔蘸墨在碟内浸润匀和，下笔绘飞蝶、游鱼、虫草……活灵活现，跃然纸上。父亲每向先生求画作，都要给喜好抽烟的先生买包“美人蕉”或“大刀”香烟回敬先生。

父亲经常到先生家里，给先生磨墨。先生讲：“磨墨是学画的法宝。磨墨是很讲究的，应宜缓缓研磨，性急则色糙，缺乏匀和细腻。”先生少于讲求理论文本，让父亲多观范画，他教导父亲：“当画家应善于‘偷艺’，成功的每一笔、每一点都从技法中来……”父亲明白，这是先生叫他要多从自己那里“偷艺”。父亲给先生磨墨一年多，他慢慢“偷”到了先生构思、运笔、润墨的一些技法。父亲没进过专门的美术学校，许多年以后，他的国画作品登上了中国美术馆的圣堂，离不开跛公先生的栽培。

爱 情

南明是侗乡，但南明人却不会侗语——爷爷奶奶那代人已经不会讲侗语了。自从700年前在南明建立土司衙门之后，这里一直是汉人与侗人交往最为频繁的地方，汉侗文化交织、演化，从而形成了这里与众不同的文化。在南明劳动要唱歌，喝酒要唱歌，恋爱要唱歌，南明人用汉语唱侗歌的曲调，别具一格。

父亲从小学开始就跟同寨好友郑三学唱山歌。郑三比父亲年长几岁，天生好歌喉，山歌唱得像初春的阳雀鸣啼一样好听。他虽然没读过什么书，但反应快，临场编歌能力特别强，新中国成立后参加县里的山歌比赛还获得过一等奖。父亲第一次陪郑三与相约的姑娘唱山歌的时候还小，还不懂什么是爱情，但他看到了情窦初开的少男少女或以歌声调侃、娱乐，或用歌诉说衷情。有的大方泼辣，有的含蓄婉约，有的直言不讳，有的借助侗乡河山或花草树木传情。父亲虽然因为学业而没有真正学会唱山歌，但他对家乡山歌有了认识，并为此着迷。多年以后，他搜集了不少优秀的侗乡情歌汇编成册，山歌也成了他美术作品的重要题材。

父亲还记得第一次陪郑三去约会时，因为年纪小而被姑娘们戏谑玩笑的情景。姑娘们一阵耳语后，对父亲唱道：

十里听歌唱，
百里闻花香，
画扇出山岭，

金鸡出山岩，
小小哥郎好歌才，
请把山歌亮出来！
…………

由于不会还歌，父亲被弄得满脸通红。

母亲山歌唱得好，但父亲母亲的恋情并不是通过唱山歌发展起来的，他们的缘分开始于1948年7月的一个逢场天。那天父亲去街上帮奶奶买撮箕，无意中见过母亲一面，交谈了几句，年方十八的母亲一颦一笑温柔婉雅，给父亲留下了美好的印象。重阳节，父亲从学校回家，天公作美，逢场天又遇上母亲。第二次见面已经熟悉，父亲主动交谈并送我母亲过南明大田坝。9月的天空湛蓝湛蓝的，只有几丝白云在高空中悠闲，收过稻穗，秋天的花儿已星星点点地装饰在田间，美丽亲切。送出干溪桥，父亲大着胆与母亲相约再见面的日子，母亲见父亲文雅知礼，相貌清秀端庄，同意了再见面的邀约。俗话说“无缘难相逢，有缘才相遇”，他们约定第二天在升洞坳相聚。第二天，父亲先去升洞坳与母亲见了面才回学校。就这样，我的父母开始了他们的恋情。缘分到了，一眼就是一生。

这事被爷爷奶奶知道了，爷爷安排奶奶找机会与未来的儿媳妇会会面，观察观察。又是一个逢场天，跟父亲一起见过母亲的万良叔打听到母亲来赶场，他找到母亲，把她带到奶奶卖柑子的摊位前。奶奶看到母亲眉清目秀，乖巧嘴巴甜，心中喜欢。听母亲说已买好东西要回家了，她叫我万良叔帮看摊位，一直把母亲送过干溪桥才回来。

在南明西南面距司头寨20多里的大山里边，有一个名叫大洋的村寨，这寨子有50多户人家，依山傍水，用浮桥连接两岸。疏疏朗朗的山寨，碧波亮丽的小河，晃晃悠悠的浮桥，绿油油的田塆，墨森森的高山，构成了一派天然美好的画面。母亲就出生在这风光如画的寨子。母亲姓罗名先梅，这里的罗家每一辈都有读书人，她算是出生在知书达理的人家。母亲6岁的时候外公因病去世，外婆改嫁给外公的弟弟。我曾经与大舅聊到母亲的少女时代，

大舅说："你妈妈从小乖巧贤惠，而且勤劳，长得又好看，歌又唱得好，寨中的女孩子都向她看齐，都喜欢跟她玩。她就像大洋中一枝惹人注目的红梅花。"

在那年代，两家父母关系好，一家提出来，对方也同意并定下了儿女亲家，年轻人即使不愿意也奈何不得。更为糟糕的是，有钱有势的财主家看中哪家貌美的姑娘了，买几斤猪肉去女方家下个"篮子礼"（定亲礼），便把女孩变成了他家的媳妇。

母亲因为长得好看，人又乖巧，被当地有钱有势的瑶财主盯上了，要娶母亲去给他那好吃懒做而被送去省城当兵的草包崽当媳妇。瑶财主托人来送"篮子礼"的时候，外公迫于权势，最终接受了财主家的礼物。对此，母亲坚决不同意。

这年冬天，瑶财主听到了父亲与母亲约会的消息，他急急忙忙提着酒礼上外公家"讨八字"，想强娶母亲过门为儿媳。倔强的母亲把酒礼摔出门，并托人捎口信给父亲约定时间逃婚。

那年初春的一天傍晚，母亲匆匆来到距离大洋寨6里路程的扣情坳上，父亲已在那里等候。他们在奔往南明司头的途中，被瑶财主带着家丁狗腿追上了，绑到大洋寨，当成案子审理。保长、乡长是瑶财主的干爹亲。保长坐堂审案，气势汹汹地质问我父亲：

"××瑶从小下聘礼，他的崽在前方'为国'有功，你胆大包天，竟敢拐骗过聘媳妇？"

父亲怒火心头烧，训斥道："保长身为地方官，竟敢倒行逆施，庇护封建劣绅霸占民女，扼杀自由婚姻，你心中还有国法吗？"父亲可是镇远高师的高才生，他依据法律，义正词严地列数他们的违法行为，驳得保长支支吾吾，无理可言，只好放人。

二儿的婚姻得到过爷爷的首肯。"瑶财主竟敢平白无故抓我儿子！"人穷志不穷的爷爷向来不畏强暴，他一气之下，据理告到乡、县衙门，控诉劣绅横行乡里，拦劫学生。

瑶财主费重金请人出堂申辩："李万增身为党国培养的高师生，竟敢乱了礼教家规，跟已下'篮子'聘礼未过门的媳妇唱歌恋爱。××瑶的儿子在前方打仗，你在后方谋人之妻，不怕国法不容么？"

司法处的吴判官，是镇师早期毕业生，同情父亲，秉公断案：

“婚姻自由，是国家法律规定的，百姓不能强行抢亲，女方愿上哪方不能干涉……”

瑶财主虽然败诉，但不肯善罢甘休。

自从被抓之后，母亲被控制在大洋家里。农历九月初一这天，母亲逃离家门，不敢走大路，绕道高凤山过小湳奔南明司头。世间有巧缘，途中正遇奶奶从镇远看望父亲回来，惊喜交集。奶奶把母亲送到母亲刘姓的姨爹家，通知父亲请假回家，安排族人把母亲从她姨爹家娶过来拜堂成亲，我的父母儿女情缘成为现实。

婚姻磨难

旋风林中卷，黑云满天飞。母亲成功逃婚，瑶财主气急败坏，四处张贴“花红”捉拿父亲母亲。瑶财主的族兄弟庄严根借国民党阻击解放军挺进大西南之机，组织地方势力，充任“防剿队”大队长，到处拦路设卡阻击解放军，同时持枪带刀泄愤私仇，扬言不抓住我父亲母亲决不罢休。形势万分紧迫。奶奶在一个天蒙蒙亮之晨，带着儿媳投奔八十溪族公李世荣家避祸。爷爷则带着父亲投奔潘溪高下柳叔公家躲避，得知当地乡长是瑶财主的爷舅亲，怕遭暗算，又带着父亲逃奔县城李吴氏伯妈家藏身。

解放军于1949年冬进军剑河，随即又退军西向，剑河复又处于国民党地方势力的统治之中。瑶财主收买姚廷章的队伍冲进司头寨抓到奶奶、大伯关押进“自卫大队”，吊起“羊子”敲诈钱财。爷爷虽是强硬汉子，平时不信邪气，但处在“乱山无主”的世道下，难耐其何，忍辱含恨，请地方人士徐昌顺、杨昌友等从中周旋，进行调解。“自卫大队”以“拐骗绅士的媳妇”为由，要求“赔偿银洋140圆”才可放人。

爷爷无可奈何，忍痛把祖业秧地田卖了，荡尽家里的猪牛、羊畜及财产才把奶奶和大伯救出来。

“万万不能归屋”，爷爷的急信捎到父亲手里。父亲面对紧急家信无以为继，内心酸楚。年轻的他做梦都想不到追求爱情会遭到这么多磨难。奶奶为儿女再次坐牢，大伯受株连，母亲刚成亲就到处躲难，残酷的现实让父亲流下伤心的泪水。

1950年7月14日这天，阴雨绵绵。躲在县城不敢回家的父亲忽然被县政府的吴副官传去司令部。姓何的科长一吓二唬，死死咬定父亲是“南明共产党游击队的探子，潜伏县里密探军情”。

父亲对他的话莫名其妙，说：“我是镇远师范的学生，因为婚姻遭迫害来县城避祸，曾在司法处立案告状，请行调查……”

过了3天，父亲才以“待查”名义被释放。两天过后，何某又传我父亲。“检举的匿名信经过调查，是南明瑶财主搞的，他们借刀杀人，你好险啊……”何某一改上次的态度说，“瑶财主是不会善罢甘休的。你不如来政府做事，受政府保护，瑶财主还敢把你怎么样？”

父亲知道他的意思，果断拒绝道：“我还未毕业，等婚事完成，还是要回学校读书的。”

姓何的收起笑脸，严肃地说：“你真不懂得厉害，还想读书？你的仇人会放过你么？他们用匿名信置你于死地的目的是什么你不清楚？你不考虑我的意见，是会后悔的。”

国民党政府从上到下，与财主恶霸同流合污，沆瀣一气，民不聊生。如果这政府能主持一点正义，怎么会有南明暴动的发生呢？怎么会把老实巴交的父母亲抓进牢房呢？怎么会逼得新婚夫妇到处躲藏呢？父亲恨透了这样的政府。可是，面对瑶财主的抓捕，面对何科长的威逼利诱，父亲无可奈何，不从也得从。他被口头任命为政工课司书，被派随农村工作队做伙食事务的差事。去到南哨，父亲设法逃离，被队长发觉制止。随后去到南寨，遇上到这里做盐生意的四公，便在四公的帮助下连夜逃回家，怕遭何科长暗算，躲进圭垓塆大山里。

被逼无奈的父亲，在国民党政府做事9天，吃过几顿熟饭，都没领过一分钱俸禄。让他没想到的是，就这短短的9天当差，换来的是整整一年的牢狱之灾。

父亲在大山里躲了3个月。到了农历十月，剑河县解放了。父亲走出了深山，后因“被迫为匪，罚刑一年”。

后来，父亲的家庭被新政府定为翻身户。爷爷奶奶在诉苦会上泪如泉涌，控诉穷凶极恶的瑶财主；母亲满腹悲酸，痛诉横行乡里迫害妇女的仇人。这帮人被法办，瑶财主的帮凶被判刑劳改，混进游击队一个月的瑶财主畏罪潜逃，死活不明……

后来，父亲几经磨难回到母亲身边。

人生处在绝望中

一年的监禁结束，父亲将离开监狱回家。在一个月明星稀的夜晚，父亲坐在公安局张副局长办公室里，像小弟听兄长摆故事一样听张副局长叙述往事：

“我过去大字不识一个。在北方跟随老上级干革命，他看文件我学习，教我识上一些字，慢慢地学起来。老实说，现在你们这些高师学生要考我还考不住呢！为啥？我是在向革命家学习，我学的不仅是文化知识，还有革命知识……贺龙、彭德怀这些元帅，真心追求革命……这些知识是学不完的。你要像我一样多学些革命知识。现在全国解放，百废待兴，你这高师学生很有用武之地啊……”

他又说：“我们详细调查了，你没做过什么对不起人民的事。你的错误是犯糊涂，不要以为跟随反动政府才9天。小伙子，你做会计很棒，我看好你……”

这些话如轻柔的风吹拂着父亲，虽然历经磨难，但父亲看到了光明。

不忘艺术追求的父亲，萌发出复学、求知的念头。

父亲回到家，爷爷奶奶、大伯大妈和其他兄弟姐妹一大家人惊喜交集，母亲更是欢天喜地。爷爷奶奶称肉打酒，还杀了一只大公鸡祭祖。地方民众对父亲遭遇这场灾难深怀同情，三亲六戚、房族爷崽都来看望，祝贺父亲夫妻团圆。

自从听了张副局长的话，父亲鼓起勇气要回校复学。意淡心凉，对父亲要求复学保持沉默，任凭奶奶做主。奶奶依然疼爱二儿，默许他读书向上。母亲也支持父亲复学。

父亲去乡政府开了介绍信，过完春节后回到了镇师。

时隔两年半，镇远师范已由“省立”改属专区，设中师、初师、中师速成班。副校长李藏锦，教务主任陈中平，副主任孙象乾。短短的几年时间，以前的老师只有蒋跛公先生、史泮虹先生等几人。陈中平主任征求父亲的意见：“你可以读中师三年级，但是学生满员，中师速成班也是同期毕业分配，你就读中师速成班吧？”父亲服从安排，跟父亲同班的有同乡杨昌润。

当时，学校公费，待遇优厚：不仅生活全包，还有补助。为了补贴家庭，到了星期天，只要有空，父亲就会到街上去给人画炭精画挣些收入寄回南明。父亲满怀信心要在这样好的时代狠下功夫，在艺术事业上有所作为，为振兴家乡文化做贡献，并期望有朝一日能升入高等院校深造。这时，蒋跛公先生已是西南艺术家协会会员，仍旧教国画，他同情父亲的遭遇，对父亲关怀备至。史泮虹先生教授素描、写生、色彩、透视、解剖学，巩固了父亲的美术基础。史先生擅长人物肖像，他画的毛泽东、朱德、列宁、斯大林、马克思、恩格斯的巨幅肖像神采奕奕。父亲勤奋苦学，毕业考试科科优异，其中绘画成绩更是满分——这是老师对他的破例。

新社会关心学生的成长，镇师伙食很好，每天都有肉……可是临近毕业之际，父亲却食欲大减，每餐只勉强吃一小平碗饭，精力不佳。即将毕业分配，学校进行体格检查，当父亲接到校医“浸润型肺结核”诊断通知的时候，震惊、恐惧！理想，抱负，未来的人生……一切都完了！要知道，这在当时可是绝症。

父亲满心悲凉，心情沉重地转回南明。在他走拢司头寨口的时候，寨邻告诉他小姑在月前已暴病身亡的消息，这雪上加霜的噩耗，使父亲差不多走进家的力气都没有了。

不幸的事一次又一次地打击这个家庭，让人痛不欲生……

肺结核这个不治之病，使刚失去爱女的爷爷对父亲完全失去了信心。奶奶叹着气，对父亲说：“想当初生下你，望见‘火殃’从天上坠落。这是‘火殃’的印证啊！”

此时母亲已有身孕，由于忧郁伤身，生下女儿落地就没了生命。父亲后来想：“也该算我女儿幸运，早离尘世，免得跟她父母受那没完没了的罪！”

❖ 李万增先生妻子罗先梅女士

爷爷奶奶见父亲一天比一天消瘦，吐血剧增，毕竟是自己的骨肉，哪能见死不救呢？他们带父亲到汉寨找潘老医师治病。但治疗一个多月不见效，家里已承受不起昂贵的中药费用，父亲只好回家。父亲痛苦，母亲悲伤，真是霜雪偏打岭头梅。

母亲再孕之期，家里粮食紧张，难为奶奶善于持家，瓜瓜豆豆，时干时稀，稳住一大家十几口人的生活。三叔结婚了，大妈生了儿女，多口之家“长头发”难免纠葛怠活路，母亲忠厚话少，加上丈夫生病拖累全家心怀歉意，凡事忍着，再苦再累也没有一句怨言。

“朝廷缺粮兵逃散，家庭无米儿分开。”就在这节骨眼上，爷爷奶奶提出分家。在父亲重病之际，父亲母亲怎么愿意分家呢？但老人主意已定，没办法拒绝。家按三主分，爷爷奶奶和未成家的几个叔叔跟大伯大妈住一家，大伯身强能干有靠头。三叔血气方刚，年富力强，无挂无累，无所担心。父亲母亲即将被分出来，妻孕夫吐血，举步维艰。

拈阄时，父亲睡在床上淌泪，母亲无可奈何地伸出颤抖的手，拈起纸阄……

就这样，司头这个最大的家庭在父亲母亲沉默寡言的气氛中分开了。分家时父亲母亲仅仅分到一小箩谷粮，一口锅，两个鼎罐，三个碗，一间睡房，田地按照土改的标准分配。

我的父母在风雨飘摇中分家了。坚强的母亲把劫后仅有的私房家机布、棉纱、陪嫁蚊帐变卖掉，添置了些生活用具，买了些油盐酱醋艰难度日。

此时，外婆心系母亲，给了这个家庭更多地照顾。外婆一心挂两头，司头隔大洋二十几里路，她老人家三天两头走，照料父亲母亲，并为父亲四处寻医。父亲看着身怀六甲的妻子跟岳母上坡挖蕨粑，下地割秧草，自己无能分忧，愧疚不已。

眼看母亲就要分娩了，家庭啥也没有，这哪像就要“临喜”的人家啊！

这年冬天，雪飘不止，父亲拖着病体远走三穗县乡下给人画像，一路上寒风呼啸，凄苦悲凉。他踏着厚厚的积雪，走村串寨，挣了些钱买了几只母鸡为妻子分娩做准备，也买些药物给自己治病。

在贫病交加中，父亲吐血加剧。分家这年过后的大年初一，家家户户燃放鞭炮欢度新年，从早到晚，纷乱的炸响声此起彼伏，幽微的火药香在司头寨木楼间飘荡。就在这天，一只猫把母亲的二爹送给父亲养心疗病的画眉吃掉了，父亲心情更加悲凉，躺在床上茶饭不思。傍晚，父亲到后山掩埋陪伴他半年的画眉，同时也掘好了掩埋自己的坟坑。父亲站在坟坑边，回顾着短短的人生。他从发蒙、小学、中学、高师到人生情恋，快乐幸福不多，挨过的饥饿、经历的苦难和悲伤不少……

忧伤的父亲感叹自己短暂的人生就像一个走不出来的迷宫。处在绝望中，父亲流下了苦涩悲伤的泪水！

生命之光

1955年，是家乡解放后的第五个年头。

大自然的节令并没有随着冬天的沉沦而意志消沉。冬去春来，凉热交融、悲喜无常的初春慢慢褪去天霜严寒，百花竞艳的喜悦依时光临大地。

这是某个进入飞花季节的早晨。被阴云幽禁多日的阳光，透过繁茂的树林，斑斑驳驳地洒落在山地上；空气经夜雨洗涤，以少有的纯净与清新进入人的肺腑之中。

这天清晨，父亲跟往常一样，服过新药“异烟肼”，再服下钙化片、鱼肝油丸，随即离开小屋，爬上塝坡，走入山林散步，做健身操。他攀上高处，俯瞰南明大坝轻雾飘忽下的油菜铺陈的绿色。太阳出来了，父亲躺在向阳的石板上晒着初阳……直至感到累了，才回家煮熬他亲手磨制的豆浆连渣吞服，并加服用童子尿浸泡的鸡蛋。这治疗肺结核的方子，是父亲远方的朋友介绍的。同学、朋友得知父亲的病情，纷纷来信鼓励他。“新药异烟肼问世，肺结核病已是不再可怕的疾病。”朋友来信中传递的这个消息对父亲来说是莫大的鼓舞。

经过几年的精心疗理，父亲的病情终于有了转机，吐血停止，精神渐渐恢复，他重新找到了“生”的信念。于是他打雕刀，做工具，买梨木……操起刻印章、画像的活路。刻印章本来与画画是同宗艺术，何况他初中的时候听陈致平老师讲过刻印章的基本技巧，做起来得心应手，没有难处。他的这门技术，每逢赶集都有十来元钱的收入。慢慢的，父母手头有了余钱。

“大难不死，必有后福”的父亲，又开始了写写画画，他每天刻章画画入了迷，像不画不刻就活不成似的。母亲总是担心父亲再犯病，除了偶尔照料孩子外，其余时间任由父亲刻章画画写文章，家庭里里外外的活路都由她默默地一肩承担。

一个赶场天，父亲收摊回家，路过报摊时花两分钱随意买了一张《新黔报》，边走边读。父亲看到报上登载的“贵州首届青年美展”的消息，他心头一热，决心试一试，当即折回街上买了普通的白纸和笔墨颜料。结合当时的农村生活，父亲用了不到一个礼拜的时间创作了《你见到毛主席了吗》《侗家姑娘积肥忙》两幅水彩画寄到省里。没想到的是，两件作品同时入选展出，其中《侗家姑娘积肥忙》荣获铜牌奖，在报纸登出，还被推荐参加“全国青年美展”。父亲的艺术作品获奖、上报，消息一下子传遍山乡。这在南明侗乡乃至剑河县都是从未有过的喜讯，让刚从死亡线上爬出来的父亲一时名声大振。

人世间总是那么神奇。不幸的事发生，则一串的不幸接踵而来；喜讯来临，也是接二连三地出现。父亲身体已经恢复，精神状况良好。他上县城医院复查，听诊、号脉、透视等几轮检查下来，拿到医生处方，见上边签有“肺结核钙化”字样，父亲欣喜若狂，获得新生的希望之光照亮他年轻的心。

❖ 李万增先生处女作《侗家姑娘积肥忙》荣获“贵州首届青年美展”铜牌奖

父亲在县城给爷爷奶奶买了两位老人爱吃的糖糕，给妻儿买了他们喜爱的东西，赶路回到家，一进屋就跟母亲报喜讯：“我的肺病好了，不会死了……”他生怕母亲认为是安慰她的，忙从兜里取病例打消她的疑虑。母亲露出了笑容，笑得那样甜美，笑得那样轻松！

一大早，笼围的大公鸡“咯！咯！咯！”高声鸣叫，母亲从梦中惊醒，她对近日来难以入睡的父亲讲她的梦："我梦见你骑着红马出门，不知是祸是福呢？"接连的打击，使母亲这个对一点风吹草动都非常敏感的农家女，对梦疑惑不定。父亲笑着答话："妈讲过，做梦骑马遇贵人。"母亲似信非信。

真巧，过了几天，父亲连续接到安排工作赴县城报到的通知，先是县文教科催父亲报到当教师，接着县轻工局抢先一步把父亲要了过去。1955年10月，父亲正式参加工作。那个年代，"革命""工作""前程"，对于绝望者的鼓励太大了。

父亲在自己的岗位上拼命工作，并利用空余时间发奋自修，努力练习绘画基本功，搜集生活素材，进行作品创作。他满腔热情，全力以赴，对山乡人民的劳动生产发展、山乡的秀美风光、山乡的传统文化艺术非常执着，对苗乡侗寨的吊脚木楼、挑纱刺绣、"禾晾"晒秋以及民族文化风俗如痴如醉。

黑夜已经过去，黎明闪现。饱受劫难的父亲抛开忧郁，努力去超越人生之路的平坦与坎坷，他放眼前景，以奋斗者崭新姿态迎接生命之光！

领导"爱才"

父亲成了革命干部，他包扎好命运的伤口，舔舐净身上的血污，以惊人的毅力，坚韧顽强地工作、学习，得到领导的信任和器重。

县轻工局计划开办工艺项目，但迟迟未动。于是父亲被暂时安排在财务股工作。后来，又暂调南加基层管理成本财务，兼任铁业社会计，编制留在县里。工业成本财务技术性强，属于企业参谋重要岗位。县基层财务人员虽然都经过业务培训，却不熟悉行业内情，财务混乱直接影响生产的现象很严重。父亲有过做会计的基础，加上他有强烈的责任心，业务技能得到不断提升。父亲干一行爱一行，没多久就凭借成本财务技术能力成了所有财务人员中数一数二的高手。欧副局长和周副主任都十分看重父亲的才干。父亲回到县里，或下基层查账，或辅导业务，单位领导都热情相待，跟他一起吃住，并鼓励他在艺术方面做出成绩。两位同志尤其看重父亲在艺术方面的才气，大会小会或私下，都会夸奖父亲的艺术才华："美术作品在全省夺奖牌，闯入全国艺术殿堂，几亿人的中国，人才济济，一个乡下人竟在这偌大的天底下拿荣誉，谈何容易哟！"可是父亲从事的却是与艺术不沾边的财务工作。

父亲好像一坨平底的铁，放到哪里都脚踏实地，发光发热。上班时间他不知疲倦、一丝不苟地工作，账目做得非常漂亮。业余时间，他几乎把全部精力全拼在绘画学习上。父亲微薄的工资，除维持生活和家用之外，剩余部分全部用来买纸笔、颜料和学习用书。父亲没有进过美术院校，师范所学的仅仅是美术的皮毛，美术基础理论与基本技法全靠刻苦自修。从事财务工作的第一年他自学了《素描教程》（苏联）和《构图技巧》《色彩知识》《张眉孙水彩画集》《芥子园画谱》等美术专业书籍。学以致用，父亲他业余时间拼命地画，学水彩，练写生……父亲用“铁杵磨成针”的精神发奋拼搏。自从参加“贵州首届青年美展”后，省文化局、省文联与父亲保持联系，经常寄文件给他学习。

1957年秋天，父亲接到省里寄来“贵州省第一届美术作品展”征稿通知。这时他还驻扎在南嘉乡从事财务工作。

南嘉乡政府坐落在清水江畔，与剑河县城一水相连，地处清水江下游。镇子不大，几十栋木楼连缀在清水江北岸。一条石子路与清水江并列，将镇子拉长，首尾与梯田相连。这条穿镇而过的石子路成了这里的街市，是这里的经济中心，逢赶集的日子，深藏在一江两岸崇山峻岭中的苗村侗寨的村民担着谷物山货来这里交易，人头攒动，热闹非凡，平日里人不多，比较冷清。这个名不见经传的普通小镇风光独特，景色极佳。父亲在这里画了好些速写和水彩画。波涛汹涌的江面，怪石林立的江岸，峻峭伟岸的大山，匍匐在大山脚下的村落，巧妙地组成画面，亮丽在父亲的笔下。

父亲从中选取了一幅最为得意的作品寄往省里参选。这幅题为《清水江上》的水彩画吸取张眉孙风格，开创性采用重叠干画法，既有水彩特点，又含有油画因素，形式无拘无束，用色古拙细腻，构图险峻，情调平和，把南嘉的秋色描绘得惟妙惟肖。之后，这幅作品入选展出，被评为优秀作品，入选《贵州省第一届美展作品选集》由贵州人民出版社出版。这是贵州省第一本公开发行的美术作品集。

父亲第三件作品的成功，得到上级的重视，著名水彩画家田宇高先生从省城下到南嘉这偏僻的乡村来看望他。田宇高先生当年在中国美术界已经赫赫有名，父亲有他的水彩画集，认真学习过他的水彩技法。父亲拿出在南嘉的所有写生作品请

❖ 清水江上（50×39cm）

田先生指点，田先生细细审视父亲的作品，肯定了他的努力，又指出了值得改进之处。他说："水彩画特别适合描绘南嘉的山水风光，要画好南嘉的山水，要学会用水，把握住色彩中水分的饱和度，水彩画就会产生水墨画的韵味，又独具色泽透明的水彩画特点……"

1958年初，父亲被吸收参加省文联绘画组，他这才意识到田宇高先生从好几百里之外的省城专程去看他，实际上是对他的面试和考察。这次被吸收进省文联绘画组的，整个黔东南只有父亲和潘应禄两人。那时，父亲在省里小有名气，在县里已是赫赫有名。就在这年夏天，省文联汇来25元上调父亲赴省工作的差旅费，打算先送父亲去大学学习，后安排工作。电话是局里费磊秘书接的，第二天费秘书就通知父亲准备办理工作移交手续。

父亲激动得几个夜晚没睡好觉，这时父亲还在南嘉，他妥善安排好工作后，赶回县城，欧副局长恭喜父亲并嘱咐他先休息几天。但过了好几天，却一直没有动静。父亲压住焦急，耐心等候。一天，父亲到办公室，随意翻看壁头上的信件袋，无意中翻到了省里汇差旅费25元的信件。

父亲决定打电话给周副主任，他问到周副主任在镇远专区开会的地址。电话很快接通了：

"呵……你是万增呐？呵……你问的情况真有这回事。你这个人才领导舍不得放呀！我们需要你……哪里都是革命工作嘛……"

周副主任语气很亲切。父亲说："周主任，这是我人生难得的机遇呵，请你批准我去吧！"

周副主任还是那么亲切："万增，领导说了，我们舍不得你这个艺术'人才'哟！而且我已按领导的指示跟省里回函决定留你，差旅费也退回省里了……"

父亲不甘心，放下听筒去找局长，局长说我们县里人才太少了，你留下来吧……父亲像泄了气的皮球……

后来，父亲填报投考西南美院，也同样放弃了。

从印刷厂到联合厂

领导挽留人才，父亲失去了难得的上省城培养的良好机会。他从基层被调回县城，安排到轻工业局下属的印刷厂，继续从事与艺术无关的财会工作。

被调离南嘉的头天傍晚，父亲一个人来到清水江边，坐在石崖上，无声无息地目送滔滔江水向东流去，暗红的夕阳在波浪上跳动着好看而又奇怪的色彩。

印刷厂只有7个人，一台石印机，一台平台机，人手不够。领导同意了父亲的申请，安排母亲作为家属进印刷厂从事后勤工作。哥哥已到读书的年龄，母亲进城工作，既解决了哥哥读书的问题，父母也不再两地分居了。一家三口，其乐融融。

1958年开始，中国西南甚至整个国家都遭受严重自然灾害的袭击，物资匮乏，物价上涨，父母两人的工资只能在节俭中勉强维持生计，还要支付父亲买书买绘画材料的费用，入不敷出，母亲只好工余替人洗衣增加收入。

爷孙俩（40×28cm）

父亲只顾工作，除了工作就是学习和画画。这时候，父亲利用业余时间创作了他人生中的第一幅版画《黎明前的号角》，入选贵州版画展。第二幅版画《爷孙俩》刊发在《贵州画报》上。

父亲负责会计、出纳，但由于没有厂长，他还兼任印刷厂负责人和采购员。父亲是个懂业务的负责人，在他的努力下，仅半年时间，印刷厂的创利大幅提升，半年创收6000多元，工人们都赞扬父亲是个好当家。

到了年底，老百姓因为自然灾害吃饭都成了问题，但印刷厂仍积蓄有不少糯米、大米、面粉、食用油、白砂糖等食品。自己的小家困难，远在乡下的爷爷奶奶的大家庭也非常艰难，在这样的情况下，父亲却从不私自动用公家的物品。四叔在剑河中学参军，即将远行，奶奶大老远来县城看望四叔，家里没有粮食，父亲只能带奶奶到食堂吃栗子饭。食量大的爷爷过不了食品匮乏的“饿饭”关病倒了，直到1959年春天爷爷病危到去世，父亲也不敢动用一粒公家粮食解燃眉之急，父亲因此受到大伯的严厉责怪。母亲也时常责怪原则性特别强的父亲“当爹不像爹”，每次出门采购，连带块糖给儿子都没有过。父亲不喝酒，不抽烟，不贪食，不图玩乐，本着廉洁安度人生，这是父亲的品格。我还记得后来父亲担任文化馆馆长的时候，有人要承租文化馆当街的店铺，给我家送了块猪肉（五六斤重），父亲既把店铺租给了那人，又把猪肉退了回去，因此被知情人视为“傻子”。这股“傻气”是父亲一辈子从没犯过与经济相关的错误的原因。

❖ 瑶山春早（40×28cm）

没过多久，父亲的顶头上司——轻工业局的欧副局长被撤职罢官。欧副局长一行人在清水江十里长滩遭遇翻船，姓刘的干部告发欧副局长捞到一块船板脱险，没有救自己，欧副局长因“见死不救，丧失人道”而被摘掉乌纱帽。丢官成为普通职工的欧副局长，负责船舶改造，每月领取15元生活费。善良的父亲不忘旧情，经常接待欧副局长食住，尽管自家工薪微薄，亦节约周济。欧副局长是南明大洋人，熟习水性，水里头真有几下子。他在一个伸手不见五指的黑夜，下河打得一条3斤多重的马口鱼，把父亲请过去和他享用了一顿美餐。吃鱼的时候，父亲问他：“你水性这样好，翻船的时候怎么不救人呢？”他说：“那可是十里长滩，水急浪高，我没法救啊。”父亲评价说：“你虽然说得在理，但救与不救是有区别的。”欧副局长听了父亲的话，露出了羞愧的神色。

❖ 李万增在凯里写生

因为企业裁员，母亲被下放回南明，父亲这个美术人才被调到县联合厂继续从事财会工作。

县联合厂的黄德旺厂长也是个实干的人，从村干部到区供销社干部，再到县联合厂任厂长兼党支部书记，还是全国先进工作者。父亲是县里的艺术名人，是领导口中的人才，黄厂长也器重父亲，在大会小会上说父亲工作踏实、责任心极强，有高度荣誉感。这年，父亲被单位评为先进工作者。

黄厂长工作有冲劲，厂里大小事他一人说了算。那年月经济落后，生活困难，遇到自然灾害更是雪上加霜，职工每月仅能吃上半斤肉食。黄厂长不听副厂长的劝阻，大着胆子从县人民武装部找熟人要到枪弹，派出两名工人长年上山打野猪改善食堂伙食，工人们都很感激他。但黄厂长、王会计、黄事务长也联成一伙，经常占食堂的便宜，曾背着库存人员撬开库房拿酒精混水喝。

财会工作繁琐辛苦，但父亲没有放下他的美术爱好，把晚上和周末时间全部用在了美术上。1959年上半年，父亲创作的第三幅版画《公社春来早》（后改名为《瑶山春早》）和连环画《公社带来苗家乐》入选贵州美术作品展，同时宣传画《献礼》在《山花》杂志发表。

1960年初春的一天，大大咧咧、心直口快的黄厂长，拿着组织部文件找到父亲："万增，你要被调到文化馆从事你的专业去了，马上要离开我们了……"刚从省城出差回到单位的父亲听到这个好消息，紧紧地握住黄厂长的手表达谢意。

父亲被调离联合厂之后没过一年，以黄厂长为首的吃吃喝喝、多吃多占的干部全部犯了经济错误，有的被撤职、开除党籍，有的遭降薪处分。"贪"字头上两把刀啊！听到这消息，父亲心头很不是滋味。

情洒山乡

父亲结束4年企业生涯，被调到文化部门，从业余艺术爱好者变成真正的文艺工作者，终于实现了人生愿望。他在去文化馆报到的路上，走过清水江畔，江水挥洒浪花在欢笑。他望着清江两岸的山山岭岭，山是那样的伟岸，山色是那样的妖娆；他仰头望天，天是那样的湛蓝美好……

父亲被调到文化馆的时候，正值剑河、台江两县从合县到分县的特殊时期，单位只有父亲和杨政邦、陈远卓三人，连馆长都没有。没过多久，姜培章同志从黎平县文化馆被调过来任副馆长。父亲对姜馆长的第一印象是务实且随和。

新官上任三把火，姜馆长一来就抓工作，亲力亲为，写材料、写文章、办报纸、印书册、搞调查、组织活动、编辑黑板报，对农村文化工作特别用心。他从不摆官架子，是一个善良而有责任担当的文化人。姜馆长把父亲当作业务骨干放心任用，父亲的工作激情燃烧得像炼钢炉里的火一样旺盛，他把大部分时间都用到工作上。文化馆一条6米多长的宣传长廊，每月展出一期新闻图片、群众书画作品；两块黑板报，每3天换一次；每季度画两幅大型宣传画。除了完成这些已经不轻的工作，父亲还主编内部资料集《清水江歌谣》（文字内容全由父亲执笔），还与姜馆长、陈远卓合编《剑河文化》季刊，刻钢板油纸的任务自然大都落到父亲手上。此外，父亲每年的工作任务，还有组织美术培训、抓美术创作和用幻灯片宣传时政。这还不是全部，组织文化活动和发掘民间文化遗产也是他的业务。承担如此繁重的工作，父亲毫无怨言，并乐此不疲。

❖ 小广侗戏

当年，文化馆工作范围广。文化馆干部经常下基层开展文化活动，组织节目，宣传政策，挖掘民间文化。

一次，父亲到磻溪区开展业务，搭船顺江而下，行至满天星（地名）上岸时天色已晚，他还抢时间画了几幅渔人江上捕鱼的动人画面。这次下基层结束回到县城，他以此素材创作了版画《渔歌》，与另一幅版画《三月早春》一同入选1960年底的贵州美展。

父亲这次下基层，第一站是柳富苗寨。从满天星到柳富苗寨要爬过十几里陡峭高耸的山梁，还没爬到半山腰天就黑了，父亲挑着幻灯机和文化宣传资料走在陌生的野径上，脚下“沙沙”的步履声，路边老鼠爬动的“嗖嗖”声，山岭上野兽的怪叫声，让人毛骨悚然。父亲鼓足勇气提着汽灯大着胆子往前走，晚上10点多才走到柳富寨，进了村支书家喝了杯热茶，怦怦跳动的心才慢慢平静下来。那时，不知哪来的精力，饭没吃便召集群众放映幻灯片，我父亲一边放一边讲解，小龙在一边用苗语翻译。高坡苗寨的老百姓看不到电影，看到有说有唱的幻灯片倒很新鲜，公社干部和群众把幻灯片称为土电影。当他们看到幻灯片放的是当地的真人真事的时候，惊叹声不断：“啧啧！李同志真‘雄’呵，把本地方的事编成了土电影……”被当作正面典型宣传的人佩服并感激父亲；被当作典型来批判的人怕父亲，恨父亲，怕被弄成“电影”四处唱扬，名声臭。父亲的文化宣传起到了很好的嫉恶扬善的作用。

告别柳富寨的清晨，父亲顺着黄泥山路攀登山岭，前往小广村。走累了，他就坐在山坳路边的岩石上休息。山高雾漫，四面远近山雾茫茫，杉林、松林、野山、村落若隐若现，美不胜收。父亲画意顿生，拿出画夹，用画笔记录这清晨的诗意。

画完一幅画，父亲继续赶路，下到坡脚来到小广侗寨。

小广，侗语称“saip wangp”，意思是最大最大的寨子。小广侗寨确实大，三个行政村合起来已有将近千户人家，3000多人。而且是个古老的侗寨，已有800多年的历史。

这个侗寨，栋栋吊脚楼依山而建，布局典雅。小溪穿寨而过，石拱桥、石板桥及小石路把整个寨子连起来。寨中小溪两岸芭蕉密布，寨边有参天的古树。

小广侗寨不仅是个美丽的寨子，还是个民族文化保留完好的寨子。寨子后边保留有几百年前建造的庵堂，寨子前边的侗家风雨桥和桥边专演侗戏的戏楼，也有几百年的历史了。

侗戏分为小戏和大戏。小戏是指一般的民间歌舞，或一些根据地方风情和民间传说改编成的侗戏。小戏在小广有着良好的传统，每代人都有好些戏师，他们细心指导和训练热爱侗戏的年轻一代，使侗戏能够代代相传并不断得到丰富和发展。大戏则类似于京剧表演，有《罗通扫北》《珠郎娘美》《空城计》《穆桂英挂帅》等传统剧目。演侗戏时，周围村寨的人们纷纷前来观看，操场上、周围的空地上、屋檐下，人们或坐或站，小广寨可以说是万人空巷。除此之外，这里还有很多值得挖掘的民俗文化，诸如鼓藏节、采桑节、采葛节、吃瓜节、吃梨节、吃细鱼节、尝新节，以及九月九观音诞辰节、十月头卯婚嫁节等独特的文化传统。这个寨子是父亲探求民族文化、从事民族艺术创作的沃土。后来，父亲把民族风情版画创作当成主攻方向的时候，他的一些重要作品

贵州温泉苗寨

❖ 苗族刺绣

的素材和灵感均来自这个让他痴迷的山寨。

小广寨文化室的王元江、王安汉等人是父亲的好友。侗家人招待客人很热情。父亲来了，王元江不仅用饭豆和仅有的两碗糯米煮豆饭招待父亲，还把坛子里仅有的一条腌鱼放在火炭上烤熟款待父亲。当时能在小广吃到这样的美食，体现了侗乡朋友对父亲的厚爱。

王元江带父亲去公社汇报工作，带着父亲到村里搜集编创幻灯片的素材，又带着父亲登门拜访文邦宪等老人采集民歌故事，还带着父亲找到老人献古装衣裙临摹花纹刺绣艺术，并协助父亲召开侗戏班座谈会，研究排演新戏。父亲曾经告诉我："王元江是个特别热心的侗家人，我们始终保持着深厚的友谊。在我后来被迫下放回家务农的时候，他还专程来南明看望我。"

离开小广，父亲继续担着幻灯机和文化宣传资料到盘溪、平珍、大洋开展文化政治宣传，组织文艺演出活动。最后一站是老家南明。回到家乡开展文化活动，父亲热情饱满；家乡父老看到来这里开展文化工作的是父亲，分外亲切，激情高涨，文艺演出等活动搞得轰轰烈烈。父亲除了组织活动，还亲自上台表演二胡独奏和说唱，得到家乡父老雷鸣般的阵阵掌声。

连续几年，父亲肩担着书箩、幻灯机反复下乡，走村串寨开展文化工作，走遍了剑河县境的村村寨寨、山山水水。

下乡的日子，父亲基本上每天一早起床，携带采风本、画夹，串寨子，找老年人搜集民歌、故事，找妇女们欣赏苗族侗族服装，在画纸上描摹服饰上的图案花纹，描绘寨景风光。

温泉苗寨距离县城相对不远，是父亲从事民族美术的重点村寨。这个寨子

坐落在剑河县城清水江上游支流的边缘地带，寨子从山脚随山势延伸到高高的山上，有300多户人家。苗族文化在这里保存得非常完整，特别是民间刺绣艺术、银饰和风情民俗都很古老，研究价值很高。这寨子得名于寨侧田塆深处那10口清明如镜、热气升腾的久格里吉温泉。

温泉寨负责文化室工作的欧德森热心文化工作，有魄力，在青年人中有号召力，文化活动开展得很活跃。有一次，父亲下到温泉一住就是30多天，在欧支书家搭伙住宿。父亲这次蹲点的任务是专门采集民间美术，还要依赖支书的声望，才能从老辈人手里拿到古老刺绣精品临摹。欧德森这个年轻人陪同父亲走村串寨，协助父亲工作。一件件被苗民视为传家宝的苗族刺绣精品让父亲如获至宝。那时没有照相机，父亲只能靠水粉画一笔一笔地临摹，费了很多辛劳，才收集绘制了90多件苗绣佳品，这是父亲学习民间艺术的重大财富。

父亲埋头于民族文化的几年时间里，年幼的哥哥在县城念小学。父亲下乡时，常把我哥交给陈远卓等同事照料，他才得以如痴如醉地投入民族文化事业之中。

这期间，父亲不仅致力于民间美术的搜集整理，还收集整理了几百首民间歌谣，并在此基础上编创了“二十三条”歌颂社会主义的歌谣。1963年，父亲与文化馆的同志经过精心准备，首次举办了全县文艺调演会，父亲的民间歌谣在这次调演会上大放异彩。这次具有历史性意义的文艺调演会带来了苗山侗寨民族文艺的繁荣，剑河县文化馆被省、州树为榜样。

酷爱文艺的父亲从事文艺工作不知疲劳，如鱼得水。工作激情如同熊熊火焰在他心中燃烧。

命运的转折

几次打击，父亲看清了现实的残酷。渡过磨难回到单位后，顾先明馆长代表上级在会上宣布给父亲平反。可没过一月，顾馆长心情沉重地告诉父亲：

“万增，你要去国营建筑公司当会计了。”

于是，父亲被调出了他所热爱的文化工作岗位。

国建公司姓刘的会计车祸身亡，父亲精通工业成本财会，被调补充这个空缺。彭梓武经理以诚相待，量才用人，父亲主管财会之余，还负责单位的墙报文化宣传。父亲认真工作，账务被他梳理得有条不紊，墙报办得有声有色，职工们都夸赞他。

父亲离开文化馆后，文化馆美术业务随之停止。后来，顾馆长私下请父亲协助，县里的展览、劳模会、庆祝会等会议活动的美术工作都由父亲完成。这时的父亲只热衷于艺术，专心工作和业余创作，并不断有作品展览和发表。同时，父亲在这里还学会了钓鱼、撒网。

国营建筑公司在县城的西北城郊，父亲与已经进城念书的我和哥哥挤在两间小小的屋子里，傍水而居。为了改善生活，父亲好几次带着我们兄弟俩去捕鱼。深春涨水，清江水灌进屋边的小溪，父亲领着我和哥哥从混浊的溪水中钓起满篓的角角鱼；月明星稀的夏夜，我提着鱼篓跟在父亲后边，看父亲把渔网撒向波光点点的江面，拉起希冀……不过这样的时候是不多的，因为父亲工作很忙。可是，那动人的捕鱼情景依然在我幼小心灵留下了非常美好的印记。

1974年的一天，州文化局通知父亲出席成都美展会议虽遭遇困难，但他不气馁，照样挤时间坚持创作。1975年春夏，父亲在宣传部工作的堂妹夫花柱奎亲自来到我家，通知父亲：

“二哥，州里通知你出席昆明美术会议，县里已同意，差旅费由文化馆报销。”

一同去的有摄影家钟涛、美术教师王诗词，花柱奎带队。

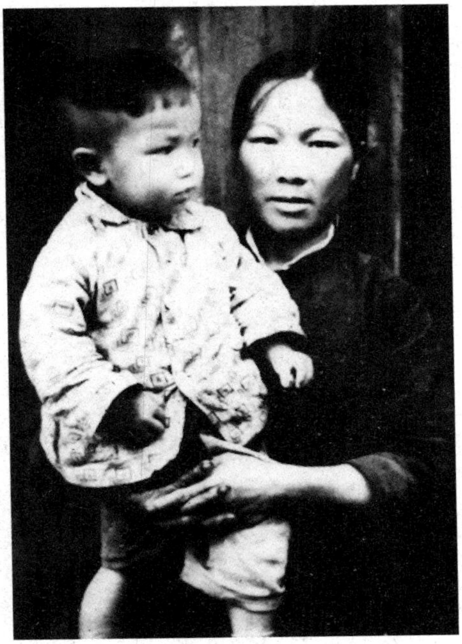

孩提时代的李代权与母亲罗先梅在南明司头

在这次昆明户县农民画展会议上，父亲有幸与来自陕西、四川、湖南、西藏等地的画家聚集一堂。大家畅所欲言，各抒己见，点评探讨一幅幅参展作品。

陕西户县农民画孕育于传统民间艺术，诞生于20世纪50年代，从70年代开始发展。陕西关中地区民间艺术极其丰富，这里的剪纸、壁画、年画、刺绣等以朴实的绘画语言，详尽而生动地记录了农村生产劳动的壮观场面、热烈活泼的节庆场景和绚丽多彩的民风民俗，地域特色鲜明，画面简洁饱满，想象大胆丰富，风格浪漫稚拙，古拙中流露天工。父亲欣赏这些出自农民之手的、“不按规矩出牌”的作品。这些作品令人耳目一新，十分亲切，很合父亲胃口。父亲生活在民族地区，苗侗民族的民间艺术十分丰厚。一直以来，父亲的美术作品广泛吸取民间艺术的养料，专家评价他的画作很具民族性和民间味，但他的作品毕竟属于人文画。艺术来自民间，来自人民，为了更好地借助画笔反映生活，父亲想，在剑河这块民间艺术沃土上，我们为什么不像户县那样鼓励和培养农民朋友，也拿起画笔描绘他们自己的生活呢？

父亲的想法成了他后来在剑河发展农民画的发韧。10多年之后，陕西户县与贵州剑河县先后被文化部表彰为“中国现代民间绘画之乡”。

昆明会议是父亲艺术旅途的转折点。

在云南的那段时间，父亲还游览了当地的名胜风光，采访风土民情，画了百余幅速写，积累了不少生活素材，并用于他的版画创作。

父亲恢复公职后晋升了一级工资，每月五十几元。在当时，这待遇算是优厚的，父亲在经济方面稍有宽裕。会议结束，他从昆明买了奶奶爱吃的虾子，给大伯买了上等香烟，给儿女买了云南的特色糖果，给奶奶、外婆和母亲买了丝绸布料。

历经霜雪的人最知冷暖。

与父亲友谊深厚的杨汉国叔叔，经过一番周旋，以“发挥他一技之长”为由把父亲调到了县电影公司从事创作宣传工作。其中，也有花柱奎姑爹的作用。被调到新的单位，父亲那颗火热的心遇到一点阳光便开始复苏。

1975年秋，全国电影界上上下下掀起了幻灯片宣传热，把它当作文化领域的新事物。父亲把播报当地新闻、宣传本地新人新事和发展地方经济作为幻灯片宣传的内容定位，并自成特点。一套半个小时的幻灯片宣传就相当于一部半个小时的电影，从采集素材、编写脚本、构思编辑到创作绘制，全是父亲一个人，其中的劳动量可想而知。父亲一拿起画笔就把命运的恩恩怨怨放到了脑后，焕发出艺术生机。他每天从天明到晚上11点，除了吃饭及片刻的午睡就是工作。采集素材、编写脚本对父亲这个20多年执着于文字实践的知识分子来说不难，但构思编辑、创作画片并不容易。一张幻灯片就是一幅原创的美术作品，每幅画片都要经过在纸上构思、起草、修改，而后在1.5寸见宽的窄面胶片上绘制上色的过程。一套幻灯片几十个画面，一套套幻灯宣传片的完美绘制，得益于父亲几十年来数以万计的速写所提供的素材，以及长期练就的娴熟的绘画技巧。有时要画领袖像，父亲深怀崇敬，不敢大意，尽可能地放慢速度，做到精益求精。他在窄窄的画片上把

❖ 李万增先生下放南明司头居住的吊脚木屋

主席像描绘得惟妙惟肖，一时成为佳话。画面太小，他戴着眼镜还要加放大镜，对每一个情节、每一个人物、每一个细节，他都要结合主题费心推敲。为保持画片色彩光度明快、鲜艳，他回避宣纸放大的省事办法，为此常常弄得头昏眼花，并患上了严重的眼病。

尽管幻灯片创作对父亲来说是一项陌生的课题，难度大，政治风险也大，虽然他的人生历经磨难，但他总是以诚挚的心去接受新的使命，而忘了艰苦和风险。他的朋友评价他“死猪不怕烫”，他开玩笑回答“也许咸鱼能翻身”。实际上，他就像晒干了见水能活的清道夫。

被我称为叔叔的杨汉国经理理解父亲的事业心。曾经多次，他被父亲的工作热情所感动，亲自做好饭菜，送到办公室给父亲吃。

父亲在电影战线的3年工作中，除了坚持完成每月3期的宣传墙报、3幅大型电影宣传画之外，最大的成就是创作了《赤脚医生郑世祯》《平岑茶场谱新歌》《高山变坦途》《水稻黑壳的秘密》《女皇梦》《江青大寨行》等35套幻灯片作品，计1500多张画面，这巨大的工作量凝集了父亲呕心沥血的心力。当时，黔东南州电影公司配备了两名国画本科毕业生专职从事电影幻灯编绘工作，同样的时间内，“他们的作品从数量到质量都远远不及李万增”（州电影公司经理在表彰会上对父亲的评价）。

几年间，父亲的幻灯画作品多次参加湖南、重庆及省、州各级调演，受到广泛欢迎，作为佳作观摩，他的名气传遍电影幻灯宣传界。1976年上半年，贵州兴义等几个地区电影单位派学员到剑河拜父亲为师学艺。这年下半年，昆明驻军派员登门求师达半年之久……这时，父亲已经成了中国西南电影幻灯界的专家。在黔东南州首届电影幻灯宣传调演会上，州公司唐浩伦主任在总结会上致辞：

“李万增同志不仅为我省电影幻灯宣传事业做出了巨大贡献，他还以自己的作品赢得了四川、云南、湖南等省电影幻灯界的尊敬……他立了大功！”

领导的高度评价给予父亲艺术创作以巨大的力量。

1977年4月，正值春暖花开的日子，黔东南州电影公司组织全州电影幻灯宣传骨干赴北方考察，唐浩伦主任带队。一行6人中，父亲是唯一的创作人员，其余皆是放映、表演人员。

“万增同志，这次北方考察是个难得的机缘，回来后，你要把黔东南电影幻灯片事业进一步轰轰烈烈地干起来。”唐主任这个长期从事公安工作的南下干部对父亲赋予信任和希望。他同时交代大家：“万增同志只管采风画画，生活、事务全部由我和大家负责。”唐主任比父亲年纪大，是正处级干部，却让父亲享受特别的待遇，父亲怎么不深为感激呢？

从凯里乘北京快车至湖北孝感，考察队受到当地电影部门的热情接待。孝感不愧为江南的鱼米之乡，一丘丘刚插上秧苗的稻田在春风中绿意盎然。这里的风土民情、经济文化吸引着父亲。特别是这儿的毛驴群引发父亲的思绪：这些毛驴机灵有形，忠诚勤奋，怎么会被人骂为“蠢驴”呢？驴既然蠢，为什么进入黄胄大师笔下却价值千金呢？后来，父亲的作品中几次出现驴，大概缘于此。

乘飞机来到济南，唐主任带领一行人专访电影部门，而后父亲独访泰山。泰安距离济南只有几十千米。父亲满怀激情登上“天下第一山”，感受泰山风景的壮丽。重叠的山势，厚重的形体，苍松巨石的烘托，云烟的变化，使泰山在雄浑中兼有明丽，静穆中透着神奇。面对美好的景象，父亲不断在画本上挥洒墨迹。

乘车来到蓬莱。蓬莱是传说中救世观音修心养性的地方，是父亲孩提时代向往的神仙境地。父亲站在蓬莱阁望海，只见雾气沉沉，烟波荡荡，引发他的无限思绪，涌出诗情，他当即咏词抒怀：

采桑子·蓬莱感怀

蓬莱天高烟云渺，不是仙乡。胜似仙乡，海啸鸥鸣情悠扬。
余生心盼艺途好，笔墨风霜。无视风霜，乐将丹墨韵朝阳。

青岛是父亲向往已久的地方，父亲一行人也受到青岛电影部门的热忱欢迎。青岛的文化事业呈现欣欣向荣的景象，电影幻灯是当地群众喜闻乐见的新事物，在交流中，父亲展示了自己的幻灯片作品，赢得了同行的高度赞誉，也学到了更多的技巧。青岛电影公司把父亲一行当作贵客，安排他们住在著名的青岛宾馆。青岛宾馆三面临海，远眺碧波荡漾，白帆点点，鸥鸟翱翔。近海，有渔民在捞取海带，捕捉鱼虾。侧面是高耸的建筑……面对如此景观，父亲画了多幅水彩画。

❖ 李万增先生在青岛采风

几天过后，父亲一行人从青岛搭乘傍晚的轮船离开山东。夜色中，父亲站在甲板上沐浴月辉，任海风吹拂。轮船在破浪前行，海岛的暗影在缓缓移动。父亲把目光投向远方，暗蓝的海面与浩瀚的天际连接成诱人遐想的梦幻。父亲四顾，海空辽阔，把人衬托得十分渺小。他回顾自己几十年的人生，虽然历经坎坷，但一直勇往直前，他为自己的执着而欣慰。他忽然觉得，在浩瀚的宇宙，人只要自强，就不一定渺小。

轮船离开渤海、黄海进入东海，在大海的睡梦中急行飞驰，波浪翻卷，驰向黎明。轮船的汽笛声和海鸟的欢鸣声，打破沧海的寂静，把父亲唤醒。他离开船舱，来到甲板，观看日出。这时的海面轻雾朦胧，天空却一片浅蓝。转眼间，在天水相接的地方生出一道红霞，霞光慢慢扩大，越来越亮。红霞给轻盈的海鸥染上暖色，给海岛映上光辉。太阳在这番序幕的推动下出场了，它突破云霞，跳出海面，让海上光亮起来，充满无限生机。

考察团来到上海。在与上海电影公司学习交流之余，父亲流连于黄浦滩头、富丽堂皇的十里洋行和繁华的南京路，国际大都市让他耳目一新。

离开上海，来到素有“鱼米之乡”“丝绸之府”“人间天堂”之美誉的杭州。杭州幻灯片艺术的形式感强，用笔清秀，父亲很受启发。西湖的自然风光和众多的人文景观是杭州最绚烂的一抹荣光。父亲在雷峰塔下，在断桥边，在苏堤上徜徉、采风、咏怀，用诗歌、水彩写生作品记下了对这个地方的美好印象。

此次北上采风考察，是对父亲人生命运坎坷的慰藉，激发起他更高的创作热情。

拥抱春天

1976年12月8日是一个晴朗的日子。连续多日的毛风细雨被一夜劲风吹散，清晨露出了久违的朝阳。冬天有太阳的早晨气温很低，一层薄霜像细腻的白砂糖一样铺在城郊的菜地、草甸、栅栏、篱笆上。父亲带着激动的心情来到电影院会议室，小吴已把火盆生好了，会议室很暖和。不一会儿，电影院和文化局的职工陆续来到会场。接着杨县长、县委宣传部曾部长等领导同志，陪同省文化厅群文处张锦山处长及州文化局杨国仁局长，来到会场并于主席台就座。父亲盼望已久的平反会议开始了。

接下来，政府补发了父亲的全部工资。

1980年初，根据工作需要，父亲依依不舍地离开了他奋斗了5年多的电影院，回到了文化馆。

举世闻名的从江增冲鼓楼

冬去春来，万物复苏。有了绵绵春雨的滋润，徐徐春风迎来了春花烂漫的时节。父亲走出户外，打开心扉，拥抱五彩斑斓的世界。

1981年2月8日是个春暖花开的日子，剑河县委宣传部在电影院会议室召开文化系统工作会议，传达上级文件精神，推荐一名同志参评全省农村文艺先进工作者。

顾馆长重点介绍了父亲这几年在工作和创作上的业绩，文化馆的全体同志一致推选父亲。送到州里，父亲以在黔东南无人能比的突出成绩和先进事迹战胜对手，第一次当上了全省文艺工作者先进代表并出席会议。

这年12月，在贵州省农村文艺先进工作者表彰大会上，父亲受到省文化厅、省艺术馆老领导友好热情的接待，受到张锦山处长、申济友老师等的关怀。表彰会在贵州省文化厅举行。会上，他被列为第六号代表作重点发言。父亲满怀激情走上大会讲台，面对参加会议的省委和文化厅的领导以及来自全省的参加会议的全体代表，眼含热泪，作了题为《争为四化献心花》的发言。他在发言中简明扼要地回顾了自己的人生，虽历经坎坷却矢志不渝，致力于群众文化工作，兢兢业业，长期坚持美术和文学创作，从不因人生厄运而停止。他如实地陈述自己如饥似渴的艺术追求，如实地汇报自己刻苦奋发所取得的成绩……他说："每个人来到世上都有一杯苦酒，一杯甜酒。可是我过去的人生却吃尽了苦酒。我不愿听从命运的安排，顽强抗争；我没有经过艺术学校培养，只能在自学的道路上求索。我一路走来，得到许多艺术家的关心，得到省文化厅、省文联领导的抬爱。三中全会给中国大地送来了文艺的春风，我相信我的努力终将酿造甜酒……"父亲朴实有力的发言生动感人，赢得了阵阵雷鸣般的掌声。

父亲这位重感情的民族文艺工作者，从内心深处感激党的文艺政策，感激对受害者赋予同情的朋友，感激所有关心文化工作者的领导。

这一年，在父亲生命长河中是值得纪念的一年。父亲把第一次当省模范视为人生新的起点，他将打点行装，努力拼搏，顽强迈步在文艺春天的征途中。

1981年2月下旬，贵州省文联安排父亲与田宇高、杨长槐、杨念一等画家组队，深入基层进行为期3个月的采风。

田宇高是著名水彩画家，早在1957年父亲的水彩画《清水江上》入选"贵州省第一届美展"并被评为优秀作品的时候，田老师就从省城下到剑河南嘉看望父亲。这之后又有过多次见面，使他们结下了深厚的师生情谊。

国家一级美术师杨长槐以国画山水见长，他的画法自然，独辟蹊径，形成了自己与众不同的个性特色，享誉国内外。基于艺术成就，他后来被选为贵州文联主席，中华人民共和国第九届、第十届全国人大常委会委员。出生在比邻天柱县的杨长槐一直关心父亲的成长。

这次采风队伍中还有父亲的亲密战友——著名油画家杨念一。念一叔坚持油画创新，将西洋画与中国画结合起来描绘贵州黔东南苗乡侗寨的自然风光，别具一格。念一叔后来因艺术成就当上了州政协副主席，又作为中国侗族的唯一代表任全国政协常委。有一次父亲因严重的肠胃炎在州人民医院住院半个月，他一天不落下，天天下班就来医院看望父亲，陪父亲聊天。有一次他来看望父亲，我在场，他对病床上的父亲说："万增，你有什么不满足的，你的艺术成就不论在数量上还是质量上都比我强多了。我比你多点荣誉，主要是我在州里，你在县里，我占了天时地利而已。"这是莫逆的交心之言。

来自贵州各地的9名画家在田宇高队长的带领下，开始了这次的采风行程。采风第一站是侗乡黎平。黎平是神奇的侗乡，又是著名的红色教育基地，县城的翘街有著名的中共中央政治局黎平会议会址及纪念馆。采风队来到翘街采风。父亲心情舒畅地画速写积累素材，跟画家们讨论立意构思，工作惬意，十分用心。后来，父亲的国画作品《红军长征在黎平》就取材于这次采风。

中国侗族分布在湘、黔、桂毗连地区和鄂西南一带，共计240多万人。黎平是中国侗族人口聚居最多的县，是令人心驰神往的中国最典型的侗乡。画家们用10多天的时间，考察参观了黎平侗乡的地坪风雨桥、肇兴鼓楼群，以及号称世界之最的高屯天生桥等侗族村寨和侗乡景观。黎平侗寨特别讲究依山傍水，鼓楼、花桥、吊脚楼等建筑文化与自然风光有机融合，使得侗族民居人文景观美不胜收。黎平侗乡的侗族大歌、侗族琵琶歌和侗戏等世界级的非物质文化遗产，是侗族文化的典型代表。父亲在黎平侗乡不仅在画纸上画下了自己的所见所感，还在笔记本上写下了丰厚的采风文字实录。

榕江县旧称古州，地处云贵高原向广西丘陵过渡的边缘地带，民族风情及民间艺术独具一格，享有"风情浓郁、璞玉浑金、无迹不古、山水独秀"的美誉。父亲一行来到榕江，先在县城考察了红七军军部旧址以及天下唯一的苗王庙古建筑，而后在县委宣传部同志的陪同下来到车江三宝千户侗寨采风。车江乡荫塘寨到章鲁寨约一千米的河岸上，50多株古榕树组成了世界上

罕见的古榕群。古榕属桑科榕属，别名细叶榕树，为极具观赏价值的常绿乔木。树高20余米，树围3米以上，根系相连，枝叶相吻，如同一把把巨大的绿伞，遮天蔽日，傲然撑展在车江河堤上，堪称奇观。父亲向国画山水大师杨长槐讨教，学习画榕树的技法，他的10来幅水墨速写得到画家们的赞赏。寨蒿晚寨、宰荡侗寨是榕江侗寨的代表，晚寨的琵琶歌，宰荡的侗族大歌，以及两地奇特的歌舞深深吸引了画家们的眼球。后来父亲以榕江采风获取的素材创作了《红军长征过榕江》《春晓》等版画作品。

在比邻广西省的从江县，采风队考察了后来被文化部命名为“中国民间文化艺术之乡”的高增乡小黄村，具有“世外桃源”之称的高增乡占里村，以及后来被国家列为第三批全国重点文物保护单位的往洞乡增冲村。这里村村有鼓楼，座座鼓楼高耸于侗寨之中，巍然挺立，气概雄伟。鼓楼飞阁垂檐层层而上呈宝塔形，瓦檐上彩绘或雕塑着山水、花卉、龙凤、飞鸟和古装人物。每天清晨或傍晚，或者雨日雾天，从远处望去，高耸的鼓楼云腾雾绕，蔚为壮观。父亲一行面对这些鼓楼掩饰不住激动的心情，他们用了几天时间描绘鼓楼，并考究鼓楼的历史、文化意义和内涵。他们了解到侗族鼓楼是侗家聚众起款议事、排解纠纷、迎送宾客、对唱大歌和吹笙踩堂等重大活动的场所，也是侗寨老年人教歌、青年人唱歌、幼年人学歌、民间老艺人传歌编侗戏的集中场所。要知道侗乡可是“歌的海洋”，侗家特有的侗族大歌不仅曲调优美动听，而且在曲式上紧密完整，演唱形式活泼多样，特别是合唱中自由和谐地出现多音部，在我国各民族的民歌中罕见。侗族鼓楼对侗歌的传承发展起到了积极的推动作用。从江以鼓楼闻名于世，增冲鼓楼是侗乡最有名的鼓楼，也是贵州省历史最悠久、形体结构最大的鼓楼。作为侗家人的父亲对侗乡鼓楼有着深厚的情感，后来，增冲鼓楼多次出现在他的版画、国画作品之中。

红军长征过榕江（60×40cm）

接下来采风队的画家们进入广西，先后深入三江侗族自治县、龙胜各族自治县、柳州等地采风。父亲发现，广西三江与贵州黎平的侗族大歌表演情景有区别，黎平大歌一般在村寨或氏族之间集体做客的场合中演唱，而三江大歌则在节日里由男女歌队坐在鼓楼或围在火塘边对唱。在比较中，父亲把在黎平绘制的版画《侗族大歌》的草图加上了鼓楼和火塘的环境，丰厚了画面的文化底蕴和生活韵味。

在广西侗族地区的一个多月时间里，三江县侗寨风雨桥的奇特精巧让父亲振奋，龙胜梯田随山势环绕弧伸的壮观和独有的韵律让他陶醉，龙胜县各民族四月的谷雨节、敬牛节、开耕节让他痴迷……

这次从2月下旬开始到5月中旬才结束的采风活动，让父亲对南侗地区的自然风光、风土人情、民族风情、建筑文化等方面有了深入了解。他画了300多幅速写、水彩、国画以及版画草图，记了两本笔记。这次活动为他创作高峰期的到来做了充分准备。

版　画

命途多舛的父亲执着于对美术的探索，神游在艺术世界里，他相信只要坚持就会发生奇迹。他喜欢水彩，他的水彩处女画入选“贵州首届青年美展”“全国青年美展”并获奖，水彩画《清水江上》入选“贵州省第一届美展”并被评为优秀作品。他喜欢国画，不仅把国画用作搜集创作素材的写生手段，而且还创作了数量不少的国画作品，后来还出版了《李万增国画集》。他尝试过油画、水粉画、连环画，并有作品参展和发表。他最终专注于版画，把版画作为矢志不渝的追求。

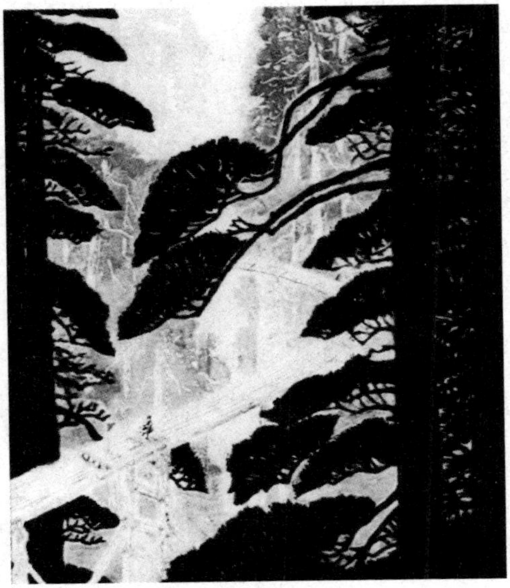

苗山不尽栋梁材（58×55cm）

父亲的版画创作起步于“大跃进”时期。1957年，父亲深入钻研李桦先生的木刻著作和《苏联版画集》《版画创作技法》等，开始从水彩过渡到版画创作。创作于1958年的版画《黎明前的号角》是父亲的第一幅版画作品。这幅作品以解放大西南为背景，截取解放军指战员黎明前向国民党反动派发起总攻的情景。作品点面结合，刻画出仰首挺腰的司号员鼓腮吹号的神态，并将司号员与采用剪影手法描绘的众多士兵冲锋陷阵的群像巧妙结合。这幅入选“贵州第一届版画展”并刊发在《贵州画报》的作品构图和谐，黑白灰色调匀称，刀法遒劲，主题鲜明，展现了父亲在版画创作方面的天分。

版画是视觉艺术的一个重要门类，是中国的传统艺术。在古代，造纸术和印刷术的发明直接带来了木版画的发展和繁荣，不过，20世纪30年代以前的中国版画是以复制他人的作品为主。鲁迅自1931年开始，大力倡导新兴木刻，版画应时而生。新兴版画从它诞生那天起，便和中华民族的解放及社会主义事业紧密相关，与广大人民群众的命运血肉相连，在思想教育战线上发挥着巨大的作用。新兴木刻版画更以它独特的刀味与木味，在中国文化艺术史上具有独立的地位和艺术价值。《黎明前的号角》的成功是父亲在版画道路上留下的第一道脚印，是父亲手握刻刀走进版画界的开始。

接着，父亲创作的《黎明》《公社春来早》《三月》《苗山春早》《渔歌》（又名《清江夜渔》）和《抗击侵略者》等版画作品，全部入选省展并在《贵州画报》《贵州文艺》等刊物发表。

父亲爱憎分明的性情与版画的黑白对比鲜明、刀笔刚劲、木味生辉契合，木刻那种单纯、强烈的视觉效果吸引着父亲，渐渐地，版画成了父亲眼中的西施。几十年来，他一直以木版作为自己重要的创作样式，其中又以黑白木刻数量居多，兼水印套色版画创作。在摸索黑白木刻创作过程中，父亲决心用自己手中的刻刀，去描绘贵州苗岭这块美丽神奇的土地和展现苗侗人民的生活。

1982年春，省群众艺术馆举办全省文化馆艺术馆美术干部培训班。培训班分基础、创作两个班，为期3个月。创作班会集了父亲、杨念一、代聚一、龙开朗、周乐祯、刘继贤、鲁德游、马贤昌、巫子强等来自全省文艺界和大专院校的资深画家。基础班是大学刚毕业的美术工作者和部分美术爱好者。著名版画家刘宗河副馆长主持培训工作，他每周召开一次草图观摩定稿会，亲自把关，要求严格。对于每个学员的作品草图，他要求必须要从主题思想、立意构思、构图造型等多个方面反复修改后方可审定，通过后才能正式动笔作画，如果审定不通过则只能推倒重来。

创作班的画家们除父亲、龙开朗是自学成才之外，其余的全部科班出

❖ 三更迎亲（50×40cm）

身。父亲虽然已经是贵州省早有名气的画家，但他始终把这样的培训当成非常难得的提升水平的机会。他从早画到晚，以至节假日也在创作。每个节假日，创作室里总能看到他挥刀刻画的身影。他经常饭碗一丢便钻进画室，画呀、刻呀、印呀，累得汗流浃背。父亲始终以一个初试画坛的身份站立在画家群体中，勤于观赏学习画友的长处，勤于向刘馆长学习运刀、水印技法及拓印虚实处理。3个月时间，一眨眼就过去了，父亲觉得好快。刘馆长在总结会上高兴地说：“这次培训成绩可喜，大家创作了不少好作品。特别是万增同志，他的创作数量最多，而且《苗山不尽栋梁材》《春风送暖苗家乐》《侗家迎新娘》这3幅版画在思想性、艺术性等方面都堪称优秀作品……”

接下来，贵州省艺术馆以这次培训创作为基础，在贵州省展览馆举办了“贵州省艺术馆文化馆美术作品展览”。父亲在创作培训班创作的版画作品《苗山不尽栋梁材》《侗家迎新娘》《春风送暖苗家乐》《侗寨》等6幅版画作品入选，其中《侗家迎新娘》在《贵州日报》发表后相继被《山花》《中国文化报》《广西日报》等20多家报刊转载。

同一年的10月金秋，父亲再赴省会，参加贵州省少数民族美术创作班学习，为期3个月。这次创作班设油画、国画、版画三个专业。

油画组成员有巫子强、尚光、林楠、杨念一等，组长巫子强；国画组有陈长浩、杨抱林、张正炳等，组长杨抱林；版画组有龙开朗、鲁德海、杨国雄、吴建伟、潘万雄、李万增等，组长李万增。培训班负责人为潘迎华、杨长槐。

这次创作班抓得较紧，评审草图、落实正稿、验收作品，程序明确。文化厅领导蒙少华、吴家桦同志常来看望。潘迎华、杨长槐两位负责人，除了负责全盘管理工作，也有创作任务。两位画家非常关心创作进展和作品质量，他俩天天跟班创作，还逐人检查创作任务的完成情况，并提出辅导意见，大家创作情绪热烈浓郁，每个学员都对创作出好作品信心十足。

毕业于中央美术学院的油画家潘迎华为人和善，平易近人，喜爱一杯酒，画画必有酒。一天，他看父亲那不知疲倦、忘我工作的劲头，笑呵呵地说："你真是一头不顾性命的耕牛哟！要注意身体哟。"要知道，父亲的笔名就叫"耕牛"。潘迎华时任贵州省展览馆副处长，每天回家住，第二天他带了一套木刻刀送给了父亲，以示赞赏。

鲁德海是云南艺术学院版画系毕业的，功底深厚，造型、用刀娴熟而颇具特色，父亲跟他学了不少木刻技法。3个月的交往，父亲与他成了无话不谈的好朋友。创作班结业，学员每人均完成一两件美术作品，父亲却完成水印版画《三更迎亲》《凯旋》和黑白版画《中秋芦笙会》3件作品，成为作品数量多、质量高的优秀学员。贵州美术家协会专门为这次培训活动举办结业作品展，父亲的3件版画均入选参展，并均在省级以上报刊发表。

经过这两次的创作培训，父亲补充了艺术养分，加上他勤奋好学以及善于吸收民间艺术的营养，艺术造诣提高很快。

耕 牛

1959年春天，父亲给自己取了个艺名叫“耕牛”，从此，他便以耕牛的精神执着在平凡的艺术天地里播种耕耘。诗人文玉深在《致侗族文艺家李万增》一诗中写道：

你自诩耕牛
任凭风雨鞭抽
默默耕耘板结的土地
沐浴于黄昏的夕辉里
将灵感拽向收获的季节
…………

“耕牛”是父亲追求艺术的人生写照。

❖ 斗 牛（82×63cm）

时间来到1981年，他已有60多幅版画参加各级展览，并在近百家报刊发表或获奖。

1981年夏天，父亲的重要作品——黑白木刻《斗牛》入选“全国少数民族美展”，被评为优秀作品。虽然这幅作品的创作历时仅仅一个多月，但父亲深入侗族村寨参观斗牛进行采风写生，实际上用了好几年时间。

“斗牛节”是侗族同胞的传统节日。侗家喜欢斗牛，村村寨寨都饲养着善斗的“水牛王”。“斗牛节”一般在每年农历的二月或八月逢“亥”的日子里举行。节前，大家各自约好对手，做好斗牛准备。节日这天清晨，铁炮三响，“牛王”在锣鼓和芦笙的伴奏中进入斗牛场。这时一支支队伍，手持金瓜、月斧，举着各种旗帜，前呼后拥，绕场三周，算是“入场式”，也叫“踩场”。接着，各队牵着自己的“牛王”，举着火把，严阵以待。铁炮一响，他们便将火把往前一抛，参斗的两头牛从两端四蹄腾空，冲了上去斗作一团，难解难分。气氛紧张热烈，十分壮观。

父亲说过，画家要创作出经得住时间考验的优秀作品，必须要对所绘场景和人物有深入的认知，然后再以恰当的方式表现出来。美术不仅仅是一种技巧，更是一种文化修养。

为了画好斗牛这个在苗族侗族民族风情中很有代表性的典型题材，许多年来，父亲深入斗牛场画了不少速写，他的速写本留下了20多头斗牛的形象，和几十幅观赏斗牛的人物形象。经过反复思考，他决定以“九成宫”的手法置陈布势，并利用众多人物向图中倾斜的身姿与弯曲的手臂，在对称中取得均衡的效果。居中的两头身形健壮的公牛姿态前倾，后腿力撑，弯角力撞，仿佛能听到石头撞击般的声音。人群四围，手舞足蹈，场面壮观，吼声震天。作品充分展现了侗家崇尚竞技、热爱生活的激情，以及牛气冲天、生活火红的精神面貌。这幅作品在《中国民间文艺论坛》发表后被10余家报刊转载。

父亲创作这幅作品的时候，有几个展览要组织和布置，忙碌中他充分利用中午、晚上和周末休息时间加班加点，精雕细琢，换来了作品的成功。

因为这幅版画作品的影响，国家高级画师、著名版画家、省艺术馆副馆长刘宗河专程造访，给父亲以鼓励。刘宗河馆长在剑河的两天时间里，在剑河文化馆会议室组织召开了座谈会，深入剖析《斗牛》这幅作品的选材、内容和与众不同的艺术特色。

勤于耕耘的父亲在1981年到1993年的12年里，接连创作了200多幅版画作品，相继在省内外、国内外展出和发表。

除美术创作之外，父亲还发表了数量惊人的民间文学、诗歌、散文作品，并出版了多部著作。

工作任务繁重，业余除从事美术创作之外，还要进行文学创作，哪来的时间呢？我从小学二年级就离开母亲到县城跟父亲读书，在我的印象中，不知有多少次我从睡梦中醒来，父亲还在伏案写作。他的那些发表在《中国文化报》《民间文学》《花溪》《南风》《贵州日报》《广西日报》《贵州民族报》等众多报刊上的文学作品，以及公开出版的多部民俗散文集、民间故事集、诗集，基本上都是熬夜写出来的。

1982年3月，父亲的文学作品——《雷打塘的故事》，因优美的意境、传奇的情节、朴素的语言荣获“贵州民族文学奖”一等奖，并受邀出席在筑城举行的颁奖仪式。

1982年12月，父亲因发表和出版了两百多万字的文学作品，成果丰硕，被推荐出席贵州省民间文艺第二届代表会，并被选为理事。在出席会议期间，父亲突然发病，一同参加会议的周昌武、陈远卓同志送他去看病，通过X光检查，医师提醒父亲：“你的慢性肠胃病较为严重，要注意生活和休息，更要抓紧治疗……”慢性肠胃病是父亲废寝忘食饿出来的，是他长期睡眠不足透支身体熬出来的。父亲听医生说他的病较为严重，也就是说不是特别严重，所以他一出医院就忘记了医生的提醒，没把病痛放在心上。

他在日记中写道：“我知道人生像战场，必须通过一个又一个战役去夺取胜利，才不会败下阵来。我荒废的生命已经太多了，必须抓紧时间，像牛一样默默耕耘。”

伴　嫁

“春风得意马蹄疾，一日看尽长安花”，是唐代诗人孟郊46岁那年进士及第，按捺不住欣喜之情写下的动人诗句，也可用来表达父亲获得艺术生命后的心情。

虽然艺术的春天在父亲已届中年才来到身边，但它毕竟来了。父亲以满腔的热情投入创作，果实累累。他只希望能安心创作，没想过要当馆长。当上级找他谈话要提拔他当文化馆馆长的时候，他感到突然，且心生犹豫。

1983年2月，父亲担任剑河县文化馆馆长。文化馆虽小，但五脏俱全，事无巨细，一个县的文化工作握在馆长手中不能视为儿戏。从此，父亲工作更忙了。

父亲是州文联委员、州美术家协会副主席，担任馆长后，又先后被选为县第八届人民代表大会代表和县政协常委。父亲早在20世纪60年代初就满怀热情地向党组织递交了入党申请书，但没有下文。当上馆长后，经过上慎重考虑，父亲还是入了党。对于这件事，知情人都认为父亲副县级职务都不要，选择很傻。实际上父亲不傻，他知道自己的优势在哪里，只有坚守文化阵

催亲鼓（52×50cm）

地，才能做出更大的成绩。

1983年，父亲创作的版画作品《催亲鼓》入选“两岸美术作品展”，被台湾画会珍藏。他的版画作品《请来侗乡吃油茶》入选“贵州—西安美术联展”。

1984年即将入冬之际，父亲接到州文联“关于黔东南二届民间文艺研究会理事扩大会将在剑河召开”的通知。这是对多年来剑河民族文化工作的肯定，更是推动剑河民族文化发展难得的机缘。父亲及时写请示报告向政府反映，得到政府的重视，杨义瑚副县长亲自批拨会议经费，组织筹备工作。父亲想：“剑河是个民族县，有小广、大广等颇具特色的侗族古村落，有久仰、久吉、公鹅寨等苗族古村落。这些村寨文化机构完善，有文艺骨干，每年开展的文化活动有声有色。何不把会议放到比邻民族村寨的区政府和民族村寨去开呢？”在筹备会上，父亲提出了自己的想法，并进一步分析：“按老办法在城里开会，那这个会也就仅仅是个研讨会。如果把会议地点放到比邻民族村寨的区政府和民族村寨去，一可以促进寨子文化的发展，二可以深入挖掘具体可感的民族文化，三可以让专家们对剑河的民族文化有更进一步的认识，以扩大影响……”父亲的建议得到与会者的一致认同。几经推敲，会议期间适逢小广侗乡独具特色的“嫁娶节”，因此，决定会议在盘溪区政府和小广侗乡举办。

会议在比邻小广村的盘溪区政府会议室如期举行。出席会议的代表有全州民研理事和特邀代表，还有来自省民研会的龙玉成、朱吉成等同志，来自日本的民俗专家浅川嘉穗先生，共计40余人。县长王太陶、县委副书记曾信录分别在会上讲话，祝贺民间文艺研究会召开，肯定研讨会对剑河民族文化事业的启迪及深远意义。会上，各位理事及代表认真总结近年来民研工作的开展情况以及下步设想。

父亲在会上结合剑河县民研工作的开展和小广村的文化活动，首先介绍了近年来剑河县民研工作的方向：一是研究有针对性，重点抓住苗侗古民居的地域特色、苗侗古村落的发展变化及保护、剑河苗侗民俗的时代意义等几个方面着力挖掘；二是立足有代表性的古村落（例如小广侗寨）进行深入研究；三是探讨怎样保护和传承优秀民族文化的问题……父亲特邀小广村负责文化室工作的王元江老艺人，给与会领导和代表介绍了小广村的历史、村

❖ 伴 嫁（48×52cm）

貌、民族风情节日和侗族民众的生存状况。

第二天，研讨会地址移到小广侗寨。

小广侗寨自然环境优美，一层层的梯田从房屋旁向周围山边延伸，与四周花草林木相连，与绵山呼应，成为寨子的背景。穿寨而过的小溪，古老的石拱桥，参天的古树，与栋栋吊脚楼和广场戏楼共同构成和谐美好的景观，引人注目。这是个已有800多年历史的古老侗寨，这里不仅有与众不同的生活方式和民族服饰，而且保留了延续上千年的民族风情。

“嫁娶节”是小广最独特的民俗文化奇观。相传很久很久以前，迁来小广的侗族祖先们认为大家迁居到小广，共喝一口井，共饮一条溪，互相就是兄弟姐妹，同寨人不准通婚，但小广与周围村寨相隔甚远，结亲和嫁女非常不易。后来寨老召集村民杀牛议事，决定改变这种婚姻习俗，允许同寨人通婚。但小广寨子大，人口多，一年到头都有人结亲嫁女，大家忙来忙去，太耽误生产。寨老又召集村民商议，决定把秋收之后的农历十月第一个寅卯两日作为专门的婚嫁日。从此代代相传，沿袭至今。据考究，小广嫁娶节是东方最古老的集体婚礼。

参加小广侗家迎亲“嫁娶节”活动，是本次研讨会的主要课题。县委、县政府事先派出陈远福、万必轩、龙腾云三位同志到小广做足准备工作。

下午5点多，代表们在政府领导和父亲的陪同下乘车穿越库蛇坳、长岭坡，绕白水洞、窗门洞，一路上尽览南侗山水风光。来到小广侗寨，天色近晚，代表们被铁炮声、鞭炮声、唢呐声迎进寨口，一大群侗妹身着色彩斑斓的侗族服饰，站在寨口热情洋溢地给专家们敬酒。酒歌婉转，酒香扑鼻。盛满牛角的“拦路酒”喝了一角又一角，酒歌唱了一首又一首……

入夜，代表们分别到嫁女的人家做客采风。父亲与省里来的朱吉成同志，由王元江带领到村民杨秀朋家伴嫁。嫁女家主人很是热情，将父亲等来客拥到堂屋入席，与主人家的亲戚爷崽坐成一排。酒席丰盛，长长的条桌上摆了36碗肉菜，隔几碗肉菜放一个小小的竹筛，筛里装的是用粑叶垫底的糯香米饭团及酒水热茶。侗家人热情好客，把我父亲等客人当作亲人，连连举盏劝酒以尽情怀，一边饮酒一边等待“关亲客”（迎亲的人）的到来。

忽然铜锣声震响，“关亲客”入堂屋，开始了由叩拜到饮酒、唱歌等仪式。饮酒饮到兴头，唱歌唱到深夜，主人家送走“关亲客”。“关亲客”没接到新娘就走了，父亲和朱吉成同志感到很奇怪。王元江介绍说，按照小广习俗，女方办酒之时，新娘子要专门款待她原来的男友，这在当地被看成特别光彩的事情。谁家的新娘出嫁时若是无男孩来唱伴嫁歌，人们便认为这姑娘不招人喜爱。父亲也是第一次参加“嫁娶节”，他和朱吉成同志听了感到很新鲜。

杨秀朋即将出嫁的女儿有三个前男友。这三个后生以口哨为信，被待嫁新娘邀请进来。三个来伴嫁的后生还邀来男伴10余人，与专门奉陪的男主人分坐席间，嫁女和女伴及伴唱的歌师坐在嫁房。

客主开席饮酒，伴嫁后生唱起讨茶歌：

后生：

一里煮茶十里馨，妹家海茶香透心。
送哥一碗尝新味，陪不起情记起情！

嫁女：

妹端油茶心里疼，妹拿真心伴哥情。
妹拿眼泪当炒米，哥吃油茶莫歪心！
…………

她们一唱一答，追忆往事，叹息人生，唱出了各自的辛酸悲情。或埋怨媒人心肠坏，或埋怨爹妈不理解……声声如诉，感动得满堂客众寂静无声。此情此景，著名民间文艺家朱吉成先生被感动得老泪纵横。

时交三更，“关亲客”带着迎亲队伍再次上女方家迎接新人……

第三天，专家们在乡政府会议室召开小广“嫁娶节”采风讨论会，代表们讨论热烈，各抒己见。最后，大家一致认为小广侗乡的古老文化，无论是生活习俗，还是花桥建筑、木楼、戏楼……都各具特色，值得跟进研讨。尤其是“嫁娶节”那情悠悠意绵绵的侗歌旋律，及其内在的令人如痴如醉的诗情画意，更应进入文艺家的作品之中展现、传承。代表们羡慕父亲出身这样美好的民族沃土，艺术追求可谓得天独厚。大家一致肯定父亲提出的这次深入基层的田野研讨会是一个值得推广的创举。

没过多久，父亲以小广“嫁娶节”采风获得的素材创作了版画《伴嫁》《三更迎亲》两幅作品，分别在《中国文化报》《贵州日报》上发表。

油茶飘香

父亲奋斗在基层，经常与苗族侗族人民生活在一起。他陶醉于贵州苗岭丰富多彩、独具地方特色的民族文化，钟情于地方民族风情，并决心要用版画描绘展现他身边的民族风情，努力开拓出一片版画创作的新天地。

1984年底，在黔东南美术创作座谈会上，著名版画家龙开朗评价父亲的版画乡土气息浓郁，就像侗家的油茶般香醇。

香喷喷的侗乡油茶侗家人都喜欢吃。每到过年过节，家家户户飘散着油茶的香气。还记得，在南明，每年大年初一早晨起来，我家都要煮好一锅油茶，请家族爷崽、左邻右舍来吃油茶，大家边吃油茶边说着新年祝福的话语。父亲不喜欢侗乡的辣椒，但是特别喜欢侗乡的油茶。正月间，有时父亲不吃午饭，只吃油茶。油茶的食材主要是茶叶、红薯、饭豆、苞谷、炒糊米、灰碱粑，将它们煮在一起，盛在大碗中，再淋上新鲜的肉汤，撒上葱花、大蒜、生姜、米花等佐料，用筷子略微搅拌，碗里马上散发出一种特别诱人的香味。对于这侗乡的美食没人不喜欢。

父亲的画确实就像侗乡的油茶，父亲喜欢，大家也喜欢，馨香宜人——龙开朗的比喻生动而准确。20世纪80年代中叶，父亲那些充满乡土气息的民族风情版画已经名声在外。

1980年，父亲开始认真研究古代版画技巧。秦汉画像石粗重笨拙的线条及巧妙的黑白对比，给人一种深沉厚重的气魄，让人回味无穷。明清复制版画线条细腻而柔美，有一种特别的风味。父亲深受启发。他开始将现代版画造型方法与古代版画技巧结合起来，并融入贵州民间绘画的古朴，形成了他描绘苗侗民族风情的版画特色。1981年之后，父亲渐渐步入版画艺术创作的高峰。

父亲脚踏乡村泥土，挖掘民间艺术养分，发挥自身优势，运用民族艺术的特点反映社会、服务民族，开拓自成一体的乡土风格。他不盲目崇拜“阳春白雪”，也不因自己是“下里巴人”而自卑。他向古人、今人学习，也向世界各地的优秀版画家学习。他勤于思考，抱定坚定的艺术信念，决心走出一条属于自己的艺术之路。

1985年春天，父亲再次跟随已经是省美协主席的杨长槐先生，与杨念一、龙开朗、代聚一等画家赴侗乡采风搜集创作素材。从榕江乘船顺都柳江而下，停宿广西福禄，父亲与杨念一、代聚一面对渔家生活写生。念一叔的渔家油画韵味十足，堪称上品佳作；代聚一也是父亲的画坛好友，他的钢笔速写运笔流畅，别具风味；父亲的水墨速写沉稳细腻，得到杨长槐主席的赞许。

在都柳江畔，画家们遇上侗族逢“卯”斗牛节，节日盛况空前。在大山湾口，溪水入江的河岸上，涌动的人群围着一块空旷的草地作为斗牛场。各队安排高大强健的举牌手手举“飞天王”“大雷公”等气派非常的牛牌，威风凛凛地站在人群前面。身着盛装、银光耀眼的妙龄少女在斗牛场边列队起舞，脚铃乐响，歌声悠扬。忽然，几声铁炮冲天炸响，一队队参加斗牛的彪形壮汉，手擎呼呼喷气的斗牛，在芦笙、号声、锣鼓声及鞭炮声中涌入斗牛场。身挂铜铃，身披兽被的牛王，在再次响起的三声铁炮巨响中排开阵势，已经站在斗牛场中间的抵牛双腿立定，摆好架势，迎战对方。一声哨响，壮汉松手，好斗的碰牛从百十步外飞奔向抵牛，两角力撞，地动山摇般，一声巨响。接着“砰砰嘭嘭”撞角声断续胶着，恶斗不休，直至一方败逃，战斗结束……父亲及其他画家入迷地舞动画笔，或不断按动相机快门抢镜头，每个人都沉醉在侗

李万增先生在都柳江畔采风

族体育风情的力量和美感之中。父亲曾经在1981年创作过题为《斗牛》的版画。这次采风回来，父亲再次创作了以侗家斗牛为题材的版画作品——《侗家的节日——斗牛》。这幅画推陈出新，场面更加宏大，气氛更加热烈，节日味道更足。这幅深受群众喜爱的作品在《广西日报》《贵州日报》《南风》等省内外20多家报刊发表、出版，并为日本艺术家内田光礼收藏。

请来侗乡吃油茶（48×48cm）

从20世纪80年代初到退休的十几年里，父亲的足迹遍布贵州的黔东南、铜仁，广西的三江、融水、龙胜、桂林、柳州，湖南的通道、靖州、会同、怀化、新晃、黔阳、芷江、湘潭、长沙、湘西，四川的真庆、涪陵、巴东，湖北的鄂西、恩施等地区。往西入滇缅交界地，北至河北、北京，东至渤海、黄海、东海，南及广东、福建等地，对祖国山川、民族风情、地域风光付诸深情。每到一个地方，一起出行的人们大都逛公园、品美食、访亲友，父亲只好单独行动，抢时机采风作画。入夜，别人散步闲侃，他还在忙着构思、绘图、修改，不亦乐乎。

十几年间，父亲手中积累了大量的民间艺术素材，并在这些素材的基础上思量、吸取、消化、提炼，先后创作了250多幅民族风情版画，《侗寨》《侗家迎新娘》《伴嫁歌》《苗山不尽栋梁材》《三更迎亲》《高原鼓声》《催亲鼓》《中秋芦笙会》《凯旋》《高原雄风》《久仰人的歌》《春风送暖苗家乐》《太平鼓》《十八岁的风采》《月是侗乡明》等众多作品参加省内外及全国性展览，并发表、获奖。《高原雄风》荣获中国西南艺术节民族画展一等奖，《富民之本》获得国务院、中国美协“人口杯”荣誉奖，《请来侗乡吃油茶》获中国首届风俗画展优秀作品奖，《凯旋》《太平鼓》荣获国际版画大赛奖……《十八岁的风采》参加中国民族博览会被珍藏，《高原鼓声》等数十件作品被美、日、法及东南亚艺术人士收藏。

1985年春夏之交，黔桂湘三省区侗族画展在广西三江开幕，父亲以筹委会成员和画家的身份出席。会议期间，来自全国各地的侗族画家前往距离三江县31千米的林溪乡参观程阳风雨桥。风雨桥，也叫花桥，这种长廊式的桥，既可供人行走，又可避雨挡风，还是迎送宾客和休息聊天的处所。程阳风雨桥又叫永济桥、盘龙桥，是全国重点文物，它造型精美，结构精巧，桥上有精致的桥廊和桥楼，内壁绘有各种图案，笔法简练，形象生动。这座风雨桥连接着依山势分布在林溪河两岸的侗族村寨，绿树掩映，水楼相依，风光旖旎，恍若世外桃源。

参观了风雨桥，父亲与画家们过桥入寨，林溪侗家已准备好香味扑鼻的侗家油茶款待画家们。“不吃油茶不尽情”，南北侗乡均有油茶待客的习俗，这是侗家人民重义好客的良好风尚。林溪侗乡的油茶与贵州南明的相比，食材中多了腌鱼和年糕，吃起来香气扑鼻，美味入心。父亲一边吃着油茶，一边欣赏侗族小伙抱着牛腿琴弹奏出古朴的情调，和侗族妹崽深情演唱的情歌。他吃得舒心，看得陶醉。后来父亲几易其稿，创作出水印版画《请来侗乡吃油茶》，用以歌颂侗族人民的美好生活。这幅作品入选“贵州造型美展”，后送西安参加“贵州—西安美术联展”，并在国内外10多家报刊发表。1988年获中国首届风俗画展优秀作品奖，赴美、英、日、法等国展览。1989年被中国文化部选送赴乌拉圭、阿根廷等国巡展。

著书问世

著名作家、学者、中国艺术研究院杨志一先生，和著名学者、中国社会科学院南方民族文学研究室主任邓敏文先生在合著的《人生诗情重·旅途画意浓》一文中写道：“诗中有画，画中有诗，诗画并举，这是中外文人墨客梦寐以求的艺术境界……在侗族历史上，已经留下个人诗集，文集和画集的人，恐怕只有李万增先生了。从这个意义上讲，万增先生做了一件侗族祖先还没有做到的事，开了侗族诗画并举的先河。”这是二位先生对父亲评价。父亲的身份首先是画家，而后才是作家。他作为作家所取得的成绩，同样可以在中国侗族文学史上留下重重的一笔。

父亲在事业道路上艺文并举，艰难地跋涉了48个春秋，风霜染白了黑发，额头布满了皱纹，他为民族文化事业呕心沥血。山乡的一草一木，一水一桥，一则故事，一曲歌谣，一件刺绣，一件雕刻……都深深地唤起他的热爱之情。尽管人生坎坷，他初心不改，始终痴迷他的事业。

三中全会后，父亲与著名民族文学家杨通山、中央民族大学教授杨进铨、中国民间文化遗产抢救工程专家委员会委员过伟等学者一起，从写稿、选稿到编辑，为出版《侗族爱情故事》《机智人物故事》《侗乡风情录》等多部民间文学著作殚精竭虑。这些著作，被评价为中国民间文学界的重大成果。

父亲说，他著书之念是被逼出来的。

40岁前的岁月，父亲倾心绘画，对文学有兴趣但毕竟只是兼爱。

父亲熟读蒲松龄的《聊斋志异》，叹服蒲松龄通过花妖狐魅的故事来暗讽现实，而且写得那样好，那样生动感人。于是父亲决定用民间故事歌颂真善美，抨击假丑恶。父亲首先想到了他幼时的朋友天神哥，他要写天神哥的事迹。1973年，父亲开始夜以继日地创作故事。他经常在晚饭后独自一个人走出城外后山，坐在东山瀑布旁边的岩石上冥思苦想，构思作品。父亲还专程到天神哥做过工的平珍、大洋、小滴等地方搜集素材，提炼成文。这些以《天神哥的故事》为标题的文章陆续在《贵州日报》《苗岭》《南风》等省内外报刊发表，深受欢迎。40余篇机智人物故事第一稿很快脱稿，父亲把手稿交好友——“三家村”笔杆子之一杨胜溢进行二稿润色，而后父亲再度三稿。这些故事有20余篇入选《贵州各族人物故事选》。《天神哥的故事》以其惩恶扬善、爱憎分明的思想性和情节有趣、人物形象生动的艺术性，引发社会关注。

1984年，父亲着手把自己在各类刊物发表、出版的侗族民间故事50余篇，与《天神哥的故事》合编成侗族民间文艺著作《孃花与太阳的儿子》，计16万多字，并与画友龙盛江合作彩图，投递贵州人民出版社候选。1985年收到了正式列入出版选题的通知：

“李万增同志，你的民间文艺作品《孃花与太阳的儿子》一稿，决定列入1985年出书计划。”

《孃花与太阳的儿子》是剑河这块文化贫瘠的土地上诞生的第一本公开出版的书籍。剑河从清朝建制到中华人民共和国成立35年的两百多年时间里，从没有人公开出版过书籍。父亲出书的消息传开，一时间，剑河县城人人都在关注这件事，连大字不识的城边山民都在议论文化馆李万增馆长要出书了。而且，从省到州到县祝贺之音频传，父亲有几个工作在乡镇的朋友专程进城祝贺。

这样的轰动效应可以理解。在那个年代，出书是非常严谨而神圣的事情，要出版一本书可谓难于上青天，何况这是这地方几百年来诞生的第一本著作。

❖《孃花与太阳的儿子》封面

对于父亲这本书，为了核实书中几个并非关键内容的真实性，贵州人民出版社几次派人到基层进行调查，才得以过关。而今，出版走向市场，门槛降低了，出版物良莠不齐，社会对文人出书的关注度已大大降低。

父亲这本书由苗族著名作家武略撰序，于1987年3月正式发行问世，印刷数量高达57000册，当年就被选为西南民族优秀图书赴香港展览。1988年，该著作获全国少数民族文学评比一等奖。

就这样，父亲多了一个“民族文学家”的光环。

父亲的作品以语言朴实、文字生动感人受到社会欢迎，他的好几篇作品被译成俄文在苏联出版。这个时候，他写文章的稿费收入比绘画收入还可观，加上高知提薪，家庭经济彻底摆脱贫困，除开九口之家的全部开销还有结余，从而结束了“妻子嫁书生落得一生贫苦”的日子。最让他高兴的是，过去曾经迫害过他的那些高高在上的人，现在路遇他的时候都低下了自以为是的头颅，挂着极不自然的笑容与父亲打招呼。

这本书的影响是巨大的。著名人类学家、作家潘年英在博客中说：“我是看李万增先生的民间故事长大的。”有一位出生在剑河南嘉的作家在博客中写道：“先生的书，感染了我们一代人。我是读着天神哥的故事长大的，那时拿着那本故事书，感觉南明湳洞司是那么的遥远和美丽，感觉作者是那么的遥远而又亲切，真没想到后来竟与他成了忘年交……”还有一位网友在微博中留下了这样的感叹：“剑河这片土壤太贫瘠了，在古代从来没出过一位举人，缺少文化养分。是自喻耕牛的万增先生，笔耕不辍，终于带出了一批文人……”在父亲的影响下，杨秀平、文玉深等作家异军突起，剑河的文学已迈向黔东南的前列。

父亲开先河，为剑河文化历史谱写新章。1987年5月，剑河县委、县政府为父亲组织召开了隆重的庆功会。县委、县政府主要领导，文化部门领导，文教系统的文艺工作者以及全县的文学爱好者欢聚一堂，大家在县委会议室畅所欲言，气氛热烈。

县委书记曾庆禄语气略带激动，欣喜地说：“《孃花与太阳的儿子》是剑河公开出版的第一本书，这是万增同志个人的荣誉，更是剑河人民的荣誉。剑河是一块文化贫瘠的土地，万增这本书的公开出版，翻开了剑河文化发展的新篇章，既有现实意义，又有历史意义……”

副县长杨天沛面带笑容，真诚地说：“大家知道，我是爱好文学的，我跟万增同志是文友。我没做到的，我们剑河县广大文艺工作者都还没做到的，他做到了。很多时候，成功的幸福感是无法用金钱来衡量的，也是无法用权力来衡量的。今天在座的人之中，万增是最幸福的人。今天我们是在分享快乐，但我们在分享快乐的同时还要以万增为榜样，用他的成功激发出我们奋发的动力。我在想，再过十年、二十年，我们剑河要是出现了五个李万增，甚至十个、二十个李万增，我们剑河的文化就不再落后了……愿万增同志事业更上一层楼，写出、画出更多的作品！”

宣传部部长杨桂新激情洋溢地发言：“剑河清雍正七年设置，至今已过去260年，我们这块地方才出版了第一本书籍。万增同志的笔名不是叫耕牛吗？这书是万增同志用牛的精神一个字一个字地耕种出来的。作为文化人，要做出成绩就必须要像万增同志这样，有牛的执着和不怕苦的精神。我们都知道……万增历经坎坷，他还能够这样执着，真难得他一片苦心……”

…………

各位领导的肯定和支持，使父亲如沐春风。他以此为动力，做出了更加突出的成绩。

已经年过半百的父亲深感光阴似箭，他要把在人生挫折中耽误的时间夺回来。他在工作之余，一边创作版画，一边写作。他用两年的时间苦打苦拼，又完成了16万字的侗族风情散记《多情的红豆树》，而且自己设计封面和创作装帧插图。该书因内容独特，文字通俗优美，再次顺利通过出版社的审核，1990年由贵州人民出版社出版。这是一本让侗族民族风情走出山外、走向世界的优秀读物。

《多情的红豆树》封面

荣登虎榜

1987年，对于父亲来说可谓“双喜临门”，获得剑河县两个“第一”。父亲年初出版的《嬢花与太阳的儿子》，是剑河县有史以来第一本公开出版的书籍；他年末晋升副研究馆员，成为剑河县第一位获得认可的高级知识分子。

1988年1月5日是个太阳天。下午，斜斜的冬阳从清水江对岸山岭的杉木林巅透射过来，霞光万丈，映照在县城高矮不一的楼宇上。这个时候，县政府会议大厅里，喜悦气氛洋溢，会场外鞭炮声声，县委、县政府正在为我父亲召开嘉奖会，表彰他在县里第一个晋升为高级职称。

十一届三中全会后，职称评聘制度得以逐渐恢复，父亲成了拨乱反正后的第一批高级知识分子。父亲这之前的所有不幸，都是时代的不幸。而今父亲又成了时代的幸运者。

知识春天的到来，科技、文化、艺术蓬勃发展。在这样的背景下，父亲成为剑河县的第一个高级知识分子，怎么能不备受重视呢？

想当年，爷爷集全族之力扶持我父亲读书，就是为了蟾宫折桂，光宗耀祖。而今，父亲成了全县第一个高级知识分子，朋友、领导、同事都称赞他荣登知识虎榜。

出席盛会的有县委、县政府机关、学校的领导和州报记者共60多人。先是县委书记、县长等领导同志致贺词，接着父亲陈述自己饱含辛酸的人生历程，并表达对政府表彰的深深谢意。

会议气氛热烈，与会人员争先恐后地发言，掌声一阵接一阵，有的还反复补充。

王灿元同志与父亲交往甚厚，他激情洋溢地发言后，意犹未尽，又当即赋诗表情意：

高山一树松，霜重叶更红，
风雨何所惧？挺拔傲苍穹！

诗句颂扬父亲拼搏一生，终于成材。

…………

会上，父亲宣读了杨念一、代聚一、申济友等好友从远方发来的贺信。

杨念一在贺信中说："老朋友万增，幸福永远属于您这样的有心人！您经过艰苦卓绝的努力，修成正果，终于荣升高级知识分子，可喜可贺。对于您的成功，我们乐为朋友分享一份快乐……"

代聚一在贺信中写道："……您不论在什么样的人生状况下都没放弃自己的理想追求，是知识分子的楷模。在您今天实至名归，荣获高级职称之际，我作为您的老朋友，遥致以诚挚的祝贺！"

申济友的贺信是一幅书法作品："祝贺万增荣登虎榜！"

…………

会上，县委书记曾庆禄为父亲颁发嘉奖证及奖金，鼓励他再接再厉，再展宏图！

改革开放的春风吹拂中华大地，人才流动盛行一时。父亲的文友、画友有的由地市"流"到了省城，有的由县市"流"到了外省。他在教育局任职的文友杨秀成去了海南，他在师专教书的画友蒋志伊去了广东。当时，像父亲这样的高级知识分子凤毛麟角，如果他愿意，很多地方都会抢着要。1988年底，信息灵通的海口文化馆要引进高级人才，向父亲伸出橄榄枝，父亲动摇过，但他最终拒绝引调，留在了家乡。

三套集成

20世纪80年代，我们司头李家早已闯过了多灾多难的岁月，过上了爷爷奶奶追求的多子多福的美满生活。大伯李万章在南明供销社任职，工作之余协助大妈操持田地。与大伯同居南明，任乡镇银行职员的六叔李万本，虽然夫妻都有工作，但他们还是会依季节种些瓜果蔬菜、养些鸡鸭改善生活。在那个年代，植被茂盛，山上野兽出没，大伯六叔只要背着猎枪引着猎狗上山，很少会空着手回寨。他们的日子过得很惬意。

三叔在县轻工业局工作，负责全县烟酒糖的外调采购。四叔参军任过教官，转业后分配在电视广播局工作。他俩与父亲同在县城，哪家有什么好吃的，不是把另外两兄弟叫过来一起吃，就是送些过去。在县城的三兄弟也是其乐融融。

五叔李万堂远在贵阳，是国家水利九局干部科科长，一切都好，就是忙。

除了五叔安家远，交通不便，春节不经常回来之外，父亲五兄弟每个春节都聚于司头寨，叙亲情，拉家常。

回忆司头李家的春节，那真是情意绵长。每年大年三十那天，父亲母亲从早上就开始准备年夜饭。我家动作比较快，下午一两点在堂屋祭过祖先后，父亲就安排我——我做事比较认真且听从安排——去父亲的四个亲兄弟家邀约吃年夜饭。我一出门，四个叔伯也陆续派崽过来邀请。结果是大家先在自己家吃一会儿，而后聚集大伯家继续吃，饮过几杯酒后来我家，接着再去三叔家……吃到六叔家已是入夜。一个人能吃多少呢？特别是我们小孩子基本上在家吃饱了，去到叔伯家只是意思意思，图热闹开心而已。但是我们这族人的情怀，让寨邻兄弟姐妹少的人家羡慕不已。

1977年过年时，父亲站在大伯家堂屋神龛前，面对爷爷奶奶的遗像，眼含泪水思忖良久。这一年春天，奶奶去世过后，父亲无时无刻不因为自己对父母含恩未酬而难过。一世艰辛的爷爷“望子成龙”，一直到“大跃进”饿死都没看到子女成才，在失望中辞世；奶奶在父亲的人生刚刚有起色的时候撒手人寰。父母深恩未能报答，父亲心里特别难受。

1988年的春节，漫天飞雪，银装素裹，南明侗乡家家户户沉浸在春节团圆的喜庆之中。父亲六兄弟中，只有远在贵阳国家水利九局的五叔，因忙于鸭池河重大水利工程不能回老家团聚。

正月初四的上午，父亲接到县文化局电话，通知他当天回县，修改三套集成稿子交县长审阅付印。

父亲接到电话，立即收拾东西动身。对此，母亲颇有怨言：

“你一年到头不回家，过年到家板凳没坐热又要走。难道就不能拖几天陪陪崽女吗？”

李万增（第二排左三）在司头寨与妻子罗先梅（第二排左一）、三弟李万发（第三排左三）、五弟李万堂（第四排左三）、六弟李万本（第四排左一）、堂弟李万清（第三排左四）、堂弟李万寿（第二排左四）、堂弟李万一（第四排左二）、堂弟李万成（第二排左七）等部分亲人合影

一年兄弟难见几次面，大伯生气地说：

“冰天冻地大过年的你离家——该奖赏的也早该奖赏了，你是舍不得那个连芝麻不如的小馆长帽子吗？”

尽管如此，父亲还是告别家人，搭乘乡政府的车，冒着天冷路滑的风险，于当天下午回到了单位。

父亲一回到单位，连窗户的铁栓都没打开，就烧燃炭火，烧了壶热水，烤了个年粑充饥后，便忘乎一切伏身夜灯下，投入修改三套集成稿的工作之中。窗外天寒地冻，冷风呼啸，父亲就着木炭火的温暖伏案工作到深夜。银白的雪夜死一样沉静，房间里唯有父亲“刷刷”动笔的细微声响。已是深夜3点，父亲突然感到头昏，腹胀想吐，体力不支。他以为是连续工作的缘故，而后关灯上床休息。可是，头昏腹胀的症状更加严重，他在迷迷糊糊中忽然意识到可能是一氧化碳中毒，这才吃力地下床打开房门，房门被推开，父亲随即倒在了过道上……

不知昏迷了多久，父亲慢慢苏醒过来，摸进厨房想喝口凉水，还没到水池边就再次倒地。又过了好一会儿，父亲被冻醒。喝过凉水后才扶着墙壁回房间打开窗户，倒床入睡。第二天早上起来，险些被炭毒夺去生命的父亲吃了片止痛药，继续改稿。

当我们闻讯从南明去看望时，父亲已经交稿，然后带着尚未恢复的身体，奔赴温泉苗乡组办农民画培训班去了。

编辑出版被称为“世纪经典”和“文化长城”的“中国民间文学三套集成”，包括了《中国民间故事集成》《中国歌谣集成》《中国谚语集成》三套书，是落实中央星火计划的重大文化项目，剑河县委、县政府非常重视。1986年冬天，以杨天沛副县长为组长的剑河县三套集成领导小组宣告成立，父亲被定为领导小组成员，任办公室主任兼主编，负责编纂工作。工作任务繁重的父亲预感三套集成责任重大，诸多琐事难以应付，多次提呈辞职，宣传部杨部长一再拒绝：

“您是全国民间文艺家协会会员，是著名的文艺家，应该挑起重担。有什么难处，有县委撑腰嘛……”

上级旨意难违，父亲只能承担下来。

1987年夏天，三套集成编纂进入紧张阶段。父亲在领导小组及编纂会上提出设想：

“我县百分之八十七的人口系少数民族，民间文化蕴藏丰富，未得到深入发掘。近年来，我县民间文化工作者的采风活动基本上限于四区（盘溪区）的侗族地区，他们在这些地方做了不少工作，采集整理了数量不少的民间文学作品，在州和省内外发表了不少，并有了一定知名度。所以，四区侗族地区只需要对少数侗族村寨进行补查。我们的调查采风工作，要重点放在一、二、三区的苗族村寨，这是一个很大的范围，任务十分艰巨。建议充实编纂人员，组成4个采风调查组深入普查，争取明年年底之前完成采写任务，1989年上半年完稿付印。”同时，父亲还做了经费预算。他的方案和预算被批准执行。

父亲对普查工作做了详细分工：办公室副主任万必轩任故事副主编，与欧胜章、龙滕云、杨明光、田如生等10余人负责一区、二区、三区的全面普查；办公室主任、主编李万增与李明福负责四区侗族村寨补查，并负责完成柳付、太拥、展么、白道、瓮王等地的普查。普查工作顺利进行，于1988年9月结束。10月着手汇编整理。

集成编纂讲求科学性，既强调民族、地域、入集类型，又要保证质量。要抢在年底编纂脱稿，任务十分艰巨。1988年年底的几个月时间，编纂人员每天从早工作到晚上12点，节假日不休息——这是一场耗时费力的突击战。不巧的是，那些日子电站出问题，大家晚上只能以煤油灯照明。父亲主管编纂，万必轩抓后勤，工作有条不紊。在父亲的带领下，三套集成编纂团队经过两个多月的努力，从普查到的300多万字的资料中，选编故事卷30万字，谚语、歌谣卷30万字，并逐篇整理润色。父亲强调，要以公开发表为标准，避免文字粗糙。

12月26日，财政部门突然通知，年底最后一天过后将冻结印书专项经费。仅仅两天时间，十万火急，必须要提前商妥印书厂家。12月26日下午，大家集中就餐，商量赴芷江印刷厂联系印书的事情。原确定万必轩承办此事，但他却推说有事情走不开。没几天就过元旦了，其他人也支支吾吾。父亲看这情形，只好带着小田亲自出马。次日一大早，二人匆匆赴湖南芷江。经过洽谈，每页印价4.5分，超出预算，事情告吹。次日一早又赶赴怀化，洽谈依旧未成，随即直奔靖县印刷厂，经过几番商谈，达成合作，父亲随即电告县里汇款。父亲与小田终于松了一口气。

在回程的路上，小田说：“俗话说‘人过中年万事休’。您老虽然早已过了中年，但在工作干劲上比我们年轻人还高，您的事业之火真像冬风中燃烧的柴火一样旺盛热烈。”

父亲在《中国民间文学故事集成·剑河县卷》的序言中写道：

“不论古今中外，凡有人聚居的地方，都有各自的口头传说故事，这是因聚居的人群有着共同的社会生活而决定的。传说故事反映着人们的是非爱憎和伦理道德，记录着社会制度和经济生活。我们要研究社会，认识社会和改造社会，把人类引向理想的共产主义社会，不可不研究伴随历史演变而产生的大量优美的民间文学，不可不研究传说故事中所反映的丰富的社会内容。我们今天的社会是从昨天和前天发展过来的。不了解社会发展的规律，不了解人类的历史，就不可能深刻地认识今天的社会性质和今后的发展趋势。

“从我县三套集成搜集入卷的民间传说故事可以看出，定居在剑河境内的苗、侗、水、汉等各族人民团结友谊，互相尊重，和睦相处，在促进历史发展演进中，运用口头文艺的形式，反映生活繁衍，宣扬真、善、美，鞭挞假、恶、丑，赞颂英雄人物。民间文艺在民族地区，它渗透到社会生活的各个方面。从中我们可以窥见苗、侗、水、汉等各族人民的自然观，他们在伦理道德上的是非观念，以及他们的审美意识和他们在开辟生活，创造文明方面的精神活力。这些传说故事语言优美，寓意深远，具有科学研究价值和艺术欣赏价值。马

❖ 李万增先生任剑河县民间文学三套集成办公室主任兼主编

克思和毛泽东主席都非常重视民间文学，他们高度评价民间文学的历史意义及其社会价值和艺术价值。

“……失去一个民间艺人，就意味着一个民族文化小宝库受到损失。因此，抢救民族民间文化遗产的工作急在眉睫，必须抓紧进行，并付出艰苦努力。”

那几年，全国有无数的文化工作者为三套集成文化工程做出了不朽的贡献，父亲是其中优秀的一员。剑河县三套集成从组织、普查、编纂，从封面设计至付印成书，提前交卷，父亲可谓呕心沥血。

情韵滇西

母亲90岁生日的那天，堂弟李代虎问她：“二妈，你和我二爹一辈子吃了好多苦头。后悔吗？”母亲笑着说：“你二爹遭遇的磨难多了，脾气不好，遇到他动不动发火的时候我真是有些后悔。可是转念一想，他内心不苦怎么会发火呢？现在，你们下一辈当处长、局长，当作家、画家，这样有出息，我后悔什么呢？你们这么忙，还记得来跟我过生日，我在享你们福呢，不后悔。”

话虽这么说，母亲的人生是很苦的。例如她生我的时候，是生活最艰难的时期，父亲又不在身边，月子中经常下地割菜，煮猪潲喂猪……落下了风湿病。在生产队的时候，经常出工挨饿，落下了胃病。可是，母亲到了90岁都没什么危及生命的大毛病，这得益于她一辈子热爱劳动——在90岁高龄的时候，还因代然夫妇工作忙而抢着给上小学的孙儿做饭。而且她老人家活了一辈子，善良了一辈子。记得我小的时候，印象中，我去家族、寨邻家玩很少有东西吃，而家族、寨邻家的孩子来我家玩，家里只要有好吃的东西，母亲就会拿出来给这些孩子吃。

堂兄李代云问她：“二妈，我二爹一辈子让你最感动的是什么？”母亲乐呵呵地说：“要说感动我的事啊，要数他在我将近50岁的时候，带我去云南玩了将近一个月。”

因为父亲对民族文化事业做出了重大贡献，1989年阳春三月，父亲受邀随黔东南州民研考察组赴滇西考察，组织特批父亲可以带母亲同行。自从

“大跃进”那些年，母亲被下放回南明种地后，直到56岁农转非从乡下搬到城中居住，这期间她上县城的次数并不多。从没出过远门的母亲听父亲说要带她去很远的云南游览一个月，她怎么能不高兴呢？

3月26日，父亲、母亲与考察组乘火车至昆明，再改乘芒市专车往西。从不晕车的母亲一路上看不够风光美景，她一边看一边与南明、剑河比较。这一比较，她意识到南明剑河太小了。昆明宽阔平坦的地形逐渐远去，山势高峻、林木葱茏的景观迎面扑来。渡过波急浪涌的澜沧江，翻过山脉起伏的滇西山峦，景观突变，一线平川展现在眼前，再往前就是滇西德宏傣族景颇族自治州了。

德宏傣族景颇族自治州位于云南省西部边陲，与缅甸一衣带水，山水相连，是我国西南对外交往的一条重要陆路关口。“德宏”是傣语的音译，“德”为下面，“宏”为怒江，意思是“怒江下游的地方”。瑞丽江、大盈江是国家级风景名胜区，自然景观秀丽，金孔雀更是迷人。父亲向母亲介绍，这里是电影《边寨烽火》的拍摄地，前年热播的电视剧《西游记》好些内容也是在这里拍摄的……

这里最美的当然是少数民族的楼宇和风情。可惜父亲、母亲一行到达芒市的时候，日已西垂，大家只好按捺一颗急切的心，在芒市车站投宿。自治州文联的同志，搁下节日布置工作，前来看望父亲他们。亲人般的话语，至诚的问候，驱散了大家日行千里的倦意。

次日拂晓，《孔雀》编辑部的诗人小倪同志受文联委托，专程陪同父亲他们游览芒市傣家风光。芒市是自治州首府，坐落在一个宽阔平坦的坝子之中。坝子河渠纵横，湖泊如镜。芒市四周竹海茫茫，村落如繁星点点，有佛寺立于绿树、竹林、村落之中。大街两侧满是高大的热带树木，以油棕居多。母亲从没见过油棕这样奇特的植物，她边看边问，父亲兴高采烈地解答。当母亲在小倪的带领下，来到那棵粗壮的繁根缠绕佛塔的巨型榕树下的时候，看到树塔浑然一体，粗大的树干高耸入云，张开的树枝像一把巨伞覆盖塔顶。面对这难以想象的景观，母亲惊叹不已。

告别芒市，父亲一行在小倪同志的带领下继续乘车西进，驰向和缅甸一沟相隔的畹町市。畹町市与缅甸山水相依，鸡犬之声相闻，是西南陆路通往缅甸和东南亚国家的主要通道。虽然是春天，但这里是亚热带气候，午后骄阳似火，晒得大地滚烫。民研考察组在一家傣家酒楼用餐，品尝南国异乡的美食。这家酒楼在边境线上，中缅友好，两国村民来来往往，一片祥和。父亲带着母亲跨过国界，在缅甸的土地上照了几张照片——留下了母亲说她出过国的依据。

民研考察组驱车离开畹町市继续往西，驰过起伏的丘陵，通过千姿百态的古榕树，越过金光灿烂的宝塔寺停了车。大家在引人入胜的古迹处，留了张神采奕奕的合影，父亲和母亲也合了张影做纪念。而后继续驱车沿着急流西去的丽江前行，来到了大家期盼已久的瑞丽。

瑞丽是中国西南最大的内陆口岸，是重要的珠宝集散中心，是中国优秀旅游城市。

泼水节即将到来的瑞丽，游客人山人海。小倪同志告诉父亲一行："离这里不远处有个风光秀美迷人的好地方，电视剧《西游记》的好多内容就是在这儿拍摄的。这里的傣家风情更具特色。"于是父亲他们在诗人小倪的带领下来到大登罕。

❖ 李万增先生（右一）携妻子罗先梅（右二）与民研考察组的同志合影

果然是个好地方！首先映入眼帘的是一大片一大片望不到边的田垄平川，远远近近一丛丛的凤尾竹分布在田川四面，布局协调，生态悠然；一幢幢造型别致的竹楼隐现在绿荫丛中，如仙境一般；一群群白鹭从缅甸那边飞来，停歇在竹林、水边，它们或在水边步履轻盈，或在树梢伸颈顾盼，或在若隐若现的竹楼边盘旋；黑水鸟在路边水塘放开歌喉“哥嗝！哥嗝！”地啼叫，水牛在田间翘首旁观……傣族群众生活的这片诗意和谐的土地，让父亲母亲一行人陶醉其中。父亲掏出速写本用简笔画快速画了好几幅。大登罕的风光看不完，大家参观到很晚。当晚住大登罕傣家村寨酒店。

傣家的春夜是那般的宁静，飘着花香的夜风，隐隐送来雨打芭蕉的声息，使来客很快进入梦乡。

翌晨，天没大亮，父亲被殷勤的大水鸟“咕嘎——咕嘎——”叫声唤醒，他不想惊动母亲，悄悄带门出楼，楼外曙色清新。父亲深深地吸了一口新鲜空气，沿着河边堤岸朝淡淡的雾色中走去。他走在土红的堤径上，左边是轻漂的流水，几只水鸟在水面上划出弯曲的波痕，这波痕是水面的乐谱，水鸟在乐谱上弹奏出“咕啾——咕啾——”的乐曲。右边不远处是隐藏在凤尾竹丛中的傣家竹楼，有身着筒裙的傣族少女在井边担水，扁担在肩上起伏，女子畅步前行……晨光中这美好的景象牵出父亲的画意诗情，他从衣袋中掏出本子，快速记下脑海跳出的灵感。

吃过早点，大家怀着激动的心情深入傣家村寨采风。酷爱美术，也爱文学的父亲，以画面或文字的形式，将傣族人民丰收在望的蚕豆、小麦、甜菜、甘蔗，以及傣家别致的纺织品、生动的竹雕、古朴的竹器等，全都搜罗进素材本中。他特别喜爱傣家的凤尾竹，更陶醉于傣家人的衣着打扮。能歌善舞的傣族姑娘动听的歌声和言谈与柔软纤细的凤尾竹相映成趣，协调成滇西边陲优美抒情的旋律。

接下来连续几日，父亲带着母亲参观了庄房寺庙的祈佛活动，采访了傣民准备庆祝泼水节的舞蹈练习和傣族节日求水的仪式，观看了青年歌唱家金小凤的电影拍摄现场，走访了弄倒、娴相等地的乡风集市，他在速写本、笔记本上记下了丰富的滇西民族风情和文化资料。期间，父亲结识了乡党委的帅书记，结识了从省城师范毕业回县城任教的青年教师兼文学爱好者网沙，结识了勤劳致富的阿红夫妇。他们像剑河那些苗族侗族乡亲一样，盛情接待父亲、母亲这些远方来的朋友。父亲在与他们的交流中获得了许多宝贵的创作材料。

帅书记邀请父母到他家里做客，其夫人阿端手捧凉茶献到父亲的面前：“居冷令！”傣语与侗语吃凉水“记伦练”没有差异——傣语有百分之三十的词语与侗语相似。父亲来到遥远的西南边陲，听到不是乡音胜似乡音的话

语，很亲切。帅书记知识丰厚，他对父亲说：“古代南方的‘越’人，是我们傣族侗族共同的祖先。”

刚开始，父亲母亲对傣族姑娘喜欢镶金牙和傣族后生喜欢文身不理解，还以为是追求时髦，后来才知道这是傣家的传统：镶金牙才显得富贵秀美，讨人喜欢；男子在四肢和身躯文上几何图案、鸟兽、花卉、文字符号，姑娘才看得上。这就如侗族节日女子要周身佩戴闪亮的银饰、男子要脖挂银项圈才受青睐一样，是不同民族代代相传的风俗。

此来萍水多缘，傣族小伙阿哼尊重父亲是著名画家和民间艺术家，盛情邀请父亲参加他和阿英的婚礼。傣家嫁娶订在每年公历4月泼水节、10月赶摆节，和侗族的十月嫁娶节一样，其他日子是不兴男婚女嫁的。傣家不仅风俗别异，婚姻嫁娶也分外奇特。

4月10日下午，身背包袱的阿哼带着一群统一民族着装的伙伴和家人好友，一同前往阿英家。来到竹楼外，阿哼的母亲衣着整洁，用手捧着盛满精美糖果的竹盘站在队伍的前边。竹篱那边早已站着一群身着筒裙、身姿婀娜的姑娘，她们堵在竹篱门口一本正经地盘问上门做新郎的阿哼：

“阿哥，你来做什么？”

“我来上门。”阿哼答。“上门”的意思是婚后住在女家。

“你带来了哪样？”

“一双会劳动的手。”

“可是阿英不在家！”

“请阿姐阿妹帮忙把她找来呀。”阿哼掏出“买路钱”。

姑娘们接过“买路钱”，一阵欢呼，向寨里跑去。

这时，阿英正躲在好友家梳妆打扮。

拦路的姑娘们找阿英去了。阿哼乘机走上竹楼去见岳母，岳母赠送给阿哼一张大头帕，作为见面礼。

父亲了解到傣家婚俗与侗族不一样，这里的新房是设在新娘家里的。新娘家将往常竹楼的隔壁拆开，成为一间大厅。厅堂中摆着六张矮桌，父亲与其他男客及年长者席地就座，主人家非常热情，与父亲他们饮酒就餐。

不久，梳妆打扮艳美如仙的阿英返回家中。

阿哼和阿英坐在专置的小圆桌旁，由阿英的父母主持婚礼。父母把彩线分别拴在阿哼阿英的手腕上，新婚夫妻接受长辈们的祝福。

这是一次男方到女方家成婚的仪式。当然，傣家也有女方到男家婚配成家的。

第二天，父亲一行告别了傣家朋友，告别滇西名胜大登罕，兴致勃勃地赶往瑞丽城参加闻名于世的傣族泼水节。

民研考察组来到瑞丽。泼水节开始了，人流如潮，水花四溅，人们兴高采烈，相互泼水祝福。瑞丽从城市到乡村，到处笑声欢腾。特别是姑娘小伙们，笑声朗朗，不断地将盆中的甘露泼向他人……参加活动的人们从头到脚，周身湿透，尽情地享受这份难得的乐趣和幸福。姑娘们知道父亲是采风画画的异乡人，淋湿了不方便，善解人意的她们只是以树叶蘸水洒在我父母身上表示祝福！参加泼水节，母亲大开眼界，开心欢快。

父亲受邀来到政府门前的广场参观。此时的广场一片沸腾，德宏和瑞丽里的党政领导正在锣鼓、鞭炮、号角声中举行节日剪彩。广场上龙凤腾飞，狮象呈祥，舞姿婆娑，欢乐异常。

父母有缘参加这盛大美好的节日，他们尽情地分享这份瑞丽人民的幸福。父亲说这是他和母亲人生中的幸运。

三天泼水节过后，民研考察组的同志们怀着依依不舍之情告别诗人小倪、告别瑞丽，驱车南行，由陇川县爬越高入云天的莽莽原始森林，绕过迷雾朦胧的黄泥岗，再把盈江县、梁河县抛在身后，来到腾冲县。腾冲地处亚欧板块与印度板块相撞交接的地方，地质史年代发生过激烈的火山运动。正是两个大陆的漂移碰撞，使腾冲成为世界罕见并且最典型的火山地热并存区。父母亲他们在这里见识了火山口，瞻仰了艾思奇故居。艾思奇是中国著名的理性主义哲学家、教育家和革命家。他一生刻苦钻研，勤奋写作，立场坚定，忠于祖国和人民，为中国革命和社会主义建设奋勇战斗，在理性主义哲学的传播和发展上，做出了重大贡献，被毛泽东称赞为“中国的理论领域的忠诚战士”。父亲读过艾思奇的《大众哲学》，对他充满敬意。

这天，父亲一行住在腾冲云峰山半山上。第二天黎明时分，云海沉沉。父亲他们赶上山峰，只见一线天边已经泛出红颜，慢慢地，一轮红日冉冉升起，顿时照亮了刚才还是一片色泽混沌的东方。父亲母亲陶醉于初日朗照下的云雾奇峰、高山峡谷、山林田川中。曾经在云南边陲度过戎马生涯的杨

光全同志招呼父亲："老李，你看远方天地间那片辽阔无垠、袅袅烟云的地方，就是我们即将要去考察的南诏古国大理……"

大理位于云南中西部，是家喻户晓的电影《五朵金花》的故乡，是著名的历史文化名城。隋唐时期，在唐朝的支持下，南诏先后征服了西洱河地区诸部，统一了洱海地区，在大理建立南诏国。到了宋代，南诏灭亡，大理国的开国国君段思平建立政权，实行新政，改革旧治，推行礼治，取国号为"大理"。理，治也，"大理"意为大治理。现在，大理是一个白族居多的自治州。大理地势东高西低，东边高入九天，海拔4000多米的苍山云气环绕，终年积雪。其实苍山不是一座山，是19座雪峰的合称。

考察大理，了解白族，是这次西行采风的一个主要目的。来到大理，民研考察组的同志们在大理州文联小李同志的带领下，首先考察大理古城。大理这座历史文化名城在洱海苍山的映衬下风光优美，城楼雄伟。城中有一条贯穿南北的古老大街，大街小巷流淌着潺潺清澈的溪水，流淌出古城的灵气。城内众多的古建筑，灰砖泛白，诱人思索回味。父亲一边听着讲解，一边记录涂写，砖缝中探出的杂草、墙上的飞宇、石板上的沧桑字迹等逐一进入笔端，被父亲收藏在本子里。

接着采访"五朵金花"出生的地方，并重点观赏了奇异幽静的蝴蝶泉。此泉位于大理城北20千米云弄峰脚下，它像一颗透明的宝石，镶嵌在绿荫之中。蝴蝶泉宽二三丈，泉水清澈，有一古树横亘水面，绽放的花朵似彩蝶，引来飞蝶聚舞，一只接着一只"连须勾足"，从古树枝头倒吊到泉塘水面，形同彩带垂悬，堪称苍山脚下的一大奇观。父亲一行到此，正是最佳观赏季节，千载难逢。母亲边看边赞叹。

来到苍山脚下，文联小李给大家讲了一个忧伤凄美的故事。传说古老南诏公主阿凤，厌烦宫廷生活，爱上了忠厚勤劳的穷苦猎人阿龙，遭到南诏王的反对。他们怀着生死不离的情意逃向苍山玉奇峰。由于公主衣衫单薄，难以御寒，阿龙往河东高僧那里去借寒衣。阴险的法师罗荃用魔法把阿龙推下洱海丧生。公主盼呀盼，等呀等，望穿云海不见阿龙归，心情忧郁寂寞，终因等不来心上人跳崖自尽。之后，每年八月至九月间，玉奇峰上一朵白云倏起倏落似盼望阿龙的阿凤，故而人们把那朵白云称作"望夫云"。

在接下来的大理民族风情座谈会上，中国民间文艺家协会会员、中国曲艺家协会会员施珍华先生，向民研考察组详细介绍了大理的历史和白族的风情。

白族有民族语言，但汉字自古以来一直为白族人民通用。白族人民能歌善舞，不论男女老幼都会唱歌，喜欢在山间、田野唱山歌，声音高亢，相隔二三里都能听到。白族民歌为四句式，格律严谨，接近格律诗。

施珍华先生说，大理“三月三”是白族民歌绽放的著名节日，是中华民族文化中光辉灿烂的文化遗产。

转回昆明已是4月23日，滇西考察将告结束。父亲考察收获丰厚，偕同母亲信游西山。他们顺着林荫山道，路转山回，漫步向前。过了太华寺，在一片松柏丛中长眠着人民音乐家聂耳。瞻仰过聂耳墓，他们踏着嶙峋石级，稳步登上一劈如削的西山龙门。父亲站在崖边巨石上仰望白云悠然的蓝天，一只雄鹰在空中飞翔；远眺烟波浩渺的滇池，它既有湖泊的秀逸和韵味，又有大海的气势和情调，真可谓湖光山色秀美壮丽。此情此景，父亲感慨抒怀：

几度龙门（之一）

龙门观沧海，风波逐年华。
无缘堪白首，有志惜生涯！

昆明西山，滇池龙门，勾起了父亲对十几年前的回忆。而今，令人难忘的岁月已经成为遥远的过去，灾难深重的祖国发生了天翻地覆的变化，苦受压抑的人民获得了当家作主的权利。想到这，父亲满怀对党和国家的感恩之心！

苗山彩虹

1987年秋天，父亲下乡到久仰苗寨。正值水稻收割的时节，寨前鱼田、山湾冷水田、山梁梯田，成熟的稻子金灿耀眼。父亲从正在收割的田边走过，装满箩筐的新谷和田间的草垛散发出秋天的气息。他放眼四望，晒谷坪、晒席、村道上，到处都晒满了金灿灿的谷子。这个季节，金色就是苗寨、田川的主旋律。

时间已是午后，有个爱好美术的苗族后生见到父亲手拿画板写生，硬要拉父亲去他家吃鱼，父亲拗不过他，只好去他家做客。好客的苗族老乡宰鸭，炒腌鱼，炖新鲜稻花鱼。小伙子在房侧晒满新谷的晒谷坪上扫出一块空地，摆桌子，上菜。这时日已西垂，凉风习习，父亲与六七个打谷回来的苗族男子坐在四面都是新谷的晒坝中间，吃鸭品鱼，饮新鲜米酒……吃着，喝着，有位老者唱起了粗犷欢快的酒歌，点燃了情绪，酒歌一首接一首地唱了起来。酒歌伴酒，情意绵绵，其中有家里来客人的高兴，有粮食丰收的喜悦。父亲不怎么会饮酒，但喜欢这情境，感受尤深。没过多久，父亲创作了《久仰人的歌》。这是一幅套色木刻——在黑白主体中套上了布满画面的金色，热烈，欢快，激昂。这幅作品在构图上吸取了民间背带花装饰图样，中间人物围坐方桌，四面新谷遍地，像金色的沙浪般延伸到画外，金色满眼扑面而来。人物刻画选择了苗家唱着酒歌喝转转酒的情景，画中的人物写实中不乏夸张，粗犷中又有细腻，举酒欢歌却神态各异，非常形象地展现了苗族人民对生活的热爱以及丰收的喜悦。父亲独特的审美、高远的艺术眼界、严谨的创作态度在这幅画中得到了充分的体现。跟他的其他作品一样，这幅作品生活气息浓厚，意境深远，民族特点浓郁。

这件作品问世后，出现过一个小插曲。1988年秋天，一位来自台湾热爱美术的商人，托父亲的熟人引荐，要出一万元购买《久仰人的歌》。父亲很高兴——有人赏识自己的作品怎么不高兴呢？可是这位商人很精明，他要连这幅画的底板一起买，父亲不同意。他不断加钱，父亲仍旧不同意。那时候，一万多元不是小数目。可父亲说这不是钱的问题。

父亲说："常在乡间走，头脑里总蹦出一幅幅具象的画面，于是意到刀随，情物两成。"这是父亲创作的秘方。

研究父亲这个阶段版画作品的一些评论文章都提到一点：父亲的版画有民间绘画的风味。确实，父亲1986年之后的作品，如《龙舟竞渡》《伴嫁》《请来侗乡吃油茶》等，都吸收了侗族苗族服饰刺绣等民间美术的特点。父亲巧妙地运用民族元素，在版画独有的线条与色彩的海洋里遨游。例如，父亲入选"全国首届风俗画作品展"的版画作品《请来侗乡吃油茶》，就因"有浓浓的民间绘画特点"而获奖。

1989年5月，父亲受邀出席在北京举行的"全国首届风俗画获奖作品展开幕式"，认识了中国美术馆馆长、中国美术家协会副主席、杰出雕塑家刘开渠先生。刘馆长请他到家做客，在交谈中，刘馆长高度肯定父亲所走的路，鼓励他："你也知道越有民族性就越有世界性的道理，苗侗民族风情是一块未经美术开发的处女地，你的作品有强大的生命力。希望你继续将版画的木味与民间绘画简朴、稚拙的风味结合起来，努力探索，拓展民族风情版画的空间，创作出更加优秀的作品。"刘馆长特别强调："你的版画有民间绘画的味道，这是好东西，不能丢。"刘馆长的话语如春风般拂过，让他更加执着于自己追求的事业，做出成绩。刘开渠馆长是人民英雄纪念碑的主要设计者，是文化部授予头衔的人民艺术家，是中国美术界的卓越领导人。他的指点和鼓励给父亲的努力指明了方向。遗憾的是，1995年春天，文化部在中国美术馆举办"李万增民族风情版画展"的时候，刘开渠先生已于两年前离世。父亲在美展开幕式的致辞中深情地表达了对刘开渠先生的纪念、谢意和敬意。

刘开渠先生的关怀教诲，鼓舞了父亲在民族风情版画创作上扬帆前行，也坚定了父亲大力开发剑河苗乡农民画的信心。

❖ 久仰人的歌（50×50cm）

步入文艺春天的父亲，就像农民忙春耕一样，没完没了地忙碌心爱的事业。父亲除了行政工作、社会兼职和群众文化业务，还有自己心爱的美术和文学。但父亲对事业不会像猴子掰苞谷那样掰一包丢一包，虎头蛇尾，而是持之以恒地播种、浇灌，让它冒芽成长，并开花结果。由于不计时间地工作，他的身体变得越来越瘦弱。1985年初冬的一天，一个好心的同事关心道："李馆长，'留得青山在，不怕没柴烧'，要保重身体！"父亲也想注意身体，但他没时间保重身体。

温泉苗乡农民画培训就是在父亲身体状况不佳的时候开始的。

父亲在温泉苗乡培训农民画可追溯到20世纪五六十年代，那时父亲到温泉苗乡发掘民间文化遗产的同时，组织培训过农民画画。温泉苗乡有上千年的刺绣传统，刺绣作品精美绝伦。刺绣本就属于民间美术，他在培训中发现这些不识字但会刺绣或其他民间工艺的苗族青年手巧得很。1975年春夏之交，父亲出席昆明户县农民画展会议，看到出自户县农民之手的那一幅幅想象大胆丰富，风格浪漫稚拙，装饰意味强烈，古朴中流露天工的"不按规矩出牌"的作品，耳目一新，他就有了在剑河培养一批农民画家的想法。

1985年冬天，他收到上级鼓励培训农民画的通知，立即召开文化馆工作会议，把这个想法提了出来。有同事怀疑：温泉农民大部分连汉语都不会讲，与他们沟通都成问题，更何况他们基本没什么文化，怎么能接受美术光色的形象原理呢？父亲讲了自己的认识和实践，讲了户县农民画和贵州大方县开发农民画成功的范例，统一了认识。他进一步强调说："组织培训农民画，开发民族智慧，让农民摆脱愚昧，我们文化工作者责无旁贷。剑河县苗

❖ 李万增先生在温泉苗寨给学员上课

侗人民占总人口的百分之八十七，温泉农民画发展起来，会形成很好的辐射效应。培训农民画画是开发民族智慧、振兴民族经济的举措，功在千秋。”

父亲提交的《培训农民画开展文化扶贫报告》引起了政府的重视，组织农民画创作正式纳入文化扶贫项目。

1985年初春，父亲带领年前从师专美术系毕业的小杨来到温泉乡。

剑河县温泉乡因温泉苗寨后边的山塆有多口温泉而得名。温泉苗寨依山傍水，依山筑楼。木质结构的吊脚楼鳞次栉比，错落有致。大大小小的菜园分布在房屋之间和寨子的边缘。古铜色的木楼，绿油油的菜畦，寨口的风景树，以及寨子背后的葱翠林木，被石阶联系成特别的风景，在春风中展现出不一样的诗意。

父亲和小杨在欧村长的带领下，踏着石阶路逐户考察了苗民的刺绣、挑花、剪纸等传统艺术保存情况。看到许多木楼都有女孩坐在自家楼廊“美人靠”上做刺绣针线活，父亲走过去观赏交谈，了解到民间传统艺术尚保存完好。接着召集几个寨子里的年轻人开会动员，再在四乡贴出招收农民学画的广告。报名人数众多是在父亲的意料之中的——文化馆的画家下乡来免费培训，有进取心的年轻人怎么会不动心呢？经过择优录试，录取学员28名。4月，剑河县首届农民画培训班正式在温泉苗乡开班。首批学员有欧德花、刘胜学、刘春柴、伍永之、张英花、张宽花、田维阿、欧秀美、张秀花、欧秀辉、田文芬、刘胜兰、田景英等苗族青年，他们都有一定的民间艺术基础。从此以后，这些苗族青年开始了从拿锄头、针线到提笔调色作画的转换。后来，他们中的大部分都成长为温泉画乡的骨干力量。

父亲对小杨说，要力争在首期为时一个月的培训里拿出作品送省里参展、销售。小杨不敢相信，这些目不识丁的农民在短期能创作出登大雅之堂的作品？其他同志也以为是天方夜谭，甚至有的同志开玩笑说“李馆长是在搞浮夸，哄上级”。父亲淡然处之，他要用事实说话。

父亲和小杨花费心思，认真研究教案，提出“农民画与专业画培训方法应有不同，教授农民画全国上下尚无成规的方式和教案，须要依据实际条件开展教学，并用三分之二的时间来教授创作”的教学方案。教师仅父亲和小杨俩人。我父亲称为小杨的这位年轻人名叫杨光平。杨光平擅长国画，工作踏实认真，是位务实的青年。父亲和光平从教会学员拿笔开始，手把手地逐步培养他们调色、构图、创作的技巧和能力，花大力气指导他们制作草图、创作作品。

在苗寨开办农民画培训，有些情况是意想不到的：上课时间地点统一，但学员路程远近不一样，家庭负担重和家庭负担轻的也不一样；集中上大课，但学员文化程度不一样。根据实际情况，父亲临时调整策略，将培训调整为以针对性辅导和个别辅导为主。

正值4月阴寒天气，阴雨天冷时冻得周身发颤，天晴升温却闷得汗水淋漓。父亲已年近花甲，加上身体不好，每天早上9点至下午5点，与光平轮番辅导，讲得口干舌燥，精疲力乏，多年的老胃病时常发作，就临时吃几粒胃舒平、去痛片止痛……时间过得快，转瞬之间，为时一个月的温泉乡首届农民画培训班结业了。父亲把28名学员创作的40多幅农民画布置在乡公所会议厅，这些画色彩秀美、情趣迷人，吸引着苗乡群众前来参观。省扶贫队杨队长观赏画作，感慨不已：

“真想不到，仅仅一个月时间，李馆长你俩把拿锄头的苗族农民培训成材，创作出如此感人的作品……”

这些经他和光平指导过的年轻农民的作品，有的把苗族刺绣的图案巧用其中，风格质朴，色彩鲜明，造型独特，呈现出典型的装饰味道；有的色彩丰富，复杂多样，对比强烈，用大胆的夸张使画面具有强烈的视觉效果；有的看似不合透视法则，采取的是无拘无束的平面构图形式，把平视和俯视融合在一起，但让人耳目一新……这一幅幅独特的作品都是美术扎根于苗族群众盛开出的艳丽花朵。

值得一提的是，父亲在手把手指导这些苗族学员作画的时候，不知不觉地把自己的创作理念融进学员的创作之中。反过来，这些学员原生态的构思、构图、用色所体现出的奇特想象也影响了父亲的创作，让父亲的版画作品更具民间绘画的风味。

回到剑河县，父亲经过反复推敲，精选4幅作品送省评选，其中欧德花的《苗山彩虹》脱颖而出，被选送北京参加由国家民委、国家教委、文化部联合举办的“中国首届农民画展览”，并荣获二等奖。同时，这幅《苗山彩虹》与父亲的《请来侗家油茶》一同入选《中国现代民间绘画选萃》，译成外文出版。

特大喜讯传到剑河，传遍苗山。县政协副主席陈仕辉、团委书记杨昌银及民委主任欧胜吉到温泉乡参加农民画获奖颁奖盛会。陈仕辉在讲话中充分肯定了组织农民画培训的成效，以及文化馆借助农民画开展文化扶贫的深远意义。

温泉农民画创作培训旗开得胜，父亲踌躇满志。从那之后，农民画创作培训成了文化馆的一项重要工作，成了父亲致力苗乡文化扶贫的事业追求。他从长计议，坚持每年到温泉乡办一期农民画创作培训，不断探索，不断发展新生力量。此外，他还每年定期集中温泉民间绘画骨干到文化馆培训，一个季度一次。没有场所，父亲就把办公室、保管室腾让出来给学员居住，请学员到家里搭伙吃饭，与他们结下亲人般的友情。学员对父亲和小杨的培养和关怀深为感动。

欧德花农民画作品《耕》

不枉父亲和光平对民族文化扶贫的一片深情，剑河农民画结出累累硕果。几年中，有400多幅作品参加各级展览，有200多幅作品在州、省、全国和国际获奖。苗族王正秀的作品《苗族芦笙节》，1988年获“全国少数民族书画大赛奖”，荣获文化部、国家民委表彰。刘胜学的作品《游方歌》在第二届“中国文化博览会”上荣获一等奖。欧德花等人的31幅作品分别获全国民间绘画大赛金、银、铜奖。王正秀等人的作品被译成外文出版。刘胜学、姚勇、张宽花、曾昭君、田如芬、刘胜蓝、欧德花、欧秀辉等人的数十幅作品，被美国、日本以及中国台湾画商收藏。1990年夏天，美国韩丁博士、邱才博士及日本、法国艺术家专访剑河民间艺术，走访温泉苗族乡，实地考察民间绘画创作情况，令他们惊叹不已，他们毫不犹豫地收藏了10余幅剑河农民画。州、省及全国媒体开始大量宣传剑河农民画，省长王朝文同志出席“贵州少数民族农民画展览”开幕式，接见苗族画家欧德花，并合影留念……仅仅几年时间，剑河农民画已经蜚声国内外。从此，剑河温泉这个从来没受过外界关注的苗族村寨，开始在世人的眼中闪耀出民间绘画的光芒。

剑河县被文化部命名为“中国现代民间绘画之乡”

1991年6月，特大喜讯传遍贵州苗山，剑河温泉被文化部命名为“中国现代民间绘画之乡”。

在县委、县政府为此组织召开的庆功会上，父亲面对来自州、省及县委、县政府的领导和各界来宾，满怀激情地作了题为《苗山彩虹》的发言，赢得阵阵掌声。

我多次见过美丽非常的苗山彩虹。我想，雨后清新，碧空如洗，苍翠的苗山上经太阳光的折射所出现的那道迷人的彩虹，神采奕奕地弧跨在山野川谷之上，它也弧跨在父亲那能装得下崇山峻岭的心中。

荣誉授予有心人

父亲酷爱民族文化事业，笔名“耕牛”是他人生的写照。他就像一头不辞艰辛的老牛，不分春夏秋冬，不管寒冬酷夏，奋力耕耘在贵州东南部这块文化贫瘠的土地上，享受从播种到收获的人生乐趣。

作为文化馆馆长，父亲承担着繁重的群众文化工作和各种文艺培训工作，且卓有成效，出色的工作业绩使他成为州、省乃至全国的榜样。

不管工作有多忙，父亲每年都有10多件版画新作问世，并入选国内外展览，和在省级以上刊物发表、获奖，还经常有作品被送往美洲、欧洲及东南亚展出和珍藏。此外，他每年还有几十篇文学作品、论文，在各级刊物上发表、获奖。他组织农民画培训的优异成绩已扬名海内外。农民画创作培训走上正轨后，他又把组织辅导工作延伸到了少儿民族画创作培训方面，仅仅用了一年多时间，就推送了近百幅作品入选省展、国展和参加各级少儿作品比赛，有几十幅作品获大奖，成绩誉满国内。这时父亲已年过50，他的干劲和成绩被领导看成奇迹。

从1982年开始，每年春节前夕，剑河县四大班子主要领导都会登门给父亲拜年，领导的这份情义父亲在心里充满感激。1989年春节前夕，从省里下来挂职的县委副书记翟春宝到我家来看望父亲，看到父亲身形消瘦，他关切地说：“老李啊，工作再忙都要在乎身体。您身体垮了，那不仅是剑河、黔东南的损失，更是整个贵州美术界的一大损失……”春节过后，经翟副书记提议和有关部门讨论决定，剑河县第一次从紧张的财政中挤出一部分经费为高级知识分子进行全面体检。父亲工作忙碌，平时很少上医院，大小病痛只

是上诊所买些药就算了。这次，他满怀感激之情，一大早赶到县医院参加体检。县委组织部沈健部长陪着医师，给父亲等几位高级知识分子一个部位一个部位地检查。经过心电图、B超、透视、验血、胸腹听诊等全方位检查，放射科医生用关怀的语气对父亲说：

“李老，您患有慢性肠胃炎及胃下垂，必须医治……”

父亲总把事业摆在首位而忽视了身体。在翟副书记和沈部长的关怀下，父亲入院治疗。在治疗过程中，杨天沛县长和翟春宝副书记、沈健部长几次到病房看望。

1990年春天来得早，父亲刚从南明老家过春节回城没多久，县城对岸山岭上的野樱桃花已经一片片地怒放如雪。一个暖阳天，父亲坐在办公室门口的阳台上面对远山刻画，文化局副局长杨胜彦专程过来告诉我父亲：

“李老，县里将要评选‘拔尖人才’，我们系统研究决定推荐您，辛苦您抽时间把材料整理好……”

父亲把杨副局长请进办公室，推辞说：“我前年被省总工会民政部门分别授予‘贵州省自学成才奖’和‘孺子牛奖’，去年又被州里表彰为先进工作者，这‘拔尖人才’推荐其他同志吧。”

“老李，在县里您的成绩没人能比，这些奖励非您莫属。”杨副局长的话中充满敬意，“评先进就要评出能起带头作用的先进，不能一团和气轮着来。”父亲不好再推辞，只得如实整理材料呈报。这年，父亲作为高级知识分子的杰出代表，入选首批“拔尖人才”。

1990年末，父亲被文化部授予“全国先进文化馆长”荣誉称号。

“全国先进文化馆长”颁奖大会于12月26日在贵阳举行。剑河县分管文化的李昌能副县长接到省文化厅通知，随即安排文化局局长陪同父亲出席会议。杨佐云局长通知父亲说政府已安排专车，第二天一早动身赴省，并嘱咐父亲要备好防寒衣服。

不料，一夜雪花遍地白。一早，昌能副县长来到我家：“李老，雪太大了，驾驶员不敢出车。只能等几个小时看看融雪情况再定。”将近中午，昌能副县长派人过来说天气没有好转迹象，怕出交通事故，只好放弃赴省计划。父亲想，整个黔东南州就他一人获得“全国先进文化馆长”荣誉称号，这是上级对自己几十年人生辛酸、艰辛付出、发愤图强取得骄人成绩的肯定，而且这成绩不仅仅是自己的，也是剑河县、黔东南乃至贵州省的，不去参加有愧于政府，也有愧于自己。这样想着，父亲抱着侥幸心理提上行李赶赴汽车站，好在公交车未停。于是父亲乘上了开往省城的公共汽车，独自一人迎着冰冻寒天上省开会。

这是极为隆重的盛会。

在欢乐悠扬的乐曲声中，两鬓斑白、双眼深陷的父亲走上领奖台，从王厅长手中接过荣誉证书和金光灿灿的奖牌，会场掌声雷动，现场洋溢着欢快热烈的气氛。几十家报刊、电视台记者，用相机、摄像机把父亲的兴奋镜头记录了下来。这是贵州文化的幸事，贵州省、贵阳市等几家电视台在黄金时间播放了新闻，许多报纸纷纷在头版刊发新闻和人物报道，称赞父亲是中国文化界的楷模。这些报道在贵州苗岭引起强烈反响。

贵州文化界对父亲并不陌生，他从事民族文化工作已经38个春秋，在组织群众文化、发掘民间文化遗产、开发民族智力和培养人才，以及繁荣文艺创作等方面，倾耗心血，创造出一个个文化奇迹。省里文化界的朋友为他高兴，向他致贺。

父亲虽历经磨难，但他却将这看做是锻炼。

十一届三中全会的春风，复苏了父亲的艺术生命，他恢复工作，回到文化馆，重新从事他所钟爱的文化工作。他拼命工作，尽显一片对文艺的赤子之心：他要尽己所能，改变苗族侗族地区文化落后的面貌。父亲发奋工作的形象已经深深地刻在了他身边同事的眼里，他做出的一个个成绩沉甸甸地摆在大家面前。1983年，父亲任文化馆馆长，被选为县人民代表大会代表、县科协副主席、县政协常委、州美协副主席……还入了党。他踌躇满志，忘我工作。父亲是馆长，又是业务骨干，除了主持文化馆日常工作，还要主持群众文化活动。享誉苗岭的“高坝歌会”，闻名贵州、湖南、四川三省交界的“六月六”民歌大赛等群众文化品牌，是他带领文化馆的同志历经艰辛打造出来的；“湘黔桂三省区侗族画展”“湘鄂川黔五地州美展”“十一县市美展”的成功组织并定期举办，里边有父亲的智慧和心血的付出；“橱窗阵地宣传”、各个民族节日丰富多彩的文化活动等工作事无巨细，父亲合理布置工作并严格把关。1985年以来，父亲把工作重点放在民族地区文化扶贫事业上，带领杨光平同志组织辅导的农民画、少儿画作品走出苗岭大山，走向国内外。在父亲文艺创作精品频出的影响下，剑河县文艺人才茁壮成长，每年有30多位美术、文学爱好者在各级报刊发表作品和获奖，有的成为各级美协会员，有的考上了艺术院校……父亲为振兴民族文化发愤图强，付出的精力没有白费，他深感欣慰。

父亲工作之余，便把自己关在小屋里潜心艺术，搞创作，构筑他的艺术世界。母亲操持家庭的苦衷，儿女学习与就业的情况，他都无暇顾及。由于过度操劳，他经常头晕眼花，吃不好，睡不好，肠胃病也在无情地折磨着他。他总是很消瘦，两眼凹陷。

父亲廉洁奉公，忠于职守。由于剑河县财政困难，父亲出差都自觉降低住宿标准，选住最廉价的房间，放弃高级知识分子的差旅享受，尽可能地为国家节约差旅费用。像父亲这样想国家之所想的“傻子”（跟他一起出差的人称他为“傻子”），不论在他那个年代，还是在如今都是不多的。他是一个真正把国家当成家的人。

那些年，在人才流动的大背景下，在剑河工作多年积累了资历且具专长的人员，相继上调离开了剑河。已经功成名就的父亲在剑河这个县城里是最有条件往上走、往外调动的人，但他没有离开。他对我说过：“家乡的民族风情犹如富矿，我在这里如鱼得水，我年纪这么大了，为什么要选择离开呢？对于我来说，脚踏家乡这块实地，更能做出成绩。剑河文化还落后，我在这里多做出点成绩，就是为家乡的发展多做点贡献。”所以，省外多地想

❖ 李万增被文化部表彰为“全国先进文化馆长”

把他作为难得的人才引调，他没走；黔东南师范专科学校美术系调他去任教，他几经思索后放弃了。对此，社会上的人不理解，连他的一些亲人也不理解。

父亲默默地追求，艰苦地拼搏，历经沧桑，成绩越来越丰厚，在县州几乎无人能比。从1983年开始，父亲连年被评为县、州文化先进工作者，被表彰为全省农村文艺先进工作者、全省自学成才先进人物，获贵州省“自学成才奖”“孺子牛奖”，多次荣获国内外美术作品奖。他工作的单位多次被评为县、州先进单位，是州、省少有的业务达标单位。

而今父亲又站在了“全国先进文化馆长”的领奖台上，他接过光灿夺目的奖牌的时候，热泪盈眶。他深情感谢党和人民的信任和肯定。

荣誉授予有心人。这份激励是父亲更加努力工作的内在力量。

为了黔东南的美术事业

1991年10月11日，父亲和他的好友杨念一筹办的“黔东南州美术作品展览”在凯里（黔东南州州府）闭幕。在这次展览中，父亲那幅费时3年创作的被称为“中国版画第一长卷”的《侗乡集锦》参加展览，激发出群众的参观兴趣——大家都想看一看“中国版画第一长卷”的风采——国庆期间，观看展览的群众络绎不绝。这幅版画长卷创作于1988年至1990年，作品将北侗独具特色的民族风情按时令季节的次序，巧妙地组合在长长的画卷上。侗族风情的诗意与粗犷的木刻刀味自然结合，生动地再现了苗岭侗乡人民丰富多彩的生活。这幅画在1990年的国际“米公杯”美术书法大赛中获奖并被收藏。

这届“黔东南州美术作品展览”是一次高层次的地方美展，杨念一、龙开朗、蒋志伊、李万增等当地美术大家都拿出自己的代表作参展，给黔东南人民送上了一份国庆大餐。

父亲和杨念一是这次美展的主要策划者和筹办者。杨念一是全国政协常委、黔东南政协副主席，中国美术家协会会员、黔东南美协主席、著名油画家。他与父亲有几个共同点：一是凡是做什么事，不做则已，只要做就一定要做好；二是正直有为，都对黔东南的美术事业做出了突出贡献；第三是相互无猜，心明眼亮。当然也有不同，那就是杨念一抽烟，父亲从不抽。不过后来他的这个爱好被父亲同化掉了——成功戒烟。这年8月是父亲最忙的时候，父亲没时间上州里去，杨念一就下到县里与父亲商量筹办这次美展。到了9月，父亲工作轻松些，几次上凯里与杨念一等人一起审画稿，布置展厅，安排开幕式。

因为有像父亲、杨念一这些志同道合、情志高洁的画家的齐心合力，黔东南州的每一届美术作品展览都举办得非常成功。1989年，贵州省美协把“黔东南州美术作品展览”请到省城贵阳举办。一幅幅国画、油画和版画，展现了黔东南村落的古朴，苗侗吊脚楼的清新，苗侗风情的神奇，苗侗姑娘节日着装的绮丽，以及古榕影水的诗意和杉林如海的气韵……

1984年，父亲在黔东南州文学艺术联合会成立代表会上，被选为文联委员，与杨念一同票被选为美协主席。父亲诚恳推辞：“谢谢同志们的抬爱，我非科班出身，虽然勤奋，但美术功底比不上念一。再则，我工作在基层，不方便统领黔东南美术活动的开展，有碍我州美术事业的发展。请大家同意我辞去主席人选。”

龚宗唐局长接过父亲的话直言：“我们这里边就您曾经是早期省文联绘画组成员，这些年来成绩最突出的也是您，只有您最适合担此重任……”

在父亲心目中，杨念一才是黔东南州美协主席的最佳人选：当时杨念一是州群众艺术馆馆长，业务能力、组织能力都很强，而且比父亲年轻。父亲再次感谢大家的信任，并再三推托。最后，杨念一任主席，父亲任副主席。常务理事有龙开朗、蒋志尹、代聚一、龚宗唐、张政炳、乔兴、吴建伟（兼

❖ 黔东南美术家合影。左起：李万增，龙潜增，陈长皓，龙盛江，杨通河，杨念一

秘书长）。会后，增补苗族代表杨通河同志为副主席。

从此，黔东南的美术工作者有了自己的组织。在美协理事会的率领下，携手团结奋斗，迈步向前。

杨念一20世纪60年代由贵大艺术系油画专业毕业，为人正派、厚道，有能力，有一颗振兴黔东南美术事业的热心。父亲以实际行动大力支持配合他的工作，美协事务、大小会议、各项工作父亲从不缺席。两人志同道合，正直爽快，结下了深厚的友谊。

1993年初夏，父亲因为严重的肠胃炎住进了黔东南州医院。从父亲住进医院那天开始，念一叔每天吃过晚饭都要步行几千米到州医院，陪伴父亲一个多小时，两个多月天天如此。他们在一起总是有聊不完的话题，笑声朗朗。真是“合意客来心不厌，知音人听话偏长”。

父亲刚入院那几天，我和妻子抱着刚出生几个月的儿子去探望父亲。念一叔听说我儿子还未起名字，第二天到书店买了一本专门给小孩起名字的书，与父亲一起研究了半个月，给我儿子取名李思嵚。从此，这名字伴随我儿子茁壮成长，考进浙江大学。

透过父亲与杨念一的友谊，可以看出黔东南美术家协会这个团队的凝聚力。

黔东南美协成立后，杨念一和父亲等同人克服经济困难，千方百计筹集经费组办美展，组织作品参加省和全国美展。经过几年的努力，发展壮大了美术队伍，新增了一批州、省级会员。协会的发展离不开理论研究提升，为了培养理论人才，黔东南美协定期每年几次开展作品研讨会，并内部出版多期美术论文集。

为了提升黔东南画家的创作实力，父亲与念一叔打通与外界联合举办美展的渠道，成功组织了多届“湘黔桂三省区侗族画展”“湘鄂川黔五地州美展”“十一县市美展”。这些美展大大促进了黔东南美术事业的发展。黔东南美协多次荣获省文联和省美协的奖励。

1991年春天，在黔东南美协二届代表选举会上，杨念一继任美协主席，父亲和杨通河继任副主席，增补代聚一、蒋志尹同志为副主席。

随着黔东南美术事业的快速发展，父亲与杨念一他们逐步启动民族美术的开发。从1985年开始，他们把工作拓展到民间绘画领域，大力开展民间绘画的组织、培训创作和举办展览的工作。1988年，正式成立黔东南现代民间绘画研究会，杨念一被选为会长，父亲和刘显银被选为副会长。至此，黔东南州的农民画、少儿画已经逐渐被打造成黔东南州民族艺术的品牌。父亲他们为了各项工作的落实，把任务布置到各县，并定期举办农民画、少儿画画展，选拔优秀作品送省、全国参展。截至1990年，全州有15个县开展过民间绘画创作活动，其中9个县有作品进入省以上美展，并多次获得国家级一等奖和金、银、铜牌奖，荣获国际银奖和辅导奖。有多名组织辅导工作者被文化部和省文化部门授予“优秀辅导员”称号。

让父亲他们最为得意的是，1991年，剑河、麻江、黄平3个县被文化部命名为“全国画乡”——贵州5个“全国画乡”中，黔东南州占3个。黔东南的民间绘画工作做得有声有色，蜚声国内外，这是黔东南美协致力在苗岭侗乡开发民间绘画所取得的重大成就。

截至1994年，黔东南州已有杨念一、李万增、龙开朗、蒋志尹四位画家加入中国美术家协会，父亲同时是中国版画家协会会员。中国美协门槛高，把关严，一个地区在同一时期成长出四个国家级画家，是不多见的。据说，在中国，那个年代一辈子工作在基层（县）的中国美术家协会会员、中国版画家协会会员仅父亲一人。

电视专访

1991年10月，贵州省电视台文艺部通知剑河县政府，他们近期要到县里摄制宣传父亲的电视专题片，片名定为《情洒山乡》。

26日那天，电视台的同志从省城贵阳出发，中午来到边城剑河。杨天沛县长批款、派车。县委副书记翟春宝即将赴镇远开会，也挤时间过问情况，表达至诚关心。当天下午，县委宣传部、文化局组织召开座谈会，县委组织部沈健部长和文化局杨局长与省里来的同志一起听取父亲事业的汇报，在座的同志无不为之感动。

贵州省委宣传部、贵州省文化厅早在一个月前就下达了这个专题的拍摄任务。年刚过30的女编导郭怡老师接到任务后，认真细致地阅读了父亲提供的材料，心生敬意，她决心要尽最大努力完成这个节目的编导制作，她要用这个节目感染观众，让更多人理解和学习父亲这种矢志不渝地追求艺术、弘扬民族文化的崇高精神。在来剑河之前，她已写好了拍摄脚本。

摄像师杨华连老师年过40，拍摄的多个专题节目曾经荣获省奖，是个资深摄影师。

次日一早，按照郭老师的安排，驱车前往盘溪。一辆吉普车带领着电视台的采访车在崎岖的山路上穿行，深秋的山山岭岭这时已逐渐褪去了绿色的姿容，火红、金黄的秋叶很有层次感地点染层林，书写秋的诗意。一路上迷人的景色，吸引着郭编导和杨摄像师的眼睛。

经过3个多小时的跋涉，车盘过敏洞，驰进八沟。八沟深处的莽山上有着我们李氏远祖的坟茔，父亲远望车窗外缓缓移动的莽山，心底涌出诸多感慨。半个世纪之前，还是少年的父亲曾经随爷爷步行40千米来到莽山背后的高下柳侗寨躲避兵祸，祭拜过祖茔。世事沧桑，而今，爷爷奶奶早已离开人世，昔日的少年已年近花甲。父亲虽竭尽所能，取得的成绩足以光宗耀祖，但父亲再也没有机会报答他的父母的养育之恩……车开始爬坡了，父亲回过神来，对郭编导和杨摄影师说："爬过这长长的十五里大坡，就快到拍摄地了。"

翻过十五里大坡，摄制组一行来到盘溪乡政府，吃过午饭，继续前行。没过多久，车子停在了大广山脚的古石桥边。大广侗寨过去不远就是小广侗寨，父亲从事文化工作将近40年，已经记不清到底有多少次来这里，他熟悉这里的村寨，熟悉这里的山山水水，上了点年纪的侗民都认识他。他的好多版画都取材于这里，他的民族文学有不少写的也是这里。他每次来大广开展文化工作，当他离开回城的时候，热情好客的村干部和村民要把他送到这座石桥边才回去。这座石桥也曾经出现在他的作品里。

郭编导要以石桥为背景拍摄父亲对景写生的镜头。为了得到更好的拍摄角度，摄像师杨华连同志赤脚踩进寒冷的小河里。父亲就像平时写生作画一样配合拍摄，这一组镜头拍得很顺利。

下午来到小广侗寨，住进乡政府（几年前，政府已在小广设乡），县委宣传部欧副部长和文干事负责安排生活，郭编导和杨摄像师研究并主持拍摄——他们要拍一段父亲采风的镜头。拍摄地点安排在侗民家中。杨摄像师在火塘边调整摄影器材，郭编导给父亲讲解拍摄事项。听完郭编导的讲解，父亲由王元江、王元华老人陪伴，围坐在火炉旁摆谈民俗故事，他把厚厚的笔记本铺在膝盖上，一边听一边记，进入拍摄情景。这样的情景父亲再熟悉不过了，几十年来每次下乡他都要到老乡家摆龙门阵，搜集素材。他的民间故事集《孃花与太阳的儿子》和另外几本民族文学的写作材料，基本上都是这样得来的。火炉里燃起的大火照得人们脸庞通红，父亲时而发言，时而记录，时而与王元江、王元华老人一同畅快地发出爽朗的欢笑声。摄像师和编导在轻松的气氛中拍摄着。

因正处枯水季节，当地小型电站不供电，晚上计划临时发电，实拍伴嫁场景，终因发电不成，才停工休息。山区小镇住宿不方便，杨摄像师跟宣传部的同志一同挤在王一川家兄的屋楼上搭地铺，父亲很过意不去。

次日，欧副部长和文干事早早起来，按照郭编导和杨摄像师的布置安排好事务。7点半开始，按步骤拍摄。这天的第一段镜头是：父亲从小广寨脚木桥上走过，沿石级路登上磻龙庵。父亲站在磻龙庵前小憩眺望，只见小广侗寨袅袅炊烟与晨雾交织，把远山近水掩映成轮廓模糊的境界，侗寨被衬托得如同仙境一般。

李万增在小广采风

接着，父亲一行来到流水潺潺、丛绿成荫的大潭洞下。郭编导安排父亲独步于横跨潭水的木桥之上。“李老师把步子放慢些，慢些……再慢些。目光注视左山……注意不要跌落下独木桥……”郭编导用亲切的语气指导父亲。接着，身挂行袋、画夹的父亲，踱过独木桥，隐身于芭蕉丛中。父亲登上对门寨，金色的太阳已冉冉升起，村寨、山头一片光亮。事先安排的侗家群众肩负犁耙赶牛出工，走出寨口。父亲脖挂画板急速挥笔……郭编导用这一组连续的镜头，再现了父亲在风景如画的侗乡实地采风的情景。

小广这个剑河最大的侗寨，有小溪潺潺穿寨而过。在寨中宽阔处，一座石桥横架在小溪之上，掩映在古木苍苍的绿荫之下。这里是寨中男女对歌交往的场所。父亲他们来到这里拍摄侗族男女对歌场景，许多衣着艳丽的侗族姑娘小伙早已等候在石桥溪畔，热情地跟父亲、郭编导、杨摄像师打招呼。郭编导和杨摄像师认真细致地给大家讲述拍摄想法和要求。拍摄开始，一群身着盛装的侗家姑娘，步态轻盈、袅娜多姿地来到石桥上；一队身着短褂上装、精神帅气的侗族小伙站在桥畔溪边。他们甜言蜜语，你来我往，引发对歌，进入情景。父亲伴在后生队伍中时而埋头写生，时而开怀逗乐，他仿佛又回到了当年来到这里采风，跟随后生们“凉月”的情形。赛歌渐进高潮，有个侗家老人担心自己的妹子吃败仗，躲在姑娘身旁暗中帮忙。悠扬歌声唤起侗家男女对爱情的追求，他们用真情歌唱，用智慧对歌，展现了侗家歌海的多姿多彩。有老人暗中帮助，姑娘们一首接一首越战越勇，逼得后生们节节败退，只好求助于父亲：

“李馆长快编歌，我们接应不上啦……”

父亲停止手中的速写，即兴编歌帮助后生解围，把姑娘们的气势压了下去，引来观众阵阵欢笑声。

站在石桥周围的热心观众人山人海，全都把吃早饭的事忘在了脑后，陶醉在观赏拍电视节目的欢乐之中。

在小广拍摄完需要的镜头，摄制组当天赶回了县城。

回到剑河县城已是傍晚。郭编导、杨摄像师吃过晚饭没有休息，来到我家，与父亲详细探讨后续温泉苗寨的实地拍摄，一直到10点过才回县委招待所休息。他们从贵阳出发已3天，这3天从早到晚，都被工作安排得满满的，两位晚辈的敬业精神感动着父亲。

父亲第一次到温泉苗寨蹲点开展文化活动是他刚调进文化馆的时候，屈指一算，已经整整30年了。真是弹指一挥间啊！30年的沧桑巨变，父亲已成长为为文化落后的苗岭做出突出贡献的民族艺术家，政府表彰，大力宣传。深怀感恩之心的父亲想，自己唯一能做的就是在有生之年多做贡献……父亲躺在床上这样想着，慢慢进入了梦乡。

第二天雾雨朦胧，把剑河山城滋润得特别秀美，不过也给拍摄带来了困难。父亲一行驱车来到温泉苗乡。面对熟悉的苗寨木楼、田园山川，和那些由他培养成才、对他尊重有加的农民画家，父亲感到亲切、欣慰。

上海电影厂也在这里拍摄苗家婚俗，民委部门准备了较长时间，由于天公不作美而停机。苗家婚礼这现成的资源非常难得，不辞辛苦的郭编导、杨摄像师决定照常开机。

没有摆拍的成分，这是一场正儿八经的苗家婚礼。

父亲一行跟随长长的迎亲队伍，从巫门寨到下岩寨新娘家去迎亲。父亲时而跑到队伍前边，时而停在队伍的中间，一路写生——用速写记录迎亲的人物、场景。摄像师扛着沉重的摄影机时而赶到父亲前边，时而停在父亲的后边，拍摄父亲写生、采风的风采。一路上山雨绵绵，道路泥泞，曲折坎坷，郭编导始终跟在父亲身边指点。迎亲队列沿坡爬上岩寨坳，来到寨门。一群苗族姑娘身着盛装，头戴银光闪闪的凤冠笑盈盈地列阵寨门，手捧牛角酒杯给客人逐一敬酒。经杨乡长解释，苗族姑娘没有为难不会喝酒的郭编导，郭编导仅象征性地抿了一口酒表示谢意，能喝酒的杨摄像师则一连喝了三牛角，口称“好酒”。苗族佳酿是大米或糯米发酵而成的原汁水酒，含糖量高，酒精度低，是解除疲劳、清心提神的最佳饮料，当然是好酒。队伍进寨，鞭炮隆隆，芦笙嗡嗡。

迎亲队伍回到新郎家。新郎家门庭若市，看热闹的、祝贺的、采风拍电视的……把整个苗家村寨渲染得热闹非常。

接着，婚俗活动转到寨子中间的坝坪场上，一群苗族青年男女绕圈跳起了芦笙舞。男青年手握芦笙，围圈吹奏，芦音悠扬；头戴银饰、花枝招展的姑娘们围绕着芦笙手，在乐曲中翩跹起舞。父亲立于歌舞海洋中提笔在画纸上舞动，把正在唱跳的男女绘入画中。摄像师依照编排，绕场拍摄……欢乐的婚俗活动仍在继续，今天的拍摄任务却已经完成，郭编导宣布收工。

初冬雨雾天，不仅寒风阴冷，而且路滑艰辛，省电视台的同志一路风尘，不辞辛劳，当天近晚才回到县城。父亲邀请他们到家吃饭。平时不饮酒的父亲，这晚破例跟同志们喝了好几杯，以表感激之情。

拍摄父亲在文化馆的工作情景和家庭生活片段，是这次电视专访的最后一项内容。摄影场安排在父亲的办公室、创作室和卧室。

一大早，郭编导和摄像师就过来了。父亲把他们迎进办公室，开

❖ 高原风韵（局部）（110×75cm）

始了今天的拍摄。父亲按照郭编导的安排，把一块未雕刻完成的画版摆上台面，伏案挥刀。“李老师，您把头抬高点。对，就这样……”杨摄像师把镜头对准父亲，慢慢移动镜头，“再放轻松些，像平日刻版画一样……”

拍完一段，停下来。郭编导和摄像师轻声细语地比较、设计，接着再拍。郭编导做事老成、冷静、果断，能够把握大局，显露出年轻编导的才华。

上午拍完父亲创作、办公、开会的镜头过后，下午郭编导和摄像师来到我家书房，拍摄父亲几十年来的获奖证书、美术作品和著作成果。当我父亲打开书柜上边的画柜，把一件件有代表性的版画作品展示在床上、地板上的时候，郭编导和摄像师颇为惊叹，并情不自禁地说道：“我们在10年前——甚至20年前就应该来拍这个专题了！”他们评价父亲是一块深藏在大山里的瑰宝。

晚上，在我家拍摄父亲伏案写作的情景。镜头中，父亲在昏暗的灯光下写作，母亲伴坐在旁边做针线活。当父亲沉思苦想的时候，心有灵犀的母亲放下针线活，给父亲送上一杯水……拍完这段，摄像师在摄像机上给我们播放了一遍。看完，我评价母亲表演很自然，母亲笑着说：“这哪是表演，我一辈子都在给你父亲端茶送水，只是他不领情。”听了母亲这话，大家笑了起来。

最后一天，父亲带着郭编导和杨摄像师在县城四周和城内补拍了一些镜头，为时一周的《情洒山乡》电视专访工作圆满结束。

欢送会上，县委曾书记、杨县长等领导向省电视台的同志举杯致意，深深感谢他们为宣传父亲、支持基层文化建设所付出的艰辛。

后来，父亲又赴贵阳补拍了一些场面和镜头。电视专题《情洒山乡》列在“变革中的贵州”栏目，通过卫星向全球播放。看了节目后，全国政协常委杨念一，贵州省文化厅几位领导，还有贵州省美协杨长槐主席、省群众艺术馆申济友处长、贵州民族学院美术系巫子强主任、湖南通道张伯林等同志和好友，纷纷给父亲打电话致贺。

壮心不已

1991年6月，剑河县被文化部命名为“中国现代民间绘画之乡”的特大喜讯传遍贵州省各地，传到黔东南各县的苗山侗寨，鼓舞着父亲和杨光平培训农民画的斗志。

1992年正月初五，父亲一如往常，春节未尽，就冒着严寒到温泉苗乡组织农民画培训班去了。这期的学员大多是新手，老学员有的出嫁，有的外出打工。为了画乡的发展，大年初八的傍晚，在培训班学员陆续回家之后，父亲跟杨光平商量：为了扩大后继人才的培养，打算开辟岑松苗寨培训新点。父亲说，他到岑松苗寨采风时，考察和临摹过当地的苗绣，发现那里的苗绣与温泉各具风格，有不同的艺术特点，而且岑松距离温泉不远。

光平支持父亲的想法。父亲安排光平负责温泉农民画培训班的辅导，自己去组建岑松苗寨培训新点。

岑松苗寨位于温泉溪上游的狮子山脚，与温泉村同属于岑松乡，距温泉5千米。父亲来到这里，在文化站小蒋家吃完晚饭，待天黑后上苗寨召开群众大会，进行摸底报名。因为还是新年，正月的鞭炮声此起彼伏，父亲与小蒋打着手电走在四野漆黑的田间小路上。隐隐约约的岑松苗寨与夜色相连，看不清哪是山哪是寨，只有稀疏闪烁的几点灯火以及断断续续出现的狗吠声，指点着苗寨的方位。到了万支书家，这位年过花甲的老人把父亲迎进屋，硬要煮新年甜酒招待父亲和小蒋。吃罢甜酒，已近开会时间，事先得到通知的村民们陆陆续续来到老支书的堂屋。在会上，父亲表明来意，详细介绍了在岑松苗寨举办农民画培训班的打算、目的和招生要求。这个村子的人们都知道温泉民间绘画的影响，有不少人当场报了名。这里报名参加学习的人与温泉情况不同，不仅有男有女，而且已婚妇女也纷纷要求参加，几位拖着小孩的中年媳妇逼着父亲表态：

“李老师，这是我绣的花样，你看我能参加学画画么？”

“李馆长，我一定安心学画，孩子有他爹帮忙照料……”

父亲喜上眉梢，亲切地说：

“你们学画的决心大，手艺巧。你们一定能像温泉农民画家一样画出好画，你们的画肯定能在国内外卖出好价钱……”温泉农民画销售形势大好是父亲鼓励她们的依据。

确定学员后，父亲与老支书商定了培训班的场地和具体开学时间。

当晚，父亲躺在小蒋家的木床上回忆这晚村民报名的热情，久久不能入睡。他对剑河农民画的未来产生了更加美好的憧憬！

从此之后，父亲和光平农民画培训的担子加重了。

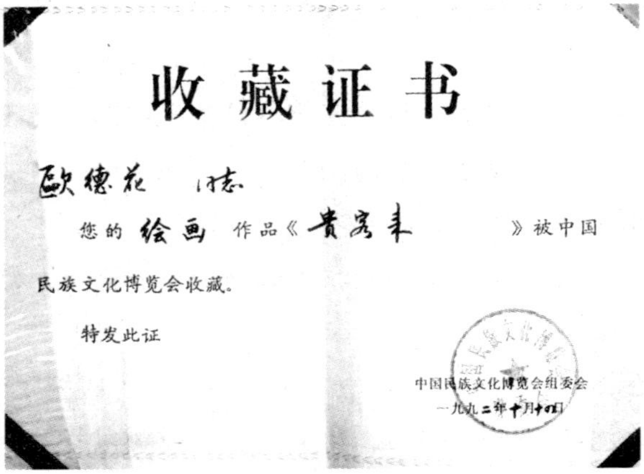
收藏证书

欧德花 同志

您的 绘画 作品《贵客来》被中国民族文化博览会收藏。

特发此证

中国民族文化博览会组委会

一九九二年十月十四日

❖ 农民画家欧德花作品收藏证书

元宵节前夕的一天下午，父亲离开温泉民间绘画培训室，来到寨中的欧德花家，对欧德花说：“德花呀，今年举办贵州五个画乡优秀作品联展，你要拿出佳作，给剑河挣脸面呢！”

欧德花拿出最近正在画的作品《贵客来》让父亲指点一二。父亲详细观画，肯定优点，指出不足：

“这幅画的构思立意很不错，但是人物形象没变化，像是多胞胎。画画要体现各个人物脸形的区别……整个画面的色彩如果更统一一些，画面更和谐鲜明……”

第二天上午，文化局杨佐云局长驱车来到温泉，约父亲一同去岑松学校为欧秀辉颁奖。欧秀辉同学创作的少年民族画《上梁歌》等两件作品，参加北京“圣诞节”音乐厅画廊展览，并被外国友人购买收藏。父亲代替主办单位给他颁发了证书和转交售画所得。欧秀辉是家住附近的苗家小伙，他接过证书和奖金，含泪致谢。杨局长，学校校长、主任、班主任及参加仪式的几十位同学报以热烈的掌声。

✣ 欧秀辉农民画作品《月歌》

父亲中午转回温泉，下午继续与光平一同培训学员。已经参加过几次培训的学员欧秀辉头发蓬乱，颇有几分艺术家风度。经过好些天的努力，他完成了作品。他把父亲叫过去：

“李馆长，你帮我斟酌看这幅画定个什么标题？”

这些天父亲一直在关注他的这幅画，这张画很有特点，不失为上乘之作。父亲满怀欢欣地说：“不错噢！这幅画大胆创新，重意忘形，很有形式感……给它定题《月歌》，你看怎么样？”

光平也很赞赏这幅画。后来，欧秀辉的《月歌》荣获1992年中国民族文化博览会“民间美术大展”一等奖。

春意盎然的四月，上级文化部门通知组织“民族之花选美”活动，父亲认为这是一次让外界了解剑河、促进剑河经济文化振兴的机会，他为此在选拔、培训方面做足工作。选手去省里比赛，他让选手带着他给省艺术馆桂馆长写的信提前到省城，得到桂馆长的辅导。争气的侗家姑娘陈小罩不辜负剑河人民的重望，在中国西南选美比赛、全国民族文化博览会“民族之花”选美大赛上，分别荣获“宝石花”奖和“最佳青春”奖，给贵州夺得殊荣。

“民族之花选美”活动的组织工作未结束，父亲又接到通知：湘黔桂三省政协会选在剑河“六月六”民族歌会期间举行，希望文化馆主办和民委协

❖ 剑河县“六月六”民族歌会

助共同抓好这届“六月六”民族歌会的组织工作。虽然“六月六”民族歌会久负盛名，在贵州、湖南、四川三省交界地有很大影响，但由于县财政紧张，多年来从未给“六月六”这一民间活动拨经费，文化局、民委只能向社会集资。任务特殊，父亲满怀期待，专呈报告，可是宣传部为此组织召开几次联席会后，经费终究没有落实。父亲只好继续像往年那样安排集资组，并亲自带队，一个部门、一个摊点地募捐集资，把这届“六月六”民族歌会主办得有声有色，给参加湘黔桂三省政协会的代表们留下了“剑河民族文化活动开展得红红火火”的良好印象。

父亲筹备“六月六”民族歌会，同时着手筹备县文协的成立工作。

20世纪80年代末，全国文艺事业日趋繁荣。为适应形势的发展，以完善民族文艺事业发展的需要，黔东南州的黄平、镇远、黎平、榕江、台江、岑巩等县相继成立了文联，承担起发展民族文艺的重任。剑河县广大文学艺术工作者和爱好者，对于成立剑河文联充满期待。

1988年春天的一个早上，父亲参加了县委宣传部组织召开的，有县委曾副书记，宣传部正、副部长，以及文化局局长等参加的成立县文联的首次筹备会。

在接下来的第二次筹备会议上，县文化局局长杨应海同志提名：“李万增同志早在20世纪50年代就加入了省文联绘画组，并是州文联委员、州美协副主席。他能写善画，成就卓著，在州、省以及大西南很有名气，适合主席人选。”最后，一致通过。曾副书记表态下午研究批复。但这批复等了一天又一天，一年又一年，直到1992年3月，新上任的年轻局长杨佐云喜爱文学，才把已经跑出父亲脑海的文联成立工作重新提出来。文化局局长的报告受到新任宣传部部长的重视，杨佐云局长正式着手成立文联工作。会上，仍旧推荐父亲负责文联工作。父亲推托说：

“杨局长，我没多久就要退休了，还是由其他同志来担此重任吧。”

“李老不可推卸，剑河数您老人家德高望重，您任主席是最合适的人选。您要把这工作承担起来，让文联走上正轨再退休。”杨局长满脸微笑，热情地说。我父亲不好再说什么。

过了一个月，父亲出差从省城回到县里。杨局长告诉父亲：

“李老，宣传部已批准文联方案。在未落实编制之前，暂称剑河文协，成立后即过渡为文联……”

父亲再次辞让主席人选，杨局长真诚开导说：

“李老不要谦让了，这是上级的决定。”

上级决定在5月23日，纪念毛泽东同志《在延安文艺座谈会上的讲话》之际正式成立剑河文协。文协成立需要得到州、省上级文联的同意和备案，筹备组安排父亲负责把方案上呈组织。父亲把报告呈送州文化局、州文联、省文联。省文联党组书记胡维汉同志接见他，亲切地说：

“我们贵州又要增加一个县级文联了，这是一件大喜事呢。我们派武光瑞副主席出席你们的成立盛会。并补助少许经费，略表祝贺。”

这事在黔东南州文联出了问题。有人提出剑河文“协”的头衔不符文联

剑河县文协成立合影

组织，不能承认。时任州文联副主席的杨念一以县委宣传部审批筹建为理由，坚持予以承认和支持。念一叔还和父亲一起找正在州里开会的剑河县委曾庆禄书记反映情况，曾书记予以重视关心。

5月23日那天，如期召开“剑河文协”成立大会。省文联武光瑞副主席及其夫人，省民研会龙玉成会长，州文联杨念一副主席、杨世为秘书长、张光俊同志，州文化局几位负责人，画家潘国华先生，以及施秉县文化局成文奎先生光临会议。会议在热烈气氛中举行。

出席会议的代表选举出第一届文协班子，主席李万增，副主席杨佐云、杨秀平、文玉琛、杨秀学、饶毓泉。文协还聘请曾庆禄书记、杨昌银部长、陈远卓、龚立新、杨胜溢为文协顾问。

作为文联的过渡，剑河文协成立后，暂无专业编制及经费，机构暂时挂靠文化局。剑河文协在父亲的带领下白手起家，艰苦创业，与文化馆联办歌舞厅储集经费，为组织作品（文学、美术、音乐作品）参赛评奖，创办《清水江》文艺期刊，组织优质稿件向大型刊物投稿……到了年底，剑河文艺硕果累累，发展形势喜人。

1992年12月，文协工作总结会开得热烈成功。仅一年内，文学方面就有60多人发表作品。杨秀平的小说在《民族文学》发表，文玉琛的诗歌获全国诗歌大赛二等奖，杨南等多名文学爱好者的散文在省刊发表。一批美术作品参加各级展出，多幅作品获中国民族文化博览会一等奖、佳作奖，青少年民族美术作品荣获中日邦交20周年少儿美术比赛一、二、三等奖……一时名声大振，誉满苗山。

❖ 苗山赛马（74×37cm）

在1992年一年里，父亲创作展出、发表了《太平鼓》《苗山赛马》《苗家的节日》《十八岁的风采》《新郎哥》《山道弯弯》《龙的传说》等10多件版画作品，还撰写《从

侗寨鼓楼看侗族人民的艺术观》《论社会主义美术的主旋律与自由化现象》《试论作家的民族责任感——读侗族作家潭良洲的短篇小说集〈侗家女〉》等文章，在《文史丛刊》《贵州美术》《贵州文化》《群文天地》等刊物发表，其中《从侗寨鼓楼看侗族人民的艺术观》获“全国少数民族学会理论研讨会”一等奖。

1927年出生的父亲，1992年时档案年龄59岁，实际年龄已经65岁。父亲新中国成立前考入镇远高等师范，因为婚姻磨难、社会变更休学几年，1953年他复学进中师速成班的时候，听从爷爷的嘱咐将年龄报小了几岁。

年老不服输的父亲虽然内心还在精心构想剑河画乡的宏伟蓝图，计划一年开辟两个新点，到2000年实现把全县所有乡镇打造成“画乡”，从而带动全州全省民族画乡事业的突破。然而父亲毕竟是65岁的老人了，1992年农历十二月二十五日，他开完文协总结会便因严重的肠胃炎一病不起，正月初八住进了县医院。经过周密检查，查出父亲患有慢性萎缩性胃炎、浅表性胃炎、胃下垂、结肠炎和严重的胃溃疡（有两个出血点）等多种疾病，病情复杂难治。这种情况下，父亲申请退休。上级组织从过渡衔接着想，让父亲主持文协、文化馆工作到1993年6月中旬才真正退下来。这时父亲档案年龄已61岁，实际年龄已66岁了。

胖　了

1993年上半年，父亲的慢性肠胃炎反反复复。他从县人民医院出院后忍着病痛开展工作，到了5月中旬才接到退休的文件。

父亲的肠胃炎一发作就疼痛难忍，卧床不起，滴水难进。他于5月26日住进了州人民医院中医科。

县文化局副局长杨秀平同志代表文化局与文化馆的部分同志，看望父亲。秀平是父亲的晚辈文友，多年来一直以“老师”称呼父亲，他看到父亲拖着病体在病床上写作，再三嘱咐：“李老师一定要暂时放下写作，不要带病从笔，身体是本钱……”父亲点头致谢。

州文化局领导听说在黔东南甚至贵州省赫赫有名的累不垮的“老黄牛”馆长病倒了，杨光磊、王政贤、李瑞歧三位局长，和业务科、秘书科的领导都第一时间到医院看望父亲；州文联、州群众艺术馆的领导、文友也来探望父亲；杨念一、杨通河、戴聚一等好友及美协的诸多画友探望父亲；42年前的镇师校友孙培柏、孙文玉、杨玉钊、姚本英及其夫人也来看望父亲；父亲镇师学长王广权从广东返家，闻讯从县里赴凯里探望父亲……一份份关怀、安慰暖意如春！

州政协副主席、美协主席杨念一每晚都到医院看望父亲，从不间断。

父亲住院两个月后已到盛夏，身体稍有转机，便与念一叔用心规划成立“苗岭画廊”，为黔东南美术事业寻找出路。随即，在父亲、李凡玉、杨念一、杨通河同志的努力策划下，成立了艺术开发公司，展销包括农民画在内的美术作品，服务黔东南画家将作品转变成经济效益。

黔东南画坛三友。左起：杨念一，李万增，杨通河

接着，父亲与州美术家协会的同仁以美协名义，发起“环艺明珠”美术作品义卖活动，将全部所得用来修建镇远羊坪、麻江下司两座旅游雕塑，打造旅游文化品牌，余款用来修建黔东南画院。此举得到姚茂森州长及其他州、市领导的支持。

父亲一边治病，一边工作，念一叔对父亲说：“万增，这些工作对你治病很不利，可是又少不了你……”

7月的一天，父亲私下跟主床医师小林请假，代表州美协上贵阳去取黄平、麻江、剑河三个画乡的农民画作品，为组办“苗岭画廊”展览做准备。岂知，取画回来发病倒床一个多月，腹痛加重，大便不通。医院安排最有经验的医生为父亲治病输液、打针、熬药、灌肠……精心疗理。父亲在医师们的用心疗理下，认真配合治疗，病体慢慢康复。

在医院的时光，父亲目睹了好几个认识的患者离世，特别是从贵阳回来再次发病，他开始注重养生，规范生活习惯，做到每天必食早、中、晚三餐，每顿正餐不少于两小碗饭，去州美协开展工作也不忘保重身体，按时吃饭。他还养成了每天一次称体重的习惯，把握身体变化情况。到了重阳节，父亲体重由进院时不到90斤增重到117斤。

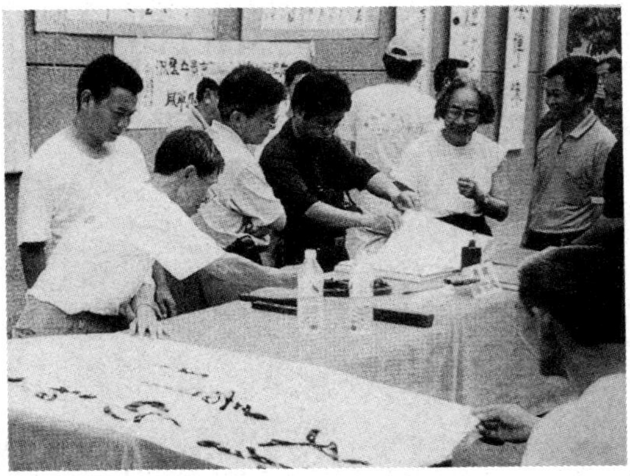
李万增（左一）为思州题词

著名人类学家、作家潘年英是父亲的忘年交，他曾经在一篇文章中写道：“李万增给人的第一印象是瘦，确实太瘦，简直让人目不忍睹……”确实，父亲在此之前从没胖过。

这年秋天来看望父亲的朋友、同事，一见面都会惊奇地说道：

“万增你变胖了……”

“李老，您颈部多肥肉了……”

“李馆长，您看着精神了……”

念一、通河诸画友为父亲身体朝好的方面发展而欣喜。

“大病不死，必有后福。”父亲在发病住院期发表了几十件作品，国际友人买走了他的近10幅版画，《久仰人的歌》《鼓楼》《苗年》《苗山春早》等作品被国家收藏。

父亲出院后，依旧到温泉画乡指导农民画，继续进行美术、文学创作，继续关心黔东南美术事业的发展。但他改变了晚上熬夜工作的习惯。

1993年12月28日，州委组织部通知父亲出席表彰会。在荣获黔东南州首届“科技兴州”基金奖的20名有突出贡献的先进人物中，就他一个是退休人员。

走进辉煌

1991年7月13日，中国西南艺术节在筑城举行。开幕式过后，中国版画家协会常务理事、贵阳市美术家协会主席董克俊，陪同省领导和来自文化部以及四川、云南、重庆等地的嘉宾走进美术展厅参观。大家走到父亲的套色木刻《高原雄风》前，情不自禁地停下了脚步。

❖ 高原雄风（局部）（90×60cm）

父亲这幅以贵州高原苗家斗牛为题材的作品，选材并不新，但画风独到，以新颖的构图，大胆的着色，神话般的场景，生动的人物形象，以及想象与现实巧妙结合的特色引人注目。贵州省委副书记、著名作家龙志毅走到画前，细看作品标签，董克俊主席介绍说：“这是黔东南李万增同志的作品。”龙书记回应道：“李万增我认识。这幅画的上部，弧形的彩虹、弧形的斗牛场、弧形的牛脊梁，组成焦点对称的画面。这些弧形以蓝天为背景，点缀上火红的太阳和金黄的弯月后，就有了浓浓的高原味道——高原特征表现得很巧妙。人的力量，牛的力量，加上苗女翩翩起舞的温柔与苗族汉子鼓腮吹奏的彪悍形象形成对比，突出了‘雄风’的意蕴……堪称精品。”四川美协主席和云南美协主席也认为这幅民族风情画大气中不乏细腻，古朴中掺杂有欧洲现代派的色彩元素，比同类风格的作品技高一筹。父亲这幅画在这次艺术节中荣获一等奖。

父亲早已达到中国美术家协会入会条件，却一直没有递交申请。这年，在贵州美协主席杨长槐同志的动员、推介下，父亲被吸收为中国美术家协会会员和中国版画家协会会员。

父亲没有机会进美术学校学习，自学的路途曲折艰难。他的成功得益于他的执着和努力。

新中国成立后，父亲的处女作——水彩画《你见到毛主席了吗》《侗家姑娘积肥忙》——参加了省展和国展。省里决定上调培养的机遇被剥夺后，他下决心自修拼搏。后来他迷上了木刻，托人到省城书店买到了李桦先生的木刻著作，里面有古元、王琦、李桦、彦涵、力群等著名版画家的作品，他反反复复地学习研究。他托人从北京荣宝斋买到一套木刻刀，到当地寺庙找到几块梨木经板，摸索着创作了第一幅木刻处女作《黎明的号角》，这幅版画入选“贵州第一届版画展”并在《贵州画报》刊发。从此，父亲开始了他版画创作的漫漫征程。

父亲立身边远民族山区，创作源泉得天独厚。20世纪80年代开始，他把民族风情作为自己版画创作的课题，把民族刺绣的装饰风格运用其中，形成了讲究平面、对称装饰和雅拙朴实的个性化风格，在中国美术艺苑中艳丽开放，将苗侗民族艺术推向世界艺术之林。

著名画家、中国美术家协会理事、全国人大常务委员会委员杨长槐先生评价他的画：“总是充满了神秘、古朴的艺术美感与魅力，能唤起人们无边的遐思。”（《观〈李万增风情画集〉》）

世界知名画家、国家一级画师杨抱林先生褒扬他的画：“浓烈的民族民间味，加之有意识的夸张，强调生活中的装饰情趣，构成了其作品独特的个人风格。”（《天道酬勤》）

杰出美术家宋吟可先生赞誉他的画：“粗犷朴实情趣感人，耐人寻味，画出了民族魂。”

有人说，父亲的版画可以成为贵州民族艺术发展的断代史和活化石，成为研究民族艺术发展演进的典型例证，其刻刀下凝聚着民族的精魂。

一转眼，时光来到了1994年末。

文化部、中国少数民族美术促进会表彰中国30名卓有成就的民族画家，授予“民族百花奖”，父亲名列其中。黔东南州文化局接到贵州省文化厅通知的时候，州委杨光林书记正在文化局调研，杨书记激动地拨通了剑河县政府的电话，通知县领导妥善安排父亲进京领奖。这可是黔东南从未有过的大喜事，杨书记亲力亲为的举动感动了在场的同志。

12月的北京，走在街头有种衣不蔽体的感觉，那无孔不入的寒气从领子、衣袖钻进去，冷飕飕的。父亲买了条围巾围在脖子上，暖和了许多。父亲走进北京民族文化宫，受到中国少数民族美术促进会会长官布先生的热情欢迎。官会长把父亲介绍给在场的全国人大常委会、全国人大民族委员会、国家民委、文化部、国家美协的领导，大家与父亲亲切握手，热切交谈，一扫刚才步行在大街上的寒意。

两年一届的“民族百花奖”是文化部设立的国家级美术专业奖项，由中国少数民族美术促进会承办。这个奖项1994年设立，在美术界产生了广泛的社会影响，是中国美术最高级别专项奖。第一届“民族百花奖”高朋满座，隆重非常。当父亲走上领奖台从官布会长手里接过沉甸甸的“民族百花奖”金奖奖牌的时候，热泪盈眶。

李万增荣获文化部“民族百花奖”

我得知父亲的获奖喜讯，写了一首古风诗祝贺父亲：

刻刀凝聚民族情

褪却浮尘不动声，刻刀默默板间行。
刀犁桦木抒艺韵，板绘高原心有灵。
凝目山乡雕日月，木屑翻花刀运神。
图艳神州惊画苑，“民族百花”慰晚情。

第二天，父亲作为贵州代表参加中国少数民族美术促进会理事会，被选为常务理事。从此，父亲在中国少数民族美术促进会的领导下，为弘扬中华民族传统文化，增进民族团结，促进民族美术事业的发展做了大量的工作。

世代为农的祖父给父亲取名“万增”，是期盼父亲日后有饭吃有衣穿样样都有，听都没听说过“艺术家”几个字的祖父，是万万想不到父亲会成为有成就的艺术家的。几十年过后的1995年5月12日，国家民委、文化部在京举办“李万增民族风情版画展”，父亲的《高原雄风》《苗山情》《银春》等70多件民族风情版画作品，堂堂正正地走进了全国至高艺术殿堂——中国美术馆。

父亲说：“‘李万增民族风情版画展’在中国美术馆成功举办，要感谢有关领导和社会各界的关怀和成全。”

贵州美术家协会主席杨长槐先生是人民大会堂国家接待厅著名山水画《高山流水》的作者（后来担任贵州省文联主席，被选为第九届、第十届全国人民代表大会常务委员会委员），他和父亲都是卓有成就的侗族画家，同为首届“民族百花奖”获得者。1993年秋天，在一次见面中得知父亲已经退休，他建议说：“万增退休了？好啊，有时间了，好好整理一下自己的作品，争取去中国美术馆搞次个人美展，向中国美术界展示一下我们贵州画家的成就和风采。”父亲笑着说：“您的作品早已享誉全世界，都还没在中国美术馆这神圣的美术殿堂搞个人美展，我怎么好意思呢。”说杨主席的作品享誉全世界并不为过，他曾经在新加坡举办个人美展，他的作品《古木苍藤》曾经荣获中国选区——首届文化艺术国际全球美术类成果金奖。杨主席说：“我比您年轻，您出道比我早，您带个头吧。要知道，虽然中国侗族画家不少，但至今还没有谁在中国美术馆举办过画展……”得到杨长槐主席的鼓励，父亲精选作品，把70多幅代表他将近40年来版画创作成就的作品样片（照片），连同申请报告一并交由贵州美术家协会呈送国家美术馆。

1989年5月，父亲出席在北京举行的“全国首届风俗画获奖作品展开幕式”，认识了中国美术馆馆长刘开渠先生和党委书记、副馆长曹振峰先生，父亲曾经受到他们的关怀和鼓励。不幸的是刘开渠先生已经于1993年过世。老馆长曹振峰先生是杰出的版画家和连环画家，父亲一直与他有书信联系。已经离休的他，从书信中得知父亲申请到中国美术馆举办民族风情版画展，

他为父亲高兴，几次到中国美术馆过问父亲画展的审批情况，并为画展筹备工作出谋划策。

国家美术馆艺委会召开父亲画展审批会，参加会议的专家一致认为父亲的版画以优美的情调、深远的意境和浓郁的乡土气息，展现了贵州高原苗侗等少数民族多姿多彩的生活情景和热爱生活的精神风貌，为中国艺苑献上了一束烂漫的山花。作品内容丰富，艺术风韵独特，是新中国成立40多年来贵州美术快速发展的体现。父亲收到了同意举办“李万增民族风情版画展”的批复信函，画展时间定在1995年5月12—17日。在父亲为落实画展资金发愁的时候，贵州凯里市七五有限铁合金厂孙杰厂长主动解囊相助，剑河县人民政府拨款支持，解决了画展的经费之忧。

1995年2月底，父亲赴京拜访曹振峰老馆长，专访国家民委、文化部、中国美协、中国少数民族美术促进会，落实了画展主办单位。还与中国美术馆商量落实了开幕式和展览过程中的相关事宜。

回到剑河，杨天沛县长派文化局副局长杨秀平同志协助操办画展开幕式。5月1日，父亲在秀平同志的陪同下再次赴京，入住文化部求实招待所，投入紧张的备展工作，逐一落实了展厅布置的风格、开幕式的规模和形式、领导的讲话等。文化部在这之前已于4月中旬印制并发送请柬400多份，父亲来到北京后文化部又补印了50多份，交由父亲送给他在京的朋友……

5月11日，贵州省委宣传部领导，贵州省文联党组书记、美术家协会主席杨长槐，剑河县委书记刘晓凯（现任贵州省政协主席），父亲的好友剑河县政协副主席陈远卓等应邀参加开幕式的贵州领导、亲友，如期到达北京。遗憾的是，父亲的挚友杨念一主席因病住院没能参加开幕式。

画展开幕式定在5月12日上午10时举行。

北京城的五月繁花似锦，但阴晴不定。开幕式那天天气突变，风雨交加，到天亮才有所减弱，但依旧细雨绵绵，父亲担心会影响开幕式。可是，10点之前，出席画展开幕式的有关领导、专家学者、记者、嘉宾良友相继到齐，父亲深为欣慰。孙杰先生因临时有重要任务没能出席会议，但派出4名代表和他的母亲出席。

临近开幕式，绵绵细雨已经歇息，风吹云散，天空逐渐亮了起来。造型呈凸字形的国家美术馆，素白的柱、廊、墙身配以金色的琉璃瓦檐，给人一种宏伟高雅、气派非凡之感。平常不讲究穿着的父亲，今日西装笔挺，与贵州来的各级领导站在大门处迎宾。大门上方毛泽东主席题写的“中国美术馆”馆额熠熠生辉。“李万增民族风情版画展”的横幅悬挂在馆额下方，与阶梯两边摆放的贺喜花篮呼应出热烈的气氛。

开幕式在展厅举行。

剑河县委书记刘晓凯主持会议，逐一介绍参加开幕式的来宾。出席开幕式的来宾有原中顾委委员、贵州省原省长周林，中国美协党组书记王琦，中央美院原院长古元，中国儿童剧院原院长、老艺术家任虹，中国少数民族美术促进会会长官

❖ “李万增民族风情版画展”请柬

布，国家文化部副司长崔永生、艺术局刘国华、艺术辅导处处长徐兰田，中国美协成员李玉生，国家美术馆原党组书记曹振峰，国家美术馆原画廊主任廖开明，中央美院版画家、教授谭权书，贵州驻京办事处主任姜明藻，中央民族大学教授毛水仙，北师大美术系教授杜希贤，侗族在京著名学者杨志一、邓敏文、杨权、粟周熊、吴宗金、杨进铨等，侗族在京教授郑国乔、张永祥、金欧等，影视界名人唐国强、李雪健等。参加开幕式的首都新闻媒体有新华社、人民日报、光明日报、文艺报、文化报、文化月刊、人民政协

报、美术、舞蹈、美术通讯等20余家。

杨长槐主席致开幕词，感谢领导、嘉宾、社会各界对贵州美术事业的关注和支持，介绍了新中国成立46年来贵州美术界在中国共产党文艺方针的指引下创造的业绩，概括了父亲追求艺术的精神品质和版画的成就，他说：“……贵州美术能取得如此辉煌的成就，是因为有像李万增这样的奋斗者视艺术为生命，虽历经人生曲折，却矢志不渝，创造一个个艺术奇迹。李万增同志一直工作在文化贫瘠的贵州苗岭山区，献身民族艺术。家乡秀丽的山水，优美的风情，民族生存的艰难与生命力的张扬，与他生命灵魂糅成了一个不可分离的整体。洋溢着古老民俗气息的民间文化艺术，伴随着他终生的艺术追求。他无论为文还是作画，始终遵循忠于生活、再现生活的创作原则。并且总是以民族生活风情和家乡山水为创作题材，以简洁明快、生动活泼的民间艺术语言为表现手段。这在他的民族风情版画中显得尤为突出……”他还分析了父亲版画作品的突出特点，“李万增的版画创作，保存了较纯粹的民族民间艺术特征。他的作品，不注重每一个物象的具体性变化，而着意从整体上构成一种形式风范。在具有装饰性意味的构图中，围绕着中心展开有节奏的连续性布局。特别强调画面的对称和平衡。刻画艺术形象具体而不具象，并采用大胆的变形和夸张手法，突出民族民间象征性的图示特点。生活中的人物和自然，在这些作品里，总是充满了神秘、古朴的艺术美感与魅力，能唤起人们无边的遐思。”最后，杨主席站在国家文化发展和地区文化开发的高度充分肯定父亲艺术追求的卓越成就，衷心祝贺“李万增民族风情版画展”在国家美术最高殿堂成功举办。

父亲作感谢发言。他在发言中用纯朴的语言回顾了自己艺术人生的曲折和矢志不渝的追求，表白了自己致力于改变贵州苗岭文化贫瘠的愿望，自己所取得的些许成绩包含着对党、对贵州苗侗人民一片深情。他对关心支持这次画展的领导和社会各界的朋友致以诚挚的谢意。

开幕式在热烈的掌声中结束。

父亲的画展以其质朴、古雅、粗犷的乡土气息吸引着专家学者和领导的兴致。周林老省长、古元先生、王琦先生、任虹先生、杨志一先生等来宾在父亲陪伴下逐幅观赏画作。父亲满怀崇敬，给他们详细介绍了一些作品的创作情况、构思和内涵。古元、王琦这两位中国版画界的泰斗，与父亲交流探讨了《请来侗乡吃油茶》《高原雄风》《赛马》《侗家斗牛》《久仰人的歌》等作品，充分肯定了父亲在版画形式上的探索；任虹、杨志一表明特别喜欢《侗乡月歌》《梳妆》《伴嫁歌》等作品。看完作品，周林先生评价“这些作品是贵州高原优秀文化”，称父亲“为贵州人民做出了卓越奉献，立了大功”，并与任老商量要写信建议贵州将这次展出的全部作品编辑成画册，公开出版，以弘扬贵州高原优秀文化。贵州省委宣传部领导当场表态“回去研究”。

几位大师观画欣然题词。

古元先生在画展之前就准备了题词。他用圆润的笔墨给父亲题写了“情融乡土，意满人间”的赞扬之语，写出了父亲一生追求的人生意蕴。

王琦、任虹两位先生当场题词。王琦先生的字刚劲有力，犹如木刻，他题写的“刀下民族情，版上抒情诗”，用诗般的语句充分肯定了父亲的版画成就。任虹先生题写的“艺海”，笔墨雅致，宛若静海泛舟，暗合了父亲艺海驰骋的心境。

“诗情画意，妙笔生辉”是杰出画家官布先生的题词，“民族风情情意浓”是著名表演艺术家唐国强先生的题词，“刀下见真情”是著名画家郭广业的题词……

这些题词流露出对父亲民族风情版画的喜爱，也表达了对父亲一生执着民族文化事业、情洒山乡的赞颂。

这天晚上，父亲躺在宾馆的床上，回忆起儿时祖父手把手教他把牛犁田的情景时，内心思潮翻滚，其中有功成名就的自豪，有人生磨难的感慨，更多的是对祖父的感激！父亲虽然没有从祖父那里学会把牛犁田的技术，但却从祖父那里学到了对事业的牛般的蛮劲和执着，这是他实现人生的理想根基。

画展期间，人民日报、光明日报、中国人民画报、创业、舞蹈等20多家报纸杂志刊登了父亲画展的消息和采访父亲的文章。北京电视台、贵州电视台、贵州广播电台等媒体也播报了父亲画展的消息。这期间，父亲还接待了从山东、湖北、深圳等地专程来访的画家。这些画家远道而来，与父亲交流，评价父亲那些充满乡土气息的作品在内容和形式上给观赏者耳目一新之感。

父亲1989年春天受邀赴北京出席“全国首届风俗画获奖作品展开幕式”，认识了中国演艺界的杰出代表任虹先生。任虹是著名作曲家、指挥家、中国口琴“第一人”，他在延安时期参加过延安文艺座谈会，受到毛泽东主席的亲切接见，指挥过《黄河大合唱》。新中国成立后，他创建了中国儿童艺术剧院，担任院长30年，组织创作了《马兰花》《以党的名誉》《岳云》等一大批不朽的作品，把中国儿童艺术剧院打造成了“第一流的、优秀的、民族的、科学的、现代的儿童剧院”。任虹先生是贵州人，与父亲一见如故，相谈甚欢，并约定父亲下次到北京一定要去他家做客。遗憾的是，这之后父亲几次进京都匆匆忙忙，未能如愿。画展开幕式结束，任老给父亲赠送了祝贺礼物，并再次邀请父亲到家做客，父亲与出席开幕式的友好陈远卓、万昌高同志一同赴约，共同感受任老的深情厚谊。

任老做了好吃的贵州菜，拿出了珍藏多年的好酒，一次次举杯祝贺父亲画展成功，称赞这次画展为“苗岭之最”。后来父亲的《李万增民族风情画集》得以顺利出版，也得益于任老的促成。父亲对我说，他永远忘不了任老的深情厚谊。

画展第二天晚上，侗族在京专家学者在中央民族大学为父亲举行酒宴，给父亲庆功。庆功酒宴谈笑风生，气氛热烈。大家以父亲画展为中心，分析父亲的作品，畅谈侗族美术发展的势头，展望民族文化发展的未来。首都民族团结奖获得者、中国艺术研究院专家、德高望重的杨志一先生举杯向父亲致贺，夸赞父亲在美术上取得的重大成就，提振了侗族美术的信心。贵州文联党组书记、著名画家杨长槐捧杯致贺：“祝贺万增！进中国美术馆举办画展，我们侗族，您是第一人，开了个好头。”侗族著名学者、教育家、中央民族大学教授杨进铨先生

李万增在任虹先生家做客

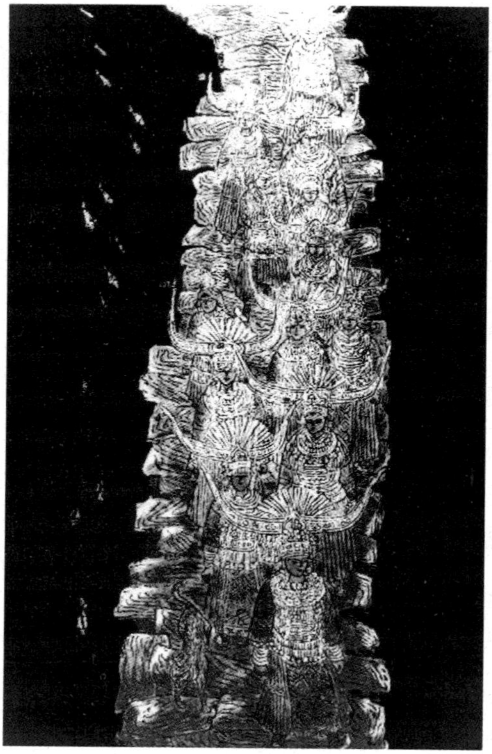

❖ 迎 春（90×35cm）

举杯感慨道："我们在北京条件优厚，没什么大成就。你立身山区边远县城，不仅美术成就显著，而且文学成果骄人，确实令人敬佩。"邓敏文、粟周熊、杨权、郑国乔、吴宗金等侗族名士逐一举杯，向父亲致贺。父亲对这些朋友的深情厚谊，心怀感激。

贵州省文化厅、黔东南州委宣传部、黔东南州文化局、黔东南州美协等单位给画展发来贺电；李正生、罗曼、张树昌、杨念一、杨通河、代聚一等众多好友致电、致信祝贺，表达情谊。

画展在京产生良好效应，圆满成功。国家美术馆收藏了父亲《银春》《高原情韵》两件作品。

“九七画展”迎香港回归

1996年12月已经过去，天气一天天变得寒冷起来。1997年1月6日早上，身患眼疾的父亲在冷冰冰的客厅忍受着眼睛的难受，正在修改一幅版画的草图。今年7月1日，香港就要回到祖国的怀抱了，这是中华民族的盛事，也是世界和平与正义事业的大喜事，父亲要精心创作一幅版画作品献给香港回归。眼睛倒睫的病痛在折磨着他，只有高度投入创作之中，才会让他暂时忘记眼睫毛对眼睑内层的刺痛。他正在忘我工作的时候，光平来到我家告诉父亲说：“李老，州里有电话找您。”父亲到文化馆办公室接通电话得知，明天有英国著名画家要专访父亲，叫父亲明天去凯里接受采访。

父亲第二天上午11点乘坐公共汽车来到位于凯里的州旅游局，办公室主任小万同志在门口迎候。

下午两点，父亲在旅游局会客厅会见了夏丽斯女士等6位来自英国的客人。在热烈的气氛中，小万同志热情地介绍了各自的身份。省旅游局的带队兼翻译小刘队长告诉父亲：“李老师，这些英国友人想听听您的从艺经历。”大家用掌声欢迎父亲的讲述。父亲简明扼要地叙述了自己50年情洒山乡的艺术生涯，他的人生有悲苦也有欢乐，事业并非一马平川。父亲坎坷的经历和突出的成就吸引了听众。

后来，父亲将《情洒山乡》送给一位提问的名士，这位女士就是曾经荣获英国皇家艺术奖的夏丽斯女士。夏丽斯是一位年纪40上下极富艺术情怀的著名画家，她捧着父亲的赠书开心地说：“我的研究室有一位女同事是美国华人，我们很要好，我带回去请她帮忙读给我听，以了解李先生的人生。您的人生一定非常精彩。”她站起身来握住父亲的手表达谢意。

接下来，夏丽斯女士及随同人员与父亲聊起美术。父亲跟他们聊贵州的风情与艺术，聊创作的感受，聊一些画作创作始末……通过父亲的介绍和讲述，这些英国客人对贵州充满了好奇，对观赏父亲的作品充满期待。父亲把带去的部分风情版画作品和两幅国画挂上墙面作临时上墙展示，外国客人面对这些民族气息浓厚的画作，眼睛露出奇妙的光彩。

夏丽斯女士借助翻译问父亲：“李先生，您的画出售吗？”父亲点头表示出售。父亲的水印版画《苗山不尽栋梁材》、套色版画《太平鼓》、黑白版画《侗家迎新娘》《大地回春》《侗锦》等版画和国画《松鹤延龄》，被夏丽斯、金·哈斯德等英国客人买走。

接下来的几天，父亲与省、州旅游局的同志带着夏丽斯女士到剑河采风，先后走访了乃寿苗寨、柳付苗寨、温泉画乡、公鹅寨等极富特色的苗族村寨，受到各寨百姓的热烈欢迎，热情款待。陈年腌鱼、糯米酒、血豆腐等美食，芦笙、飞歌、泥巴舞、板凳舞等表演，裙绣、锡绣、银饰、木雕工艺、古老衣物，激发着外国客人的激情。两天时间，这些村寨售出4万多元的农民画、民间工艺品。

父亲带着省、州旅游局的同志和夏丽斯女士等英国客人来到公鹅寨的时候，寨前那几棵苍劲高大的枫木树正叶红似火。父亲想起50多年前自己考上剑河中学念书，多次带着袁行恕老师赠送的速写本登上公鹅寨写生的美好情景，忆起因“漫画风波”遭到潘胡子迫害而被迫退学那不堪回首的过往，内心感慨万千。

即将离开剑河的那天，父亲邀请夏丽斯女士一行到我家做客。面对父亲那幅献给迎香港“九七回归”的版画草图《开心鼓声颂国魂》，夏丽斯女士代表英国客人们表达了对香港未来更加美好的祝愿。

1997年春天，父亲应邀出席在北京举办的“庆祝香港回归画展”开幕式，和全国少数民族美术促进会常务理事会议。他怀着喜悦心情，无畏眼疾之痛，无畏长途艰辛，登上北上的列车。一路上，窗外逶迤起伏的高山峻岭、辽阔坦荡的田野平川、翠色朦胧的春草树林……在视线中飞奔登场，又转眼间呼啸而去。正是阳春三月，一幅幅春意渐浓的风景流动在父亲的视野和情感之中，父亲情不自禁，咏诗抒怀：

再过武昌

神州大地春风扬，三月桃江艳吐香。
几上京都期盛会，才辞湘楚问武昌。
黄鹤楼上叹黄鹤，汉阳途中说汉阳。
年暮莫须悲岁月，青山不老水流长！

飞车北上，目睹黄河远处一片苍茫，父亲再涌诗兴：

过黄河

艺坛无悔几从容，荏苒时光来去匆。
欲问长天今古事，黄河滚滚不言中。

3月的北京，春意萌动，“庆祝香港回归画展”盛况空前。全国各地前来出席画展的中老年和青年画家心情激动，大家把庆祝香港回归的深情倾注在自己的作品之中。

3月16日，中国美协、中国少数民族美术促进会共同承办的“庆祝香港回归画展”在民族文化宫隆重开幕。全国人大常委会副委员长布赫先生、国家美协党组常务副书记雷正民先生、文化部的部分领导等出席会议。官布会长致开幕词，他用满怀深情的话语回顾了香港百年沧桑的历史，用激动的语气阐述了即将到来的香港回归，他说道：“这次画展收到了数以千计的美术作品，这些作品以不同的题材和丰富的美术形式，用独到的美术语言，或诉说百年屈辱，或歌颂社会主义建设的伟大成果，或再现‘一国两制’香港回归多轮谈判的场景……体现了中国画家热爱祖国，迎接香港回归的一片深情！”

主办方从收到的作品中精选出部分优秀作品，举办“庆祝香港回归画展”并评奖。评委由中国美协、中央美院、中央民族大学的专家组成。评委专家本着从严评审的原则，不分画种，共评出金、银、铜奖20件作品，父亲的版画《开心鼓声颂国魂》获银奖。

❖ 开心鼓声颂国魂（58×76cm）

《开心鼓声颂国魂》是一幅热烈欢快、造型朴拙的套色版画。作品以贵州高原苗族村寨为背景，采用变形手法，将虚实相间的苗寨吊脚楼布局在画面的下部和上部边沿，形成对画面主体部分的烘托之势。主体以红腰白身、喜庆耀眼的圆形大鼓为中轴，将击鼓声啸、舞步翩然的苗族男女，凝聚成环绕大鼓、动感轻快、疏疏朗朗的圆圈。打结在芦笙上的红绸在飘动，红白相间的腰鼓在震响，长桌上白亮的酒碗飘散出酒香，吊脚楼门框上的红联泛出喜庆。金黄的底色上所有的形象汇集成热闹喜庆的场景，让观者仿佛听到了芦笙呜呜，鼓声阵阵，歌声嘹亮，踏步声喧，给人以快意吉祥之感。官布会长在颁奖词中赞扬父亲这幅画是学习借鉴民间艺术、大胆创新的难得一见的优秀作品。

第二天，父亲出席中国少数民族美术促进会理事会议，以常务理事的身份代表贵州发言。他说："贵州是多民族省份，民族艺术得天独厚，是民族美术的富矿。"他以自己的创作为例，谈了今后怎样组织、引领贵州民族美术发展的新思路……

第三天，父亲随出席理事会议的画家们赴景山采风。这年，北京的春天来得早，才是3月，景山万春亭旁的山桃花已经盛开，满枝嫣红，迎风摇荡，艳吐芬香，把还在孕育翠叶的杂树滋润得生气勃勃。

柳暗花明

贵州高原黔灵山麓的深秋时节，雾霭沉沉，凉气袭人。1995年10月下旬的一天下午，父亲与他的画友杨思藩身着厚厚的外套，一同去看望久别不晤的画友杨抱林。杨思藩先生是著名国画家，在贵州民族出版社任职。杨抱林先生是国家一级画师，曾经荣获国家“民族杰出美术家”称号。

抱林先生见到父亲，喜出望外，心情激动，一定要留父亲和思藩先生共进晚餐。他叫家人到附近酒楼点了几道特色菜送过来，摆上酒杯。“我们三人都不擅长喝酒，但万增难得来，无酒不成敬意，我们多少喝点。”他笑眯眯地给每人斟了半杯酒，“就喝这么多，怎样？”于是几人慢慢举杯品酒聊天。抱林先生问父亲赴京举办画展的情况，父亲向两位老朋友简单讲述了画展的实情，并感谢他们在画展期间发来的贺信。抱林先生站起来，举杯祝贺父亲，并转头对思藩先生说：“万增算是如愿以偿了，我俩要迎头赶上。”他俩与父亲一样，艺术人生几经坎坷。他们都有高远的追求、共同的命运，都有侗家人真挚爽快的性情。他们有好多共同的话题，加上有酒助兴，更加开怀畅言。抱林先生得知父亲的人生散记《情洒山乡》即将由贵州人民出版社出版，他邀思藩先生再次举杯祝贺父亲，并由衷赞扬父亲执着山乡文化事业不离不弃，在美术、文学两个方面都做出了不凡的业绩……

即将离开的时候，抱林先生突然想起什么，走近橱柜，打开抽屉，拿出一瓶颜色艳黄的酒来：“万增，忽然想起你患胃病住了好久的医院，这药酒治胃病效果好，我的胃病就是用它治好的。这药酒是画友从云南寄来的。”说完，他把酒装进一个袋子里送给父亲。

父亲返回八角岩招待所，在冷飕飕的北风中，忽觉喉咙发痒，有忍不住想咳嗽的感觉。他担心感冒，到附近药店买药预防。药店只有一位中年妇女，她说："医师下班了。你哪点不舒服?"我父亲如实说了，她断言，"那是感冒了，服几片磺胺消炎就行。"

❖ 李万增与申济友（左三）及其夫人（左一）、杨思藩（左五）、龙开朗（左四）在贵阳

父亲回到招待所，服药后在台灯下改稿。没过多久咳了起来，很难受，只好上床睡觉。到了半夜咳嗽加重，彻夜难眠。第二天早上病状更加糟糕，眼、脸、喉咙发肿，头发痛。父亲又去药店打了一针，继续服磺胺。临近中午，病情恶化，不仅眼屎蒙眼，阵阵刺痛难受，而且头部肿得都变了形，父亲这才不得不上医院看病。他吃力地来到医院。深秋病人多，看病的人排成长龙，父亲靠在凳子上坚持，等了好久才轮到他。父亲有气无力地在医师面前坐下，让医师检查。诊断结果为"严重急性结膜炎"。洗眼、发药后，父亲拿着药有气无力地离开了医院。

窗外，冷冷的秋风在梧桐树枝上哗啦哗啦地摇动。父亲裹紧被子，又熬过了周身难受、眼睛刺痛的一夜，天亮后继续上医院洗眼治疗。结束后，父亲艰难地走出医院，迎着秋风痛苦地行走在人行道上，忽然感到周身战栗，支持不住，侧身倒在道边水泥墩上迷糊了过去。一位戴着眼镜、斯斯文文的中年人路过，好心地推醒父亲。父亲吃力地坐起来，用手撑开痛眼，模糊中看到路人和善的面容，打消了顾虑，从衣兜取出名片递给好心的路人。路人看了名片，惊叹道："您就是画家李万增啊。我昨天在《贵州日报》上读过龙志毅书记给您的著作写的序言呢！"贵州省委副书记龙志毅是中国著名作家，两年前他的长篇小说《省城轶事》被拍成同名电视连续剧在全国播放，家喻户晓。父亲与龙书记同为作家（父亲很早就加入了贵州省作家协会），见过几次面，算是熟人。父亲把人生散记《情洒山乡》手稿寄给龙志毅书记，请他写几句鼓励的话。龙书记了解父亲，被父亲立足山乡、勇攀艺术高峰的精神所感动，把父亲“写几句鼓励的话”的请求扩展成一篇序言，他要用父亲的事迹和精神感染文艺工作者。序言在父亲生病的日子里刊发在《贵州日报》。这位好心人提起，父亲才知道龙书记写序及序言发表的事。龙志毅书记写序言鼓励，让父亲感到欣慰；路人的关心如春风拂面，温暖着父亲的心。这位好心人要送父亲去医院，听父亲说刚从医院出来，于是掏钱叫了辆的士把父亲送回旅店。让父亲遗憾的是，他在病痛折磨的情况下忘了询问这位好心人的单位、姓名。

《情洒山乡》封面

思藩先生得知父亲忽然病重，非常焦急，马上过来把父亲接到家里护理。杨抱林、申济友等朋友过来看望，济友先生发现思藩先生的家属回了天柱县乡下，照顾父亲不方便，于是与思藩先生商量，把父亲接到了他的家里，并于第二天找人安排父亲到省防疫站医院住院治疗。济友先生一家重情重义，照顾父亲无微不至，天天给父亲送吃的喝的。父亲说医院什么都有，叫他们别送了，他们说他们的饭菜营养搭配更科学，坚持要送。医院床位紧张，父亲稍好些出了院，济友先生一家人让父亲暂时不要回剑河，说县城医疗条件欠佳，担心父亲病情有变化，于是又把父亲接到家中照顾了一个多礼拜。我哥赴省城陪护父亲，也被他们安排住在家里。济友先生是省文化厅群文处处长，兼《群文天地》杂志主编，工作繁重，他一边上班，一边关心父亲的病情。经过20多天的精心治疗，父亲的病情才慢慢好转，眼、脸、喉咙和头部逐渐消肿，住院期间很难睁开的眼睛也逐渐恢复了。从此，父亲与济友先生成了莫逆之交。后来，父亲对我说，他永远报答不了济友先生一家人的深情。

父亲这次重病是磺胺过敏引起的。

“秋风起兮白云飞，草木黄落兮雁南归。”站在窗前，面对窗外深秋时节的落叶飘飞，已近古稀之年的父亲深感生命飞逝，他不得不惜时如金。父亲回到剑河，身体还未完全康复，就又在构想创作版画了。可没过多久，1996年初，父亲眼病再次发作，疼痛难解，无可奈何，他又住进了医院，病情被再次诊断为急性结膜炎。医师告诉父亲：“您老患的急性结膜炎，已经出现上下眼睫内倒，咋个不痛呢！”他建议父亲动手术。

父亲转院到黔东南州人民医院，这里才具备动倒睫手术的条件。

“您老人家平时喝酒多了。”一位女护士见父亲痛得难受，开玩笑说。

“我不会喝酒、抽烟，没有口福啊。”父亲的回答让她感到意外：贵州这地方的老人家哪有不喝酒的呢？可是父亲确实不会喝酒，那天在画友抱林家那小半杯酒都没有喝完。

州医院安排眼科权威医师罗士福主任负责父亲的手术。姚波副院长向罗士福主任等医师介绍：“李老是我州有名的艺术家，前些年在我们医院治好了肠胃病。”他扭过脸对父亲亲切地说：“李老师，我们尽力给您治疗……”

经过手术，父亲眼病慢慢好转。《情洒山乡》一书面世后，深受社会好评，弥补了一段时间来父亲眼疾的痛苦。父亲心情振奋，又开始操刀刻画，提笔作文。

可是好景不长，过了几个月眼疾再次发作。他经人介绍，找州卫校退休的眼科副主任李医师治疗，李医生用电疗烫掉内倒眼睫，不让其持续内倒，这治疗方法确实收效。但是一段时间过后又再次发作，父亲再度来到州人民医院，罗士福主任给他动了第三次手术。结果还是康复一段时间又发作。几经反复，父亲很是无奈，母亲瞒着父亲提了只大公鸡悄悄去找本地最有名的巫师祭神许愿，结果也是无济于事，还白丢了一只鸡。

父亲在眼疾反复发作中痛苦煎熬。有一次，母亲试探着问父亲：“上天这样折磨你，你是不是在哪里做过什么得罪神灵的事？”父亲想了想，说道：“这倒确实有过。1985年出席湖北鄂西四省五地州画展会议时，我留恋巴山、巫水、天府之国的景致，不跟大家坐飞机去武汉转机回贵州，而是独自一人逆长江往上走，一路采风作画，绕道成都回贵州。到了丰都鬼城，我看到阎王强娶民女为后的‘鬼城故事’，怒从心生，在阎罗殿写下了怒斥阎王的诗歌：

鬼　城

千里迢迢访异乡，丰城浏览笑荒唐。
森严君殿神若虎，凄惨地狱鬼似狼。
阎帝贪婪恋美色，凡人失女断肝肠。
金身王像心不正，枉受良民烧贡香！

如果是因为这事得罪了神灵，我一点都不后悔。”

鸟　会（45×30cm）

1996年年底，父亲在眼疾反复发作的情况下，硬撑着病体完成了李氏家族托付的60多万字的《李氏家谱》最后部分的编写校订工作。这一年父亲创作了《舞的起源》《鸟会》等版画作品刊发在《贵州日报》《贵州档案》上，版画《久仰人的歌》荣获黔东南州政府“首届艺术创作评奖”特别奖，《红军长征过榕江》入选国家“纪念红军长征胜利60周年画展”被评为优秀作品。

眼疾反复折磨着父亲，严重影响着父亲的生活和创作。1997年5月，州人民医院又为父亲做了一次手术，没多久又复发。面对父亲这特殊病状，罗主任感到束手无策。共做了4次手术，仍无结果，父亲痛苦、失望的心情可想而知。

中山大学眼科中心是国家一流的眼科医院，享誉国内外。在广东清远工作的我劝父亲来粤医治，父亲向县里申请，政府拨了经费予以支持。于是，1997年7月19日，父亲登上了直达广州的快速列车。

父亲在卧铺车厢的下铺躺累了，坐起来，向窗外望去。夏天的太阳，这时已沉落到天边去了，它在流动的山廓、田园、村庄上面的天空留下金色的霞光。父亲想到已是暮年的自己，拼命工作，事业蒸蒸日上，却因误食磺胺，备受倒睫折磨，且几治不愈，前景黯淡。这次赴粤，父亲视之为“死马当作活马医”，没抱太大希望。

父亲来到清远，受到在清远工作的十几家乡亲的热情接待。

这天一大早，我陪父亲上广州治病。从清远去广州，上午7时出发，到了广州已赶不上当天的挂号。但我和父亲还是带着侥幸心理，在医院大厅的专家介绍名牌上选择医师，选中了中山医科大学博士生导师刘金陵教授。刘教授4天坐一次门诊，每天挂号限定12人。天气闷热，父亲捂着双眼，内心烦躁焦急。我拿着父亲的介绍信挤进门诊，把介绍信交给刘教授。刘教授看过介绍信，知道父亲是从贵州远道来此就医的著名画家，把父亲列为特殊患者当即诊断，并特批父亲住院治疗。

入院的第二天，刘教授带着4名博士生来病房研究父亲的病情。他反复查看父亲的双眼有些惊异：“李先生的眼病是药物引发的。”看过右眼后接着深入诊断左眼，“左眼特别严重，上下眼睫已经全部内倒。”听了刘教授的诊断，我想象得到这半年来父亲所经受的巨大痛苦。我如果能分担一些父亲的痛苦该多好啊，可是我在陪护的过程中唯一能做到的只是跟他聊聊天，问他一些过去的事情，让他在回忆中暂时淡化睫毛刺伤内眼所带来的疼痛。

❖ 1995年春，李万增先生与妻子、儿子儿媳、孙子李思钦在清远合影

刘教授决定提前给父亲动手术。来这住院的患者基本上都要经过一个多礼拜的观察才上手术台，病友们对父亲投来羡慕的目光。有病友问我父亲：“您跟刘教授是同学？”父亲的管床女硕士笑着说：“李先生是远从贵州来治病的著名画家，他们这叫‘名人相亲’啊。”

这天上午，父亲被带入幽静清洁的手术房，安卧在钢架铸制的手术台上，注射过麻药后，手术开始。这次手术，耗时3个半小时。麻药效期过后，父亲阵痛难支。

手术后，刘教授每天早晚都来探望父亲，视查康复情况，每次诊断都不忘告诉父亲恢复良好的消息。父亲也明显感觉得到眼疾在逐渐康复。

父亲考虑到县里财政紧张，手术后刚过一周便提出带药出院疗理的要求，刘教授再三挽留，希望他住满半个月，观察发展情况，确认不会病变再出院。但父亲主意已定，刘教授不便强留，只好同意。这天，刘教授为父亲做出院诊断，他告诉父亲："目前，眼病恢复良好，还需观察一段时间。万一有什么不舒服的就联系我……"就这样，父亲告别了这位为他带来福音的老教授。

离开医院的时候，父亲满怀感激之情在院部留言亭贴诗一首：

羊城思绪

——赠刘金陵教授

艺坛犹苦老来难，几度病磨生死关。

教授回春伸妙手，羊城助我唱归还！

父亲这是第二次来清远。1995年春天，父亲京中画展结束，南下广东来清远看望我们，因工作忙，仅仅住了不到一个礼拜，就与在清远跟我们小住的母亲一起回了贵州。他这次来广东治疗眼疾，出院没多久，眼睛有所好转，就产生了要回贵州的想法，我和妻子再三挽留，他才答应跟我们多住一阵子再走。

广东清远地处粤北，是广东面积最大的地级市。这里山多平地少，高山峡谷雄奇险峻，原始森林浩瀚如海，湖泊温泉纯如深闺。清远城一江两岸，有飞来峡、太和洞、牛鱼嘴、金鸡岩等远近闻名的自然景观。为了让父亲安心在这里住一阵子，我和妻子带着年幼的思嵚在周末陪父亲游览了清远城附近的风光。在城东飞来峡，坐在游船上，父亲饱尝了"风光誉南国，古迹遍峡山"的峡江风景；在城北太和古洞，我们行走在优美的山水环境和独有的古洞、幽谷、奇石、崖刻的景观之中，度过了半天轻松愉快的美好时光；

在城西平原，面对清丽古朴的清远农庄，父亲兴致勃勃地吟了一首《清远农乡》：

粤岭烟回景色苍，蝉音阵阵噪夕阳。
牧童牛背归笛晚，老树昏鸦暮意凉！

❖《艺海萍踪》封面

父亲在清远写下了10余首古体诗，收录进他正着手编辑的《艺海萍踪》诗集中。

父亲来粤医治眼疾，带来了他几十年人生旅途所写下的诗稿，想在治病期间整理编辑成册。现眼病已大体康复，父亲心情舒畅，他用将近两个月时间，在清远完成了诗集《艺海萍踪》的整理编辑工作。

《艺海萍踪》是父亲艺术生涯的诗意纪实。由于诗画一脉之缘，长期以来，父亲每次采风作画、访师会友，总喜欢赋诗抒怀。在他的艺术人生旅程中，生活曾经为难他的人生，回过来又丰富了他的生活。他用作画写诗展现对生活的热爱，对故土的深情，对国家的忠诚。

在清远，父亲一边养病，一边润色诗稿。诗集编好了，即寄京中德高望重的侗族专家杨志一先生和邓敏文先生，请他们润色撰序。远在新西兰的画友李健庄先生得知父亲诗集即将出版，主动帮助父亲解决出版费用。这年10月中旬，父亲离粤返回贵州老家，着手诗稿出版事宜，并于1998年3月启程赴京校稿。

诗集由国际文化出版公司出版。正式付印之前，出版公司再次请父亲进京。夏子华经理和汪兆骞主编对父亲这位来自边远地区的少数民族艺术家予以关心，主动报销父亲两次进京的往返差旅和食宿费用。汪主编说：“像您这样执着于艺术且硕果累累的艺术家我们心怀敬重，就是贴钱也要把您的书编好。”正文定稿后，他安排美编与父亲一起认真研究诗集装帧的形式和细节，直到满意为止。

《艺海萍踪》出版了。这天一大早，杨进铨先生打电话过来告诉父亲，工作在京城的侗族专家学者们要为父亲举行《艺海萍踪》出版聚会。几年前，父亲赴京举办画展期间，在京侗友曾经在中央民族大学为父亲举行过隆重的庆功宴。对进铨先生及在京侗友的深厚情谊，父亲纵用千言万语也难以表达内心的感激之情，他只能在电话中用简简单单的“谢谢”表达谢意。中央民族大学教授杨进铨先生一生致力于侗族文化研究和粟裕学研究，并长期担任中国侗族文学学会秘书长和常务副会长，为全国侗族文化事业的繁荣发展做出了不朽的贡献。父亲与杨进铨先生认识于20世纪70年代后期，当时他和进铨先生与著名民族文学家杨通山、中国民间文化遗产抢救工程专家委员会委员过伟等学者一起，耗费几年时间编辑出版了《侗族爱情故事》《机智人物故事》《侗乡风情录》等多部民间文学。在这个过程中，他们结下了深厚的友谊。

下午，夏子华经理派车把父亲送到中央民族大学杨进铨教授家楼下，父亲老远望见进铨先生站在阳光下的身影。父亲下车，进铨先生迎过来，两人握手，分外亲切。

李万增与杨志一先生合影

进铨先生住的是一栋院内的砖墙楼，父亲随他上到二楼，杨志一、粟周熊、董保惠、李一凡等先生已先行在座。接着，进铨先生的夫人端着热茶送到桌前，大家喝茶叙谈，其乐融融。父亲与他们虽然几次京中相聚，盛情却一次胜过一次。德高望重的杨志一老先生对于父亲这位来自边远山乡的画家问这问那，关怀备至，让父亲心里暖乎乎的。

进铨先生请大家到楼下合影留念。杨志一老先生等侗友又逐一邀请父亲单独合影，用照片定格友情。

《艺海萍踪》出版聚会在国家安全部酒楼举行。酒楼小会议厅张灯结彩，主席台上方挂有红底黄字的横幅，上书“热烈祝贺著名侗族画家李万增先生诗集《艺海萍踪》公开出版”，隆重喜庆。几十位在京侗友参加了出版聚会。出版聚会开始，杨老首先致辞，他站在侗族文化历史的高度称赞父亲诗画并举，有境界，他由衷陈词：“在中国侗族历史上，已经留下诗集、文集和画集的人，恐怕只有李万增先生……”这是德高望重的杨老对父亲的充分肯定和高度评价。接着，聚会侗友依次发言，祝贺父亲。

在父亲离开北京的前一天，阳光灿烂，万里无云。夏经理安排专车和经费，委托其父母亲、兄长及专职作家李梅女士陪父亲游览红螺寺。红螺寺是北方佛教的发祥地，距北京市区50多千米，层层屋楼画栋雕梁，掩映在一大片随山势错落的参天古木之中，古雅幽静。父亲一行来到这里，他情不自禁地画了几幅速写，而后沿着后山那条蛇形而上的小道来到山顶。北京的初夏不冷不热，父亲站在山顶石台上尽情享受阳光带来的温暖与舒适。他走到最高处眺望远近，如画的风光、宜人的气候愉悦着他的心情。

“群星奖”

父亲的眼病经过刘金陵教授的精心医治有了很大的缓解，于是他又投入到他所热爱的艺术创作之中。1998年，除了出版诗集《艺海萍踪》，父亲还创作了版画《耘天》《舞的起源》《心中的歌》、国画《达摩感悟图》《牧牛图》等作品。安徽《都市报》用整版刊发了以《书画家李万增》为题的文章和《侗寨》《爷孙俩》等版画作品，专版介绍父亲在美术方面的重大成就；贵州民族报以《侗族画家李万增作品选》为题，用整版刊发父亲的《秋山鸟语》《傣家风情》《达摩感悟图》《牧牛图》等版画、国画作品。这年，他的人生散记《情洒山乡》被北京图书馆收藏。

❖ 舞的起源（55×45cm）

1998年年底最后几天，父亲在创作这年的最后一件版画作品的时候，接到了文化部请他出席第八届艺术“群星奖”的通知。

“群星奖”是中华人民共和国文化部设立的政府社会文化最高奖，是在海内外产生很大影响、得到社会广泛认可的重要奖项。

1999年1月的北京，寒风卷着尘沙扫荡四野，景山公园风摇树动，可是景

❖ 李万增先生获殊荣

山宾馆内却暖和如春，文化部第八届艺术“群星奖”特别会议在大会议厅举行。出席会议的有文化部的领导、各省区文化厅领导和来自全国各地的获奖省代表，父亲作为贵州省画家代表参加会议。会议由社文司司长范崇燕主持。文化部领导在讲话中阐明了继续举办“群星奖”对繁荣社会主义文艺的重要意义，介绍了这届“群星奖”的评奖标准和文化部层面组织评奖的过程以及评奖的结果。接着，来自各省的文化厅领导汇报各省开展“群星奖”评奖的措施。河北省文化厅领导在发言中表明了要重奖获奖者，将给获奖者颁发奖金一万元，晋升职称和工资；黑龙江省文化厅领导人的发言分量更重，他们将给获奖者予以“奖金2万元，提升二级工资，晋升一档职称奖励”。

接着，文化部在中国美术馆隆重举行第八届艺术“群星奖”获奖画家画展开幕式和颁奖仪式。父亲再次站在国家最高艺术奖的领奖台上，心情无比激动。

中国版画界的古元先生、王琦先生、李桦先生、李少言先生等著名画家，是父亲学习的榜样。

王琦先生是中国美协党组书记、常务副主席，是中国新兴木刻运动参与者、中国版画艺术奠基人之一，对中国美术事业的发展做出了卓越贡献。父亲1995年5月在京举办“李万增民族风情版画展”时，得到王老的关怀和支持，王老还在画展开幕式致辞。借这次赴京参加“群星奖”颁奖仪式的机会，父亲去看望了王琦先生。

王琦先生住在北京煤渣胡同中央美院宿舍楼九楼，父亲曾经两次登门拜访过先生。在王老家里，父亲向王老讨教版画技巧，观看王老刻画，观赏王老作品，听王老谈创作感受，获益良多。

父亲迎着阴冷的北风敲开先生的房门，王老和夫人迎出门来，把父亲迎进客厅，他们的热情驱散了屋外零下10余度的寒意。王老两年没见到父亲了，他问父亲两年来的身体状况和创作情况，父亲向王老详细汇报了近两年的创作成绩。王老说，画家的职责就是不断创作出人民喜爱的作品——只有持之以恒地画下去才能创作出更加优秀的作品。他还谈了这次“群星奖”扭转了近些年来中国美术界盲目追求怪诞、抽象的不良风气，获表彰的画家及其作品展现了改革开放以来社会主义现实主义美术的主旋律。父亲深深感谢王老等前辈的关爱和鼓励，并坦诚自己多年来的追求：凭着自身的倔强走“我中亦我”的美术之路，秉持民族良知，把苗族侗族的文化传统融会于自己的作品之中，创作出属于民族、讴歌社会的作品。王老充分肯定了父亲的追求。

❖ 李万增与王琦先生合影

父亲把诗集《艺海萍踪》赠与王老，并将即将出版的《李万增民族风情画集》呈先生指教。王老详细审看了画集稿件，充分肯定编辑出版这本画册的重要意义，并提出了书稿中诸如画作编排顺序、画面组合等一些需要注意的问题。看过父亲画集稿子，王老为书稿题词：刀笔谱心曲。此外，王老还为父亲的版画集题写了书名。

王老对于父亲有求必应，其深情关怀、崇高艺品感动父亲，成为父亲效法的榜样。父亲写下了饱含深情的《致王琦先生》一诗：

鸡鸣窗影少年时，夙愿欲平耗苦思。
夜幕挑灯怀往事，晨前伏案忆良师。
登门承教费慈肠，艺海萍踪谢赠词。
留照千秋作永念，情深不悔受益迟！

父亲是个多愁善感、心怀感恩的人。“群星奖”授奖过后，父亲除了拜访王琦先生，还抽时间看望了于己情深的杨志一先生、杨进铨先生、粟周熊先生等在京侗友。在回黔的飞机上，父亲想起1995年春天京中画展的时候曾经与古元先生有约，古先生嘱咐父亲“万增，你下次再来北京一定要来家吃我做的粤菜”。可是，时隔一年，古元先生因病去世，父亲再也没有机会实现与先生的约定，这成了父亲心中的一大憾事。

古元先生有恩于父亲。1995年文化部在中国美术馆举办父亲民族风情版画展，得到古元先生的大力支持。他不仅打电话给中国美术馆支持父亲举办个人美展，而且撑着病体参加开幕式。

1995年春天，父亲在北京筹办画展事宜。一天，父亲前往南沙沟古元先生住处拜访。南沙沟是中央高级干部和著名人士的居住地，这里高墙林立，环境幽静。在这繁花似锦的季节，鸟语伴着花香，景色宜人。古元先生住在一栋两层楼房的二楼，父亲走进先生的家，受到先生的热情招待。古元先生不高，稍胖，话语和善亲切，就像邻家的老人。

先生非常关心父亲的画展，父亲将画展作品照片呈给先生指点，古元先生仔细观看每一幅作品后说道：“你的作品乡土气息浓厚，民族特色朴实感人，耳目一新。我和王琦、彦涵等从延安时候起就十分重视乡土艺术，并有意识地将来自民间的那些生命力鲜活的好东西用到自己的作品之中，形成自己的特色。你的路子是对的，要坚持下去。”

父亲认真聆听。古元先生对父亲说了个事实：“北京画展不少，但少数民族画展太少。万增，你的这个民族风情画展难能可贵啊。”先生和蔼、真诚，毫无架子。

先生满怀豪情、面带微笑地告诉父亲：“我在几年前患了癌症，但不碍事。你的画展请柬几天前收到了，如果没有特殊事情，我一定参加你的画展开幕式……”

父亲不想占用古元先生太长时间，告辞离开。先生硬要挽留父亲吃完午饭再走，父亲说画展还有事务要处理。古老看父亲决意要走，于是与父亲约定，父亲下次来京，他要亲自下厨，做几道广东菜给父亲吃。遗憾的是，这个约定已经永远不可能再实现了。

父亲正要离开时，古老让父亲稍候。不多时间，古老从书房出来，拿了一幅“情融乡土，意满人间”的画展题词赠送父亲。这可是一份比黄金还贵重的礼物，这份情谊永远留藏在父亲的心底。

时隔一年，父亲从《人民日报》得知古元先生逝世的消息，不禁悲心犹碎，赋诗缅怀：

吊古元先生

风霜天冻惊噩耗，巨匠落魂举世悲。

有幸京都承教诲，从兹何处觅师帷！

古元先生是中央美术学院前院长、中国美术家协会副主席、中国版画家协会名誉主席。他被中国美术界评价为“20世纪杰出的抒情现实主义艺术大师”，被徐悲鸿称赞为“中国艺术界中一位卓绝之天才”。

父亲虽然认识先生于20世纪90年代初，但古元先生版画艺术中现实性、民族性和抒情性相统一的艺术风格，从50年代开始就一直影响着父亲，从父亲的许多作品中可以看到古元先生作品的影子。

西部文化风采

地处云贵高原向湘桂丘陵盆地过渡地带的贵州黔东南地貌独特，经过地球几十亿年的内力作用，这里到处都可看到峰丛、峰林、石林、溶洞、天生桥、暗河等奇特景观。几千年来，生活在这里的苗侗人民，形成了有别于其他地域的民族文化。黔东南州民族博物馆就是储存这方文化的宝库，也是宣传苗侗文化的窗口，更是国家民委命名的“全国民族团结进步教育基地”。

初秋多雾是黔东南凯里市的气候特点。2000年初秋的一个上午，乳白的迷雾低低地萦绕在城市之上，与四周的山川丘陵连成一体。黔东南州民族博物馆那按照侗族鼓楼样式建造的中央塔楼，以及依照苗族吊脚楼样式建造的东西塔楼，在迷雾中露出气派非凡的重檐翘角，如仙境一般。

上午9点，父亲依约来到雾幔环绕的博物馆，与博物馆负责人商量筹办黔东南“李万增风情画展”。

❖ “李万增风情画展”请柬

几年前，文化部为父亲在国家美术馆举办“李万增民族风情版画展”，父亲的版画被美术界誉为“西部文化风采”。“西部文化风采”是黔东南举办“李万增风情画展”的主题。画展由黔东南州民宗局、黔东南州文联主办，黔东南州民族博物馆承办。父亲没有因为自己已经在中国美术最高殿堂——中国美术馆举办了画展，而怠慢州里为他举办的这次画展，他从画的印制、装裱到展厅布置指导一丝不苟。

开幕式定在2000年10月26日，与在黔东南举办的“全国服饰文化节”同步举行。

开幕式那天上午，秋高气爽，父亲早早来到州民族博物馆。他从馆前的万博广场往城西北方向望过去，15千米外的香炉山清晰地突兀于城市之上，苍穹之下似巨大的香炉，神奇地立于被霞光印染的天边，与民族博物馆那高高的中央塔楼和东西塔楼，遥相呼应出特别美好的景观。

展厅外彩旗飘飘，横幅映日。画展开幕式在一楼展厅门外广场举行。

参加开幕式的领导嘉宾陆续来到会场，他们是：黔东南州政协主席石荣乾，州人大常委会副主任王国辉，州委统战部部长单洪根，全国政协常委、州政协副主席杨念一，州文联主席杨光磊，州民宗局局长杨登林，州文化局副局长陆景川，市人大常委会副主任杨祯德，州广播电视局副局长杨政豪，州文化局原副局长王政贤，州民族博物馆馆长田军、副馆长杨建黎，州美协副主席杨通河，黔东南师专副教授张奇、傅安辉，州党校副教授周崇先，台江县县长潘亮，剑河县原县委书记马传远，剑河县委宣传部部长张立民、武装部政委廖超富，画友陈长浩、龙盛江、唐立斌、刘显银、周乐祯、杨再玉，剑河民宗局局长陈思龙，父亲老朋友刘伯川、花柱奎、胡跃、吴声彪、龙志发，父亲原镇师老同学孙文玉、姚本英、杨镇坤、孙培柏，黔东南师专附中教师谢维俊、潘绍雄及高二年级全体师生……

还有远道而来的省国画院画家杨抱林、福建泉州大学副教授潘年英。

此外，黔东南日报记者、州电视台记者、市电视台记者、凯里晚报记者等众多媒体朋友也参加了开幕式。

画展在隆重的气氛中开幕、剪彩。杨登林局长致开幕词，父亲作致谢讲话。黔东南州民族博物馆收藏了父亲12幅作品并举行隆重的收藏仪式。

这是黔东南州民族博物馆建馆10多年来第一次承办个人美展。为了弘扬父亲“西部文化风采”的品牌，顺应国家西部大开发的大好形势，按照州政府指示，父亲画展打破常规，展期一个月。

画展期间，来自海内外的参观者有36000多人。这对宣传西部文化，促进苗岭侗乡人民的文化自信，开发西部，起到了潜移默化的推动作用。

“大地的歌者，民族的诗人”“一方水土，滋生一方艺术”“情到深处必动人”……一本厚重的留言簿，留下了领导、专家、参观者发自内心的感受和寄语。

来自德国、法国、日本、马来西亚的观赏者，在留言簿上用不同的文字写下了“像珂勒惠支的作品一样迷人”“老画家的版画，OK”“非常非常有趣”等妙趣横生的评语。

贵州日报、贵州民族报、黔东南日报等多家媒体刊载了画展的消息和时评，黔东南州电视台摄制画展专题片《西部风采》在黄金时段播放。

❖ 李万增先生在画展开幕式上致辞

画展开幕结束，领导、来宾参观过画展后，专家、学者留下来，在民族博物馆会议厅召开“李万增美术作品研讨、分享会”。

文联主席杨光磊带头发言。杨主席是文化界的领导，更是与父亲有着几十年交情的文友，了解父亲。他从20世纪50年代父亲的水彩画创作谈起，结合父亲的《清水江上》《久仰人的歌》《斗牛》等代表作，从艺术家“厚道”的角度，挖掘出只有像父亲这样厚道的人才能创作出深受人民欢迎的厚道作品，才能得到人们的敬仰的艺理。他充分肯定父亲的艺术成就，评价父亲为黔东南美术事业做出了不朽的贡献。

全国政协常委、州政协副主席杨念一是父亲的挚友，写过多篇研究父亲画作的评论文章，深知父亲的人和画。他的发言重点考究了父亲版画作品的成功在一定程度上离不开“三味”：乡土味，文化味，诗歌的意味。他说：

“因为万增的民族风情版画作品有浓厚的‘三味’，所以在京展出大获成功。他作品中的‘三味’值得每一个美术工作者去思考和弘扬。”

画家杨通河与父亲一样是黔东南州美术事业的忠实信徒，他是父亲的莫逆之交。他说：“万增工作在县城，创作条件比我差，知名度却比我大很多……”“同行才晓艺业苦”，他跟大家分享了他与我父亲一同采风、一起创作时父亲的一些感人事迹，让大家了解父亲执着美术的拼搏精神。

接着，龙盛江、谢维俊、杨祯德、杨建黎等众多与会专家，分别从父亲作品的地域内涵、夸张兼装饰的形式、民间绘画特点、提炼生活的方法等诸多方面进行探讨，挖掘父亲作品中值得学习借鉴的地方。

最后，州委统战部部长单洪根作总结发言。他认为父亲的作品和人生都很感人：“黔东南州这块既贫瘠又富饶的土地抚育万增成长，后来万增又把自己当作泥土去抚育别人的成长。他费心费力辅导发展起来的剑河温泉被评为国家级画乡就是明证，而今正在茁壮成长的为数不少的年轻画家，也与万增事业追求的影响是分不开的……”他强调，全州艺术界要以这次研讨、分享会为契机，号召黔东南州的艺术家以父亲为榜样，用智慧和拼搏创造辉煌，为助推国家西部大开发战略做出贡献。

为期一个月的“李万增风情画展”展期未结束，2000年11月3日，黔东南州文联又在州人大会议厅举办了黔东南州首次文学创作研讨会——“李万增、余一元文学创作研讨会”。父亲的研讨会安排在上午举行。

秋寒渐深，暖暖的初阳从宽阔透亮的玻璃窗外照进来，会议厅充满暖意。主席位上方挂有“李万增文学创作研讨会”的红色横标。围成长方形的会议桌铺上鲜红的桌布，与摆放在会议厅中央的几盆夺目的鲜花和绿色植物，营造出热烈的氛围。

州委统战部部长单洪根，州政协副主席杨念一，州文联主席杨光磊，黔东南师专副教授龙连荣、傅安辉，州作协主席韦文扬，州书协主席杨光融，作家余达中、杨卓光、文玉深、阿彩、廖涛声等30余人出席会议。贵州省文论家张劲研究员远道而来专程莅临会议。杨念一主席主持会议，代表们纷纷发言，气氛热烈。

第一位发言的是张劲教授。他着重对我与父亲合作的长篇传记文学《将军梦》进行评析。李世荣将军是辛亥革命的先驱，他从武昌起义开始追随孙中山先生献身国民革命，其生命的轨迹曲折复杂。张教授认为该书立足于历史的真实，歌颂了李世荣投身革命慷慨激昂的壮志情怀和戎马岁月的辉煌，又从人性的角度揭示出李世荣作为旧时代军旅文人消极愤世的无奈，和柔弱避世的脆弱性格。李世荣这个形象能够引发读者的诸多思考。张教授说："《将军梦》注重史实，也注重文学，是历史真实和文学真实的融合。作品不追求情节的离奇，更着意对人物进行多角度、多层面的刻写，加上语言朴实无华，无斧琢的痕迹，人物形象生动鲜活丰满，可读性强。《将军梦》是一部难得的优秀作品。"

龙连荣副教授从诗画合一和创作的内在力量来赏析父亲的诗集《艺海萍踪》。他认为父亲的诗歌之所以脍炙人口，是因为父亲是画家，"以诗作画"，展现了画韵浓郁优美。更因为父亲寻找到了民族的灵魂，能在诗歌之中彰显出引领时代的热烈执着的精神。

评论家余达中副教授从民族责任心的高度评价父亲："万增老师从早期的民间文学《嬢花与太阳的儿子》到最近出版的《将军梦》（与人合作），共出版了7部著作，每一部著作都是他高度民族自豪感、责任心与艺术智慧的结晶。高度的民族自豪感、责任心源于对民族文化的认同。万增老师的民族情感早已成为他进行创作、展现才华的动力和底气，所以他从艺半个多世纪来步子迈得很稳，所以他不论在美术方面还是文学方面都成就斐然。我很敬重他，佩服他。他是我学习的榜样。"

与会专家逐一发言。

最后，青年诗人文玉深用一首题为《致侗族文艺家李万增》的旧作，来表达对父亲的敬意：

你深陷的双眼似黑洞
藏有好多好多金子么
你网格的脸纹似稿笺
写满好多好多故事

年过花甲本可以退休战方城

摇蒲扇抱孙孙优哉游哉
你却寄情于故乡的山水
爬那险峻的高山涉那汹涌的河流

你自诩耕牛
任凭风雨鞭抽
默默耕耘板结的土地
沐浴于黄昏的夕辉里
将灵感拽向收获的季节

摘几枚奖证藏在箱底
我们认为你轻而易举
你却老泪纵横数点那逝去的岁月
数点那洞穿心灵的十个弹孔

再看你那深陷的双眼
哦　里面分明有月亮星星
再看那网格的脸纹
那分明是一幅刀刻的版画
…………

为期一个月的“李万增风情画展”在行将闭幕的时候，父亲那幅被称为“中国版画第一长卷”的《侗乡集锦》失踪了。

《侗乡集锦》这幅版画创作历时3年，作品将北侗“侗家迎亲”“侗家斗牛”“相思树”“三月三”“赛马”“多耶”“贵客”“拦门歌”“龙舟竞渡”“回门酒”“侗乡鼓楼”“风雨桥”等独具特色的民族风情按时令季节的次序，巧妙地组合在5米多长的画卷上，内容丰富多彩，内涵丰厚，“堪称侗族传统文化的缩影”。

在1988年黔东南美协举办的草图观摩会上，画家们一致认为这幅画构思精巧，造型独特，有丰厚的文化内涵，但创作难度太大，有的同志不太相信

❖ 李万增给嘉宾介绍《侗乡集锦》

父亲能把这幅画刻出来。父亲在创作刻制这幅画的过程中，形式、刀法、印制等方面遇到了不少困难，但父亲耗费3年时间把它拿了下来。这幅画的问世，得到版画界的一致认可。它入选贵州省展，在1990年的国际“米公杯”美术书法大赛中获奖，被选送到澳大利亚悉尼展出……

这幅画不仅是父亲的力作，也是黔东南美术发展进程中的代表作。遗憾的是这幅画失踪了，父亲很痛心。

存真求实写先贤

侗族先贤李世荣将军是辛亥革命元勋，他早年参加武昌起义，担任总司令部侦探科科员，因作战勇敢，战功卓著，受到孙中山通令嘉奖。从此，他怀着救国、建国、强国之大志追随中山先生，驰骋疆场，功勋卓著。不幸孙中山早逝，蒋介石背叛革命，实行独裁统治，残害革命将领，屠杀共产党人。面对这种形势，他无奈、苦闷、彷徨，最终愤然离开军界，归隐山林，拒与蒋介石为孽。新中国成立后，他应请出山，贡献余热，于1957年病逝于老家八十溪。

李世荣将军是我们李氏家族的族公，说一不二，很有威信。兄弟众多、家庭贫困的父亲，是在族公李世荣的建议下才得以上学读书的。在父亲坎坷的青年时代，又得到过族公李世荣的呵护和帮助。于是深怀感恩之心的父亲约我合著长篇人物传记《将军梦》，还原历史，教育后人。当然，父亲和我写这本书，并不仅仅因为李世荣将军与我们有亲情渊源。

勤于收集资料的父亲，在还未打算为李世荣将军立传的岁月里，就已经积累了部分关于李世荣将军的资料。但要还原李世荣将军的人生，这些资料是远远不够的。父亲在肠胃炎时好时坏，后来又身患严重眼疾的情况下到处奔波，查阅历史档案，搜集散落各地的资料，找到当时能提供佐证的有关老人座谈、调查。为此，父亲耗费好多年的时间，走访了天柱、锦屏、从江、黎平、榕江、台江、三穗、芷江、新晃和广西部分县市，采访到大量宝贵的史料。在这过程中，父亲得到了曾任李世荣建国联军军需官，后来投奔延安，时任贵州省人大常委会副主任的龙贤召老人的鼓励和大力支持。

❖ 《将军梦》封面

我在广东清远从教。1996年暑假我回到贵州剑河，与父亲一同整理资料，研究架构，确定故事情节，开始了这本传记的写作。在接下来将近3年的时间里，一些章节是父亲写作初稿我润色，有的章节是我拟初稿父亲润色。最后由我校对修改，成书。

为了写好人物，我和父亲费了许多心思。在李世荣出生前的30多年里，贵州黔东南一带先后爆发了苗族张秀眉、侗族姜映芳领导的反清起义。李世荣出生后，清廷更加腐败，列强瓜分中国，军阀纷争，匪祸四起，民不聊生，国家处在岌岌可危之中。这些重大历史因素与人物的成长有着必然的内在联系。时代潮流涌动，我们把人物放在历史大背景中刻画。背景的追叙，既为李世荣的人生梦想奠定了历史基础，也为他往后艰苦的戎马生涯、父亲的蒙冤、好友的屈死，以及他的坎坷一生做了铺垫。李世荣将军有着一种不畏艰难困苦、为理想而不懈奋斗的毅力和精神，这是他生命的品质，值得后人发扬和传承；而他作为悲剧人物，造成其悲剧的历史渊源和现实条件，也同样值得后人深思。立足时代大背景，注重史料的真实性，客观公正地刻画李世荣这个历史人物，是我和父亲写作这部著作的自我要求和原则。

我们以李世荣将军的一生为线索，着力重大事件的记载。李世荣的爱国主义精神、英勇善战和卓越的指挥才能，都是从武昌起义、护国讨袁、背水攻占黄桷椏等重大事件中表现出来的。我们既重视写好重大历史事件，又重视细节描写。把握好李世荣与其他各个阶段先后出场的人物的关系——特别是与一些重要人物的微妙关系，是写作的难点。例如在写李世荣与王天培的情谊以及他们交往后期相互之间的戒备心理的时候，我们几经修改才定稿……

在父亲来广东医治眼疾的那段时间，是我与父亲就这本书频繁进行写作

交流的时候。

父亲承担这本书的出版事宜。1999年秋，父亲在电话中告诉我，这本书的出版得到他的京中侗友杨志一、邓敏文、杨进铨、粟周熊、吴宗金先生的关心，得到贵州省人大常委会副主任梁旺贵先生、王耀伦先生分别题词，贵州省政协主席龙志毅先生为本书撰写了序言，贵州省副省长龙超云先生批拨了出版经费。

1999年12月《将军梦》出版，备受社会关注。《贵州日报》《贵州民族报》《贵州政协报》《黔东南日报》等媒体刊发了消息和时评，《凯里晚报》从2000年春天开始连载《将军梦》全书。

贵州省人大常委会副主任王耀伦先生在电话中勉励我们：

“你们父子为宣扬民族做了有益的事，历史不会忘记你们。”

黔东南州委宣传部部长杨斌先生打电话给父亲：“社会上有许多关心崇敬将军的人，您父子俩的书，为黔东南进行爱国主义教育提供了一本好教材。感谢你们！”

黔东南州教育局把《将军梦》定为“爱国主义生动教材”，向黔东南州中小学推荐。

广东的深秋时节，炎热早已过去，寒气却迟迟不来。在这一年中最好的季节里，我喜欢在上完自己的两节课之后走出办公室，漫步于校道，享受深秋那暖暖的阳光。

这天上午，我刚离开办公室就接到了父亲的电话，父亲告诉我《将军梦》荣获侗族文学50 年（1949—1999）“风雨桥奖”的消息。讲完获奖情况，快要挂电话的时候，他像往常一样没有忘记鞭策我几句：“当高中老师虽然忙，但时间总是可以挤出来的。你要抽空写写文章……”之前面对父亲这些话，我口里应着，并没有把它当回事，而这次，我把父亲的嘱咐牢牢地记在了心里。几年来与父亲合著《将军梦》，使我对写作已经有了一定的感觉。《将军梦》获奖对我触动很大。这之后，我开始写散文、诗歌，开始写教育随笔、下水作文，慢慢地成了文学爱好者和教育的思考者。后来，我加入了广东省作家协会、广东省评论家协会、中国少数民族作家学会，成长为特级教师，这些都得益于父亲引导我走上勤于写作的道路。

挂了电话，我站在校道上，抬头望望天空，蓝蓝的天空是那样的高远，炫目的阳光从高大的香樟树刺过树梢闪下来，使树下的花草充满生机。这天是2000年11月16日。

“风雨桥奖”是侗族文学最高奖项，每5年评选一次，主要颁发给那些有重大影响的优秀侗族文学创作成果和研究成果。这个奖项不分等级，均按得分多少排列名次。首次侗族文学50年（1949—1999）“风雨桥奖”评委，由中国社会科学院少数民族文学研究所、文化部艺术研究院、中国作家协会民族文学杂志社、中央民族大学等单位的专家组成，共评出获奖作品39件。著名诗人柯原诗集《柯原抒情诗精选》位列第一，《将军梦》因“存真求实写先贤，有深刻的思想内涵和不拘一格的写作特色”位列第二。

父亲有晚饭后散步的习惯。2001年11月23日这天傍晚，父亲漫步来到独拱跨度号称全国第一的剑河大桥上仰望星空。月亮尚未出来，黑沉沉的天幕上繁星密布，大大小小的星星眨巴着绿色、红色、黄色、蓝色的眼睛。有些星星簇拥在一起，热热闹闹地，成为密密麻麻的一大群；有些星星形单影只，安静在苍穹的一角。父亲想：“‘天上一颗星，地上一个人’，我是哪一颗星呢？”父亲细细地找，很难确定浩瀚的苍穹中哪一颗是自己。但他忽然感觉到，有的星星在逐渐变亮，越来越鲜明，而有的星星却在慢慢变暗，片刻间熄灭在星群之中……

这时，手机响了，是中央民族大学杨进铨先生打来的，邀请父亲出席近期在广西龙顺召开的全国侗学经济文化协作研讨会。

10多年前，父亲几次赴湖南怀化、广西三江、贵州黎平等地参加全国侗学会会议，近些年专心著书作画，已经好几年没出席侗学会议了。让父亲感到痛心的是，为侗族事业呕心沥血的龙贤昭、苗延秀、杨权先生等侗族文坛好友这几年相继离开了人世，想起往昔跟他们在一起讨论侗族文化发展、编辑侗族文著的情景，大家谈笑风生，意气风发，谁会想到终将风烛残年，蜡熄烟消呢？父亲顿生赴会与还在世的侗贤老友们一叙的念头，便当即答应了进铨先生的邀请。

其实，年近75岁的父亲决定参加这次侗学会会议，还因为他有两桩心事要在会上阐述。

一是，他阅读近期隆重问世的《侗族百年实录》一书，发现了好几个不得不说的问题。这部著作是铭刻侗族发展大业的史书，是国家关心侗族政治、经济、文化传承的重要工程的成果。可是在编纂过程中，少数隐存私心的同志违背历史，违背民意，违背客观事实，将在新中国成立时期随形势转变而转换角色的个别伪政人员美化为“英雄”，塞入侗族历史重要著作之中。再者，确认侗族“名人”存在不看实绩，仅以虚衔定论的情况，把卓有建树的著名画家龙开朗等排除在外。而且，像荣获过文化部金奖的剧本《官女婿》之类的重要作品只字不提。

❖ 1984年11月，李万增在“全国首届侗族文学史学术研讨会”上做主旨发言

二是关于澄清李世荣将军历史功过问题的心事。侗族先贤李世荣将军参加武昌起义战功显赫，获总统府“勋劳卓著”嘉奖。他矢志不渝地追随孙中山，屡立战功。不幸中山先生早逝，李世荣不满蒋介石背叛革命，实行独裁统治，愤然离开军界，隐遁山林几十年，到了新中国成立才走出侗乡献余热。李世荣将军人生履历清晰，并非“军阀”“战犯”。

父亲写好了会议纲要。遗憾的是会期临近，他的急性肠胃炎发作，只能致电进铨先生表达不能赴会的歉意。

千呼万唤始出来

2002年3月，《李万增民族风情画集》终于出版问世了。画集后记写道：“侗族画家李万增先生立身边乡，从事民族艺术创作50余年，为弘扬少数民族艺术做出毕生奉献。1995年，国家民族事务委员会、文化部、中国少数民族美术促进会等单位在中国美术馆举办‘李万增民族风情版画展’，2000年黔东南苗族侗族自治州举办‘李万增风情画展’以展示西部艺术风采。为了配合党中央关于西部大开发的伟大战略决策，宣传祖国西部，弘扬西部少数民族地区文艺创作，我们从画展作品中选编反映贵州苗族、布依族、侗族、土家族、彝族、仡佬族、水族、瑶族等民族风情内涵作品70件出版《李万增民族风情画集》，以抢救和保存高原优秀文化，实现周林老省长等领导的嘱愿……”

父亲的这本画集从编辑到出版经过了整整8年时间。

当年，父亲画展在中国美术馆举行，开幕式结束，父亲陪同周林老省长、古元先生、王琦先生、任虹先生等来宾逐幅观赏画作。看完作品，周林先生高度评价“这些作品是贵州高原优秀文化”，称父亲“为贵州人民做出了卓越奉献，立了大功”，并与任老商量要写信建议贵州将这次展出的全部作品编辑成画册，公开出版，以弘扬贵州高原优秀文化。贵州省委宣传部领导当场表态“回去研究”，并嘱咐父亲着手编稿。

父亲编好画册稿件，借进京出席文化部“群星奖”颁奖仪式之机，把《李万增民族风情画集》稿件呈中国美协原党组书记、副主席王琦先生指正。王先生充分肯定出版这本画册的重要意义并提出修改意见，还给画集题词和题写书名。全国人大常委会委员、著名画家杨长槐为画集撰写序言。

然而，由于周林老省长去世，贵州省委宣传部领导人事变动，画集出版计划石沉大海。父亲也在这时误服药物患了久年不痊愈的眼病，就这样随着岁月的流逝，画集成为难产胎儿。未能实现周林老省长的遗愿，一直牵挂在父亲心中。

周林先生逝世的消息，父亲是从报纸上看到的。那是一个天气闷热的早晨，父亲在广州中山大学眼科中心住院部等待做手术。父亲在走道读报栏上看到“中共中央顾问委员会原委员周林逝世”的消息，他眼睛湿润了，内心久久不能平静。

周林老省长是贵州仁怀人，曾任北京大学党委书记、教育部副部长、中共中央西南局书记、贵州省委第一书记。他主政贵州期间，为改变贵州省的贫穷落后面貌做出了卓越的贡献，得到贵州人民的爱戴。他对贵州高原始终怀有深厚的故土情怀。1995 年5月，父亲在京举办画展，老省长怀着炽热的民族情感参加画展开幕式，并嘱咐贵州省委宣传部出席画展的领导要把父亲这代表“贵州高原优秀文化”的作品编成画册出版。之后，他又与中国儿童剧院老院长任虹先生联名写信，嘱咐贵州省委宣传部出版父亲画册的事情，父亲永远忘不了他和任虹先生的深深情意。周林老省长和任虹先生都盛情邀请父亲去他们家做客，由于任虹先生与父亲有约在先，父亲先行拜访了任虹先生。之后父亲两次进京都来去匆匆，没去看望周林老省长，而永远失去了与文雅谦和、平易近人的周林老省长再次面晤的机缘，这成了父亲心中的遗憾。

后来，在我和父亲合作的李世荣传记《将军梦》一书中，主线涉及贵州省原省长周林先生。参加武昌起义的李世荣将军，在新中国“镇反”运动中身处艰难，是周省长以远见卓识拯救了一位忠于孙中山民主革命的侗族先贤免遭其冤，制止了“镇反”运动中可能出现误判的重大事故的发生。父亲从搜集到的史料中深深感悟到周林老省长正确执行革命政策的胸怀和见识的伟大，巩固了中国共产党在人民群众中的威望。这是父亲与周林老省长交往备感亲切的一个重要原因。

2001年10月，父亲赴京参加“全国各民族美展”的筹备会议，再次来到中国美术馆，周老省长的音容笑貌浮现在眼前，父亲静静地站在周老与他亲切交谈过的地方，用记忆缅怀。

这个时候，父亲忽然觉得人的生离死别并不可怕——死是一种令人怀念的告别。

❖ 梳　妆（57×42cm）

父亲的眼疾经过中山眼科中心刘金陵教授的用心医治舒坦了几年，2000年夏天又出现了症状，虽病症没有以前那样严重，但藏不得一粒沙子的眼睛，怎么会接受得了几根倒睫的刺痛呢？家人和朋友劝他，都已经奔八的人了，事业是干不完的，不如停下画画、写作，像一些人那样打打麻将养好身子，安度晚年，但他不干，他说他不想用已经为数不多的岁月偷安。这年，父亲创作了《山妹上学》《梳妆》《风雨桥畔》《新月》等版画作品和《鸟市》《清水江畔》《鹰》等国画作品。《贵州民族报》专版刊发“李万增风情版画选”，选发了《土家风情》《故乡曲》《酒香意浓》《布依姑娘》《隔窗对歌》等作品。此外，他还写作多篇评论、散文在各级报刊发表。

2000年国庆节，《李万增民族风情画集》的出版又被搬上了议事日程上。

国庆之前，剑河县民宗局局长陈思龙出席了黔东南州为父亲举办的民族风情画展和美术作品研讨会，被父亲的执着精神和取得的成就深深感动。他听父亲提到《李万增民族风情画集》迟迟未能出版的前因后果，随即依据父亲所述情况，向贵州省民宗委呈送《“抢救民族文化”，完成周林老省长弘扬高原优秀文化遗愿》的报告，引起省民宗委领导的高度重视。

2001年初春，父亲与剑河县民宗局姜通文同志，出席省民宗委召开的《李万增民族风情画集》出版审稿会。

春风化雪，暖怀人间绿意和万千蓓蕾。大街小巷的绿化树满树新叶，南明河畔桃红柳绿，河滨公园的樱花盛开……四季如春的贵阳早早展示出阳春三月的亮丽姿容。

这天上午，热爱春天的父亲满怀对筑城春意的惬意，走进省民宗委会议厅。主任苏太衡亲自主持会议，副主任杨东胜、李明金，助理巡视员龙国辉，文教处处长张锦梅等15人出席会议。会上，父亲汇报后，各位领导审阅书稿，一致赞成这本画集的出版，商定以“抢救贵州高原优秀民族文化”报出版计划，并最后确定编委成员名单及后记内容。会议结束，父亲与姜通文同志迈着轻快的步伐走出会议厅。室外阳光明媚，到处都是春天的气息。

一星期后，由父亲将校改稿本呈主编过阅，画集稿本送交贵州民族出版社。剑河县民宗局向剑河县委、县政府机关和黔东南州民宗局及省民宗委呈送审稿纪要。

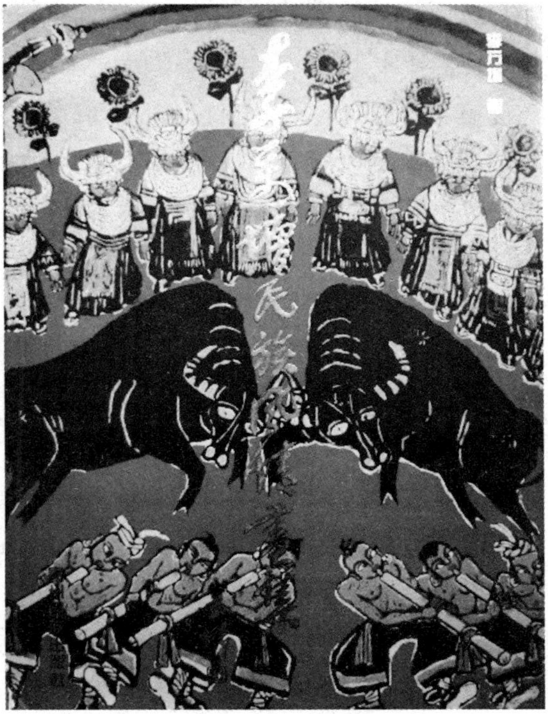

❖《李万增民族风情画集》（精装）封面

《李万增民族风情画集》由深圳彩印有限公司印制为精装本，于2002年3月出版问世，了却了父亲8年的心愿，实现了周林老省长等领导的嘱愿。

新华社香港讯：“2002年7月17日，为期6天的中外大型图书展览在香港会展中心开展。本届书展吸引了377家中外书商及出版社参展。选送自中国西部的《李万增民族风情画集》在本次国际书展中以展示西部文化风采深受好评。”

这本画集凝聚着父亲50年心血，被评论家赞誉为“一部丰厚的民族文化史”。

岁月从身边走过

2002年7月中下旬，我携妻儿回贵州探亲。

回到剑河县城的第二天，天还麻麻亮，听到父亲起了床，我也随即起床，跟随父亲出门，走进夏天清晨新鲜的空气之中。

我们快步走过文化馆门口通往剑河大桥的大街，走过当年号称中国独拱跨度第一的剑河大桥。绕江岸一圈回到桥头，父亲有些累了，我们在桥头凉亭的条凳上面对着滔滔江水坐了下来。急湍的清水江在脚下落差几百米的低处咆哮喧哗，对岸的剑河县城在清水江的环绕护卫下，正从甜蜜的梦境中慢慢醒来，如幔的薄雾渐渐朝着高高的山岭退去，山城变得清晰起来。我的眼睛随着晨雾退走的方向往山城背靠的大山望去，盘绕在若隐若现的白雾之中的梯田高远凌云，堪称奇观……我把目光移向江水奔腾而去的远处，夹岸峰峦重重叠叠，造型丰富，黛色的山体上有浓雾铺陈，有薄雾飞飘、点缀，在晨曦中抹弄出特别的神采。

我对父亲说："剑河山城仿佛坐落在一幅壮丽的水墨国画之中。"

父亲笑着说："如果不早起，哪能看得到这神奇的风光呢？"

父亲一句普普通通的话包含着深刻的人生哲理。这是他人生的感受，也是他人生的写照。

每天早上6点之前按时起床——是父亲坚持了半个多世纪的习惯。父亲在镇远师范念书的时候不幸得了肺结核，他以顽强的意志力战胜病魔，并由此养成了早起、坚持晨练的习惯。年轻的时候，父亲的晨练以慢跑为主；退休后，他把慢跑改成了快步走。难得的是，父亲即便出差也没有停止过晨练。

遇到雨天或大雪天，他照常按时起床，不能晨练，就写毛笔字——父亲的毛笔书法刚劲质朴，挥洒自如，与他这份晨练雨雪无阻的倔强是分不开的。

一日之计在于晨。早晨清新的空气快速代谢父亲的精神状态，提升他的精气神，使他总能满怀希望和信心去做好新的一天计划要做的事情。

我和父亲晨练归来，妻子已协助母亲做好了早餐。用过早餐，父亲进入了工作状态。

父亲走过了75年的生命历程。他回望人生，磕磕碰碰，有不堪回首的过往，有与命运抗争的坚强，更有大半辈子奉献民族文化发展果实累累的幸福。他要动笔把自己的人生旅程和感悟用文字的形式记录下来，给后人留下一些值得思考的东西。

父亲在20世纪90年代出版过一本名为《情洒山乡》的人生散记，那是他在身患严重肠胃炎，在医院长期卧病，眼看生命一天天逝去的情况下，抱病写出来的，写得简略，显得粗糙。于是他在《情洒山乡》的基础上，于2002年初开始了人生散记《岁月从身边走过》的构思和写作。父亲在电话上与我研究过这部书的构思和结构，他打算以无数独立成篇的散文按照一定的逻辑顺序组合成册。在我回乡的时候，父亲已写成了数十篇初稿拿给我看。

我们回来这些天，父亲都是上午、晚上写作，下午整理、编绘《李万增国画集》，只是在晚饭过后才带着9岁的孙儿思嵚去县城后山或剑河大桥走走，与朋友、熟人聊聊天。

我们在县城陪伴父母一个多礼拜，而后去乡下看望几个亲戚又待了几天。回到剑河县城，我在吃饭的时候动员父母亲跟我们到广东住一阵子。父亲也想跟我们去广东小住，但是《岁月从身边走过》可以在广东写，《李万增国画集》的编绘不方便在广东完成；母亲也想这次跟我们一同去广东，但她放不下父亲。母亲依据国家农转非政策，离开农村来到城里生活已有10多年时间了。因为有母亲的陪伴和照顾，父亲才得以把全部精力投入到他所钟爱的事业之中。父亲不同行，母亲怎么忍心丢下父亲不管呢?

父亲说，他完成了《李万增国画集》的工作后，一定去广东跟我们住一段时间。

高三年级8月1日开学，我和妻子是高三年级的把关教师，我们不得不带着对年迈父母的愧疚离开剑河，踏上了回广东清远的旅途。

因工作需要，我和妻子由清远市清新区新调到清远市第一中学任教。到了新的工作单位，我们仍旧任教高三。高三寒假只休息几天，2003年短短的暑假又遇到培训，父亲在电话中说“你妈和我俩人身体没什么大毛病”，叫我们“刚到新的单位不要辜负领导的信任，要以工作为重”，不要牵挂他们。

2003年我没有回剑河。这年秋天，我们收到了父亲寄来的他的人生散记《岁月从身边走过》。父亲这本纪实散文集，不论是追溯人生及对文坛画界良师益友的回忆，还是阐述对绘画、文学艺术等方面的真知灼见，都显示了作者特有的幽默洒脱的艺术风韵，表现了作者身处变革时代，把生活带给他的喜怒哀乐化为动力的特有激情和艺术良知。身体有病、年逾古稀仍执着奋斗，永远乐对人生。已经调任贵州省政协主席的著名作家龙志毅先生在序言中写道：

“从事文学艺术工作的人所走过的道路各有不同。有的人长期生活于群众之中，植根于民族文化的土壤，辛勤耕耘，硕果累累……有的人凭机遇，走捷径，名气大，却是‘头重脚轻根底浅，嘴尖皮厚腹中空’。我认为前者是脚踏实地的文艺工作者，是有益于社会的文艺工作者，因而也应是受到社会敬重的文艺工作者。李万增便属于这一类。

“李万增长期生活在黔东南州的民族山村，刻苦自修，埋头创作，甚至在‘文化大革命’中受迫害被遣送的日子里也没有放弃自己的理想和追求，收集了100多万字的民族文化资料，画了300多幅速写。他的创作原则是：民族艺术家应当立足乡土，以外来艺术为桥，努力攀登艺术高峰。五十年如一日，他坚持这一原则，艰苦奋斗，先从事以农民生活题材为主题的版画创作，后又从事文学创作，先后发表、展出版画200多件，文学作品250多篇。他的处女作《侗家姑娘积肥忙》，20世纪50年代初期便在贵州首届青年美展获铜奖并在《青年杂志》发表，第二件美术作品《清水江上》，在贵州第一届美展会上被评为优秀作品并出版。50年间，他总共有300件版画在国外展出、发表、获奖或被国内外所珍藏。是贵州美协早期会员。他的民族文学《侗乡龙灯》等两件作品被译成俄文出版和选入乡土教材。侗族民间文学集《嬢花和太阳的儿子》和论文《从侗寨鼓楼看侗族人民的艺术观》先后荣获全国少数民族文学会、侗族文学会评比一等奖，《将军梦》（与李代权合著）评为侗族文学（1949—1999）‘风雨桥奖’。李万增在努力从事文艺创作的同时，还积极推进所在地区——剑河农民画发展，而且取得了可喜的成绩。所在县被文化部命名为‘中国现代民间绘画之乡’。文化部授予他‘全国先进文化馆长’称号。1994年，荣获文化部全国“民族百花”荣誉金奖，表彰他从事民族艺术的功绩。1995年国家民委、文化部为他在中国美术馆举办‘李万增民族风情版画展’并珍藏作品。1997年，获中国美协、中国少数民族美术促进会‘迎九七画展’银牌奖。1998年，获文化部艺术‘群星奖’。他公开出版散文、诗著和画集8部。1987年，晋升副研究员高级专家职称，并被选为中国少数民族美术促进会常务理事，是中国美术家协会会员、中国版画家协会会员、中国民间文学家和贵州作家。《人民日报》（海外版）、《中国文化报》、新西兰《先驱报》等中外几十家报刊登载介绍他执着艺术的文章。受到日中文化友好协会会长福田一郎先生、日本画家吉田穗高先生、英国画家夏丽斯女士等慕名专访。

❖ 《岁月从身边走过》封面

“纵观李万增50年的文学艺术创作活动，客观的评价应当是，他是一位很有艺术成就的人，对社会有贡献的人。希望社会各方面对李万增同志给予更多的关注和支持，希望李万增同志在晚年取得更多的成就。”

龙志毅主席的序言，高度概括了父亲一生在民族文化事业上矢志不渝的苦苦追求，客观肯定了父亲取得的重大成就。

我在想，如果父亲是一辆行驶在路上的汽车，那龙志毅主席的话语就是没有杂质的汽油，助力年近古稀的父亲加大马力向前行驶。

2004年初夏，《李万增国画集》出版了。他在电话中说要把画集寄给我，我说不久就会回家看望他和母亲，建议画集就不寄过来了，我回剑河再

❖ 《李万增国画集》封面

拿，结果他老人家还是把画集寄过来了。

《李万增国画集》由国际文化出版公司出版。这本画册汇集了父亲从1973年到2004年创作的86件国画作品，其中大部分作品参加过各级展览和在国内外报刊上发表过。

在黔东南画家群体中，父亲是个多面手。他以版画为主攻方向，兼画国画、水彩画。他外出写生，多用水墨画和钢笔画。父亲在剑河中学念书的时候，受到画家袁行恕先生的国画启蒙，在镇远师范求学期间，又跟随蒋踧公先生断断续续地学到一些国画基本功。国画讲究气韵、追求意境的特点诱惑着父亲。20世纪70年代中叶，父亲在电影院工作的时候，为了配合幻灯片的绘制，开始顽强地练习国画。父亲把一整张一整张的书写纸裁成A4纸大小，并用线装的方式，装订成厚厚的几大本，把《芥子园画谱》作为自修的范本，开始了4年多的辛苦训练。当时我已是初中学生，清楚记得父亲练习国画的情景。父亲把习本和纸张笔墨摆在案头，饭后、睡前、周末，有空就伏案描摹苦练，几年下来，父亲把《芥子园画谱》临摹推敲了好几遍，4大本画得满满的国画练习册，一丝不苟、有条不紊、循序渐进地记录了父亲筑牢国画基础的轨迹。那些年我母亲还在农村务农，希望子女成龙成凤的父亲把我们兄弟姐妹全都接到了身边，让我们得到更好的教育。父亲既当爹又当妈，工作辛苦。在这种情况下，他一直坚守事业追求，并用4年多时间的辛苦训练，跻身国画领域。在电影院工作的那段时间，他一边苦练国画基本功，一边尝试国画创作，《送寒衣——毛主席长征过剑河》《特大喜讯传山村》《雄鹰》等作品就是这个时候创作出来的。父亲在创作这些作品的时候不是闭门造车，而是深入生活，力求画出作品的精气神。

例如，父亲在创作《送寒衣——毛主席长征过剑河》这幅作品的时候，沿着中央红军当年离开县城北上的路线重走了那段长征路，实地采访当地老百姓，了解历史情况，并结合速写进行推敲、创作，力求还原毛泽东主席长征过剑河送寒衣给苗族老妇的动人情景。1935年，党中央和3万多红军指战员经黎平稍微休整后，转下锦屏，沿着清水江而上，来到江畔山城剑河。中央红军这支纪律严格、不拿群众一针一线、关心爱护百姓的部队很快赢得了当地民众的好感，并结下了鱼水深情。几天后，中央机关依依不舍地告别乡亲们，继续北上。天刚破晓，在雪压丛林的山路上，一位满身补丁、衣服单薄、浑身冷得打战的苗族老妇人从毛泽东主席身边走过，毛主席急忙招呼警卫员从背包里取出他那件不常穿的夹袄，面带笑容，亲手把夹袄送给苗族老妇人。毛主席的这件夹袄可不是普通的夹袄，它是毛主席年轻时在北京大学当图书管理员的时候岳父兼恩师杨昌济老人赠送的礼物，衣服的袖子上有被国民党反动派残酷杀害的妻子杨开慧一针一线缝上的补丁。这件意义特别的夹袄，毛主席自己都舍不得穿，却把它送给了一位陌生的苗族老妇人。毛主席关心爱护苗民的感人事迹是份珍贵的历史记忆。父亲这位艺术家不忘初心，以共产党员的责任担当，倾情创作，几易其稿，绘就《送寒衣——毛主席长征过剑河》，这幅作品在中国美术馆展出深受好评。

《送寒衣——毛主席长征过剑河》这幅作品在构图上将平面构成与散点透视相结合，客观展现人物主体与苗寨的空间关系，并在二维视角的基础上表现三维构图，取得主次分明的立体化效果。其人物在精密的刻画中敷以大面积的泼墨，加之线条流畅，把人物刻画得惟妙惟肖，画意深邃而含蓄，有很高的艺术价值和思想价值。出人意料的是，2000年秋天，为期一个月的黔东南州“李万增风情画展”期间，父亲那幅被称为“中国版画第一长卷”的《侗乡集锦》离奇失踪没多久，父亲的《送寒衣——毛主席长

❖ 送寒衣——毛主席长征过剑河（60×90cm）

征过剑河》等10余件国画和版画作品，又在州文化局宿舍被人盗走。为此，当地公安机关努力多年，案子至今未破。

2004年7月中旬，我携妻儿再次回到贵州剑河探望父母。才时隔两年，父母虽然气色还好，但苍老了许多。岁月这把刻刀，在父亲脸上刻下了更多苍劲的褶皱；岁月的染料，也从他的鬓角往上染上了更多的白色；岁月的重负，慢慢压弯了父亲的腰……黎明起来，我和父亲漫步江畔的时候，父亲的步履也沉重了许多。父亲说他的手变得不像往常那样有力，已经一年多不在木板上刻画了。国画和书法已经成了他晚年的寄托。

岁月正从父亲的身边快速走过……

我想，今后不论再忙，都必须常常回乡陪伴父母。

血染的风采

父亲在2002年开始写作他的自传体散文集《岁月从身边走过》的时候，就萌生了要创作一本名为《伟人名流与黔东南》的画册，向黔东南建州51周年献礼的念头，并开始着手收集画册的资料。之后因编辑出版《李万增国画集》耽搁了一段时间。2004年初夏，国画集出版工作一结束，父亲就开始全身心投入《伟人名流与黔东南》的创作。

创作出版《伟人名流与黔东南》的工作，又成了他推迟去广东清远跟我们住一阵子的理由。实际上父亲很想跟我们去广东住一段时间。2004年暑假我们回剑河，父亲在与思嵚闲聊的时候，就多次用别扭的普通话逗思嵚说：“过几天我和你奶奶要跟你去广东喽……”可是到我们启程回广东的时候，他又因要创作《伟人名流与黔东南》一书改变了主意。

父亲年近耄耋，又患着严重的眼疾，仍然执着于自己的事业。一些不理解他的人，认为他是过于追求名利。实际上父亲的执着并非求名。早已名声在外的父亲，还有必要拼着老命求名吗？父亲也并非求利。在当今市场经济多元化的时代，他那些充斥故土情怀的并不“时髦”的作品，能给他带来多少经济利益呢？真正理解他的人都知道，他的执着完全出自他对艺术事业的热爱，对家乡的热爱，对民族的热爱。

不幸的是，为了这份热爱，父亲差点献出了生命。2005年6月21日，父亲从剑河上凯里查找《伟人名流与黔东南》的文字资料，在回剑河的路上，他所乘坐的公共汽车遭遇了严重的交通事故。当我闻讯从广东清远赶到凯里418医院父亲所住病房的时候，已昏迷49个小时的父亲仍未完全苏醒。看着父亲遍体鳞伤、伤口血迹斑斑的样子和神志不清的状态，我哭出声来。作为一直坚定地支持父亲退休后继续追求艺术事业的儿子，我此时有些后悔了。如果不专注于《伟人名流与黔东南》的创作，虽年迈有眼病但其他方面都还好的父亲会遭如此劫难吗？近些年来，我和妻儿多次力劝父亲到广东小住——老人秋冬在广东小住、春夏回贵州休闲的候鸟生活是非常惬意的——但父亲丢不下自己的事业，一直没有动身。他的许多朋友拉他去打打麻将，钓钓鱼，享受退休的闲情，他不愿影响自己的创作，总是婉言谢绝。父亲凡事愿意与我商量，我之前为什么不尽力劝他呢！

我守候在父亲的身边。父亲睡着的时候，我认真审视父亲的脸。父亲脸形偏长，深陷的眼眶和紧绷的嘴唇展现出他的倔强，但如网状的皱纹和花白的乱发写尽岁月的沧桑，毕竟年岁不饶人啊！我心中父亲那颇具艺术家的风姿一下子变得苍老了。父亲的发际缝了5针，好几条已经结痂的伤痕打破着父亲脸颊上那规则的皱纹。父亲是版画家，他一辈子用刻刀在木板上刻绘思想的画卷，岁月也在他的脸上用深深的皱纹描绘夕阳的风采。

父亲从昏迷中醒过来的第一句话是："我没死？还活着就好。"也许旁人只能听出父亲对生命的热爱，而我却听出了其中的另一层含义：他还活着，《伟人名流与黔东南》的问世就有希望。

父亲的一生历经坎坷，"文化大革命"时期他所经受的精神折磨曾让他痛不欲生，此次交通事故对他肉体的折磨，似乎并没有造成太大的打击。没过几天，父亲的精神早于他的肉体慢慢恢复过来，虽然病危通知没有解除，但已经能够与前来看望他的朋友以及身边的亲人对话交流了。

想不到父亲会有那么多朋友。黔东南各县、凯里、省城，前来看望父亲的人士一茬又一茬。也想不到他的朋友对他那样情深。刚从全国政协常委退下来的念一叔和同样执着于美术创作的通河叔像上班签到似的，一到傍晚就来到父亲的病房，把笑声带到病房里；好多年不写诗的胜溢叔花了两天时间写了一首祝愿父亲早日康复的诗，使父亲深受鼓舞；已退休的州教育局局长天沛叔每次来父亲的病房总是一坐就是大半天，孜孜不倦地向父亲传授感悟幸福之道和退休养生之术……朋友对父亲的深情也是对父亲执着于民族艺术事业的尊敬啊！

有一天，天沛叔看我父亲情绪不佳，对父亲说道："万增啊，你说什么是幸福？被迫害的人，重见天日就是幸福；饥饿难耐的人，马上能饱餐一顿就

是幸福；久卧病床的人，忽然有一天能下床走到窗前就是幸福……你的气色一天天变好，你下床行走已经不远了……”天沛叔走后，父亲对我说：“现在对我来说，能重新站起来完成《伟人名流与黔东南》创作，并顺利出版，就是我最大的幸福。”这天下午，父亲收到中国邮政总局寄来的一份厚礼：国家选用父亲15件版画、国画作品制作的“当代中华文化名家专题邮票”工程纪念邮票。这些纪念邮票如同良药，让父亲的精神状态暂时好了许多。

我在看护父亲短暂的10多天时间里，父亲与我谈得最多的是他刚提笔不久的《伟人名流与黔东南》。父亲有个特点，他不大喜欢谈论已经完成的工作，但是很愿意与人交流近期的创作计划。他把与人交流的过程当作他的作品构思完善、内容充实的过程。他向我阐述创作《伟人名流与黔东南》的意义，列举将绘制的内容，分享部分画面的构思。他虽体虚语缓，但他的表情和语气分明在向我表明，他在做一件大事。实际上，父亲从来都是把自己的每一部作品当作大事来完成的，不同的是《伟人名流与黔东南》有着更加特别的意义。一个地方的发展离不开当地文化底蕴的挖掘，黔东南的文化仅仅靠打造民族风情是远远不够的。那还可以打造什么呢？近些年来，父亲在思索。几百年来许多伟人名人或者在黔东南留下足迹，或者与黔东南这块神秘的土地有着这样那样的联系，这些零碎的历史如同深藏地下的矿石，挖出来就是宝贝啊！而今西部开发的东风已吹动了黔东南经济腾飞的羽翼，父亲决心创作《伟人名流与黔东南》画册，打算用一幅幅直观的画面挖掘和展示黔东南的历史文化底蕴。父亲的作品与时代是同步的，父亲的工作无疑是在为黔东南的经济开发做文化奠基。

这场交通事故给父亲的健康造成了多重隐患——轻微脑震荡（没多久诱发出严重的脑萎缩、脑梗塞）、胸积血、胸部骨折、右腿韧带极度拉伤。父亲怅然，无奈，在医院一住就是一年。

这是艰难的一年。最初几个月，眼看父亲外伤好得差不多了，又查出了肺气肿。2005年年底，父亲的病情有所好转，作为陪护的母亲忽然大小便出血，两位老人双双住院……直到来年的春天，我那工作了好些年都没带女朋友回家的弟弟代然，忽然带着女友去医院看望父亲母亲，父母亲心情放宽了，他们的身体才渐渐好了起来。

再没有比不能工作更让父亲难受的事情了。父亲在身体状况稍有好转时就急着要出院，肇事单位也借机诱导父亲出院。于是父亲在肇事单位的甜言蜜语中签了严重损害自己公民权利的协议，以致给父亲带来多次伤情复发而肇事单位拒不负责的严重后果。许多亲人朋友都劝父亲用法律讨回公道，但急于工作的父亲哪有时间和精力去打官司呢？

父亲出院后，用不到一年的时间就完成了《伟人名流与黔东南》65幅作品的创作，这不能不说是奇迹。在这样短的时间内要完成这样大的工程，即使是一个年富力强的中青年画家也会望而生畏，而父亲是一个年近80且身体因交通事故还有严重问题的老人，他的工作效率、他的智慧、他的追求精神不能不让人敬畏。父亲对我说过："我这人有个特点，处境越困难就越执着，越顽固。"用"顽固"这个词可以准确概括父亲这一年的工作。这一年，父亲有好几次因脑梗塞住进医院，有一次还下了病危通知，但他每次没休息多久就走进了画室。父亲的"顽固"打破了一个老艺术家为艺术付出心血的上限。

2007年春天，父亲在电话中告诉我，《伟人名流与黔东南》已绘制完成，即将分两个版本由中国文学艺术出版社出版，一本作为黔东南建州51周年的献礼，一本作为剑河新县城落成典礼的贺喜。

国家在距剑河老县城清水江下游不远处兴建的恩泽五省的巨型发电站已经投入使用。2007年夏天，当我干完一个阶段的工作能抽空携妻儿回乡探望父母的时候，剑河老县城已经沉没于湖光山色之中，一座崭新的县城已经屹立在旧城河段上游几十千米之外的一个名叫革东的开阔地带。父亲2006年6月一出院就住进了亮丽的剑河新城——仿佛是特意安排似的，给父亲车祸磨难过后带来了喜庆。

❖ 爱国先贤李世荣（42×43cm）

2007年，我和妻儿从广东乘火车于8月2日下午回到剑河新城的时候，弟妹已在路口迎接我们。走进新家，在客厅等候我们的父亲、母亲站起身来迎接我们。母亲虽然有

些驼背，但精神状态良好。相比之下，父亲眼眶深陷，如网状的皱纹深深浅浅地刻印在他的脸上，稀稀疏疏的白发让他显得更加苍老。因为去年那场车祸，父亲的身体发生了巨大改变。

为了多些时间陪伴父母，我推掉了一些同学的邀约。

父亲说他住了一年医院出院后，眼疾加重，一用眼就刺痛流泪，眼睛很难正常使用。他只好用左手撑开眼睛，伏在桌子上，脸贴近桌面上的宣纸画画。书稿的60多幅作品中有不少就是这样创作完成的。

我们很难想象得到父亲作画时眼睛和身体经受的痛苦，但我想象得出每当他创作完成一件作品后，脸上泛起的那份喜悦。父亲用艰难的笔迹弹奏出生命的强音。

作家景戈石在《我们中华民族需要什么——兼评我国著名侗族画家李万增先生〈伟人名流与黔东南〉诗画作品》一文中评价该著作：“释放出了我们中华民族积极向上的豪迈之情……在高扬优秀的传统民族文化的同时，更是矢志不渝地坚持中国文化的前进方向。”

我一幅幅欣赏《伟人名流与黔东南》的画稿，这本画册内容丰富厚重，父亲把古今中外黔东南土生土长的，或者涉足过黔东南，或者直接影响过黔东南，或者与黔东南密切相关的伟人名人全部绘进了画册。画册充分发挥美术的直观能动性，将人物放进饱含着浓厚主观色彩的历史场面，展现画中人物的风貌，挖掘和褒扬这些人物对黔东南的历史贡献。《送寒衣——毛泽东长征过剑河》《江泽民考察四一八医院》《胡锦涛心系黔东南》《刘文西情醉侗乡》《杨念一与霍英东先生在一起》《林则徐荡舟舞阳河》……一幅幅生动直观的艺术画面在送给观赏者艺术享受的同时，更让观赏者深深感受到黔东南历史文化积淀的厚重。

父亲倾注心血、抛洒热血绘就的《伟人名流与黔东南》，不仅是献给黔东南建州51周年、剑河新县城落成的厚礼，更是支撑黔东南经济腾飞的一块文化基石。

写到这里，我忽然想起了枫树——那苗山侗寨旁巍然屹立的风景树。枫树喜凉，耐风霜，润红吉祥。我观赏过父亲描绘枫叶经秋的国画作品，其精致的叶脉展示出迷人的神采，血色的叶面透视出生命的热烈和风采。父亲不就是那越到深秋越火红的枫叶吗？惨遭车祸摧残的父亲用心血和热血描绘出了晚年的无限风采。

父亲的桥

❖ 剑河新县城10座石桥用李万增先生的版画做桥廊装饰

2007年春末，父亲在电话中对我说，家乡在新建的剑河新县城中建起了10座石桥，这些石桥以他的版画作品作为桥栏的装饰，每座桥选用父亲的16件版画作品，10座桥共选用了160件作品。这些作品分别雕刻在一米多长的青石板上。政府派专人到遥远的浙江请来最优秀的石匠，凿刻了一年多时间才完工。父亲是位饱经沧桑的画家，但岁月的磨砺并没有完全磨掉他那艺术家的自负，他在告诉我这件事的时候，平和的语言中流露出一丝丝自得。在我与父亲通话的过程中，我的眼前不断浮现儿时扶在桌边观看父亲刻画，父亲那满脸自信、两腮紧绷的神情。

早已名声在外的父亲不靠那些桥来出名，政府预计给他的20多万元补贴也已被他婉言谢绝。但我猜得出父亲还是非常在乎那些桥的。因为那些桥就是父亲作品的画廊，石刻的画廊耐得住风雨的侵蚀，禁得住岁月的磨砺。父亲去过大半个中国的名山大川，观赏过许许多多名胜古迹。好几年前，他曾经对我说，这世上留存得最久的艺术古迹是刻在石头上的。作为为家乡创造了大量精神财富的艺术家的父亲，年至耄耋还惨遭车祸的折磨，这些桥可以在一定程度上弥补创伤，带给他满足和惬意。我相信，有了这些桥，父亲身体上那些逐渐衰老和经受创伤的细胞会重新焕发新生的活力。

所以，听了父亲在电话中告诉我的消息，我内心涌出对剑河县政府的谢意。政府用父亲的作品装饰桥栏的创意可以抚平父亲心坎上的伤疤，让他晚年过得更加体面，可以最大限度地吹旺他晚年生活的热情。这样的效果是我们晚辈怎样用努力都难以达到的。

父亲是个过于自尊又不太容易放下包袱的人。他念小学三年级的时候，曾被姜姓糊涂校长当着全校师生的面羞辱过，事隔50多年，已经功成名就的父亲没有忘记那位不问青红皂白的校长对一个穷家子弟的羞辱，他把详细记载有那件事的人生散记送给那位糊涂校长，让那位校长反省自己曾经的过失。父亲一辈子都在用自尊推动自己的自强。他中学毕业后，与周边4个省的2000多名考生竞争贵州镇远高级师范的名额，考了第三；他在20世纪70年代初枉遭迫害，被遣送回农村的两年时间里，画了300多幅速写，收集了100多万字的民间文学资料……抗争了大半辈子的父亲，一提到过去那些有损他尊严的事情，就会愤愤不平。现在，政府在县城最显眼的位置建造10座石桥来展示他的艺术成就，给足了他面子。

父亲是个家乡观念特别强的人。改革开放初期，海口市文化部门高薪聘请他，他不去；某大学发函调他去执教，他不去。一晃20年过去了，这期间父亲创作了大量反映家乡民族风情的版画作品，他的许多作品被国家送出国门，文化部为他在中国美术馆举办个人画展，国家邮政局及国家民委还将他的一些作品印成纪念邮票，作为国家的珍贵礼物赠送给外国元首、使节。贵州高原这块多民族的厚土，是父亲美术创作取之不尽的源泉。父亲像敬爱自己的母亲一样爱着这片高原，他矢志不渝地用美术的形式研究和展现高原母亲的精神和灵魂，他讴歌母亲的美，让母亲的声名走出高原，走向世界。现在有许多人生活在贵州高原却感觉不到高原的存在，是因为他们自己把自己看得太渺小。父亲说他爱生养自己的高原不是源于道理，而是出于对自身生命的崇敬和热爱。政府把石桥设计成父亲的画廊，是表彰父亲生命执着的崇高。

去年秋天父亲已入住剑河新县城，天天出门或回家都要从石桥上走过。可以想象得出，当父亲拄着拐杖，迈着老人的步伐慢行在石桥上的时候，桥栏上那些刻工精湛的画面、桥下喧哗的小河、天上流动的白云，以及在桥上穿行的人们，都会给予他美好的心情。

2007年夏天，生活在异地的我携妻儿回到剑河新城，面对那10座弧跨在穿城而过的革东河上排列气派、典雅、秀丽的石桥，面对那10座造型苍劲、色泽青绿、装饰精美的石桥，面对那10座不仅联系两岸新城而且承载着高原文化品位的石桥，我的内心涌动着自豪和欣慰。我为父亲丰硕的艺术成就而自豪，也为已故去半个多世纪的爷爷而欣慰！

想当年，父亲未破蒙学就能凭记忆画出“西洋镜”里的故事，家庭富裕的私塾先生摇头感慨：“嗨！李万增这娃崽可惜啊，可惜生到穷人家……”这话传到爷爷耳朵里，再穷也不认输的爷爷一咬牙把父亲送进了湳洞司洋学堂，并扶持父亲一直读到高等师范。连艺术家这一头衔都没听过的爷爷做梦也没想过，他的赌气之举为贵州高原成就了一位著名艺术家。如果爷爷还在世的话，面对这些醒目的石桥和石桥桥栏上引人驻足的精美画面，他一定会为自己卖田盘崽读书的举动深感自豪。

我想，哪一个高原人看到这些在石桥桥栏上连续成卷的石刻，不会感到自豪？桥栏上那些早已声名在外的画面会不断激发高原人的骄傲。父亲把高原的艺术推上让世人注目的大雅之堂只是个开始，石桥上的文化内涵必将传承出一片新的希望。

2007年夏天在剑河陪伴父母的那些日子，我时常在晚饭过后陪父亲出门散步。

贵州剑河的夏天，炎热的太阳落山远去之时，顺便把热气带走。习习凉风从山谷、河畔吹过来，把人们从家中引出来。在桥上，在溪畔，在草坪，到处都是散步的市民。广场上，舞曲牵动着对对男女翩翩起舞；河畔林间，苗民山歌悠然。流水潺潺、繁花似锦的新县城在夜色中神秘而美丽。

革东河从远处的山湾流过来，扭动着曼妙的身躯穿城而过，把这座美丽的新城分割成狭长的两片。因为有横跨河上的座座石桥，这座新城才连成了生机勃勃的整体。

这天傍晚，我和父亲靠在一座石桥的桥栏上，享受顺河流而来的习习凉风，同时欣赏两面高山上的余晖涂染在河面上的景象。我俩一边观景，一边闲聊，由新城的格局聊到市民的生活，由城市文化聊到刻在座座石桥桥栏上的作品。接着，我俩又和桥栏拉开一定距离，借助路灯欣赏刻在桥栏青石板上的画作。这面桥栏选刻了父亲的《斗牛》《侗家》《高原赛马》《新郎哥》等多件版画作品，父亲给我逐一点评这些石刻，并总结说：这些石刻艺人技艺高超，刻出了原作的韵味。父亲拄着拐杖，脸上挂着满意的微笑。

回到家里，我有感而发，写了一首古风诗送给父亲：

父亲的桥

月桥拱溪影画屏，座座相望秀新城。

柳拂石栏生诗意，栏刻版画展风情。

拄杖履桥思艺韵，触目浮雕忆风尘。

百图韵栏塑平生，十虹成彩慰晚晴。

矍铄斜阳凭栏望，江清浪碧向东行。

我们回广东的前一天——8月13日那天，在父亲的建议下，我与父亲回了一趟剑河老县城。剑河老县城距离新城有30多千米，由于正在修路，公共汽车沿着弯弯曲曲的盘山公路，在清水江南岸的半山崖壁上走走停停，足足行驶了一个半小时才到达。

到老县城下了车，我扶着父亲在满眼荒芜中寻找。大街没有了，楼宇没有了，我们住过的电影院、文化馆的房子没有了，我和父亲共同的母校剑河中学没有了……一切都被大型推土机推进了历史的尘埃之中。曾经雄跨河面威风一时的剑河大桥也已经沉入江底，仅留下两截矮矮的桥墩在漩流的波动中时隐时现。这时候的剑河老县城已经不再是一座城，充其量只能算是一处遗址。

我和父亲在记忆中还原这座城，回顾这座城的历史……

剑河这座又名柳川的县城，在清代雍正之前只是一个小小的苗族村寨，雍正七年（1729年）建制后才慢慢发展成了这方水土的政治文化中心。将近300年的奋斗和耕耘，这里的每一寸土地都浸润着好多代人的血泪、汗水和欢笑。我听父亲讲过这里的先民抵抗雍正“安苗”进剿而血流成河的民间故事，我读过先辈们在原始森林里伐木垦田、在崖壁上凿石开路的歌谣，我见过同胞们陡坡上建高楼、江波上架高桥所创造的奇迹……

可是，现在，这座有着300年历史积淀的山城消失了。

这个世界上曾经有许多繁华的城市经历过突然消失的命运，像庞贝，像楼兰……都消失于一些人类暂时无法抗拒的自然魔手。这种消失是人类的灾难，剑河山城的消失却是人类改造自然、利用自然的福音。伟大的人类在距剑河山城不远的清水江下游兴建起的巨型发电站即将向五省供电，一个延伸几十千米的翠绿湖泊，就要出现在绵延的崖峰峻岭之间。以科学的规划、齐全的城市设施，并且在更加优美的自然环境中修筑起来的剑河新城，必定会发展成为贵州高原上最亮丽的县城。

山城搬迁的时候，父亲正在黔东南州418医院住院。此时，父亲拄着拐杖站在我身旁，睁大倒睫未痊愈的眼睛，认认真真地扫视远远近近的残垣断壁，眼里含着泪光，嘴里发出声声叹息。

在这座山城的历史长河中，父亲由青年到壮年到老年，历经半个多世纪的风风雨雨，在文化贫瘠的土地上挣扎、坚持——执着地耕耘，创造了一个个文化奇迹，一步一个脚印地改变着这方水土文化落后的面貌。父亲在他的自传体散文集《情洒山乡》首篇《来到人世间》开头写道：“每个人来到世上，都有一杯苦酒，一杯甜酒……可是，我投生在世上，却大半辈子尽吃苦酒，落得一生苦尽甘来。人生的路弯弯曲曲，荆棘丛生，举步艰难，只能听从命运所注定。”其实，父亲没有听从命运的安排，人生的恩恩怨怨、政治的大风大浪从没有打垮他，他不断苦争，不断奋斗，不断求索，终于将“苦酒”酿成了“甜酒”。父亲怎么能不对这里的一草一木、一砖一瓦充满深深的情意呢？

记忆导航我和父亲的脚步，我扶着父亲从面目全非的城头慢慢走向印象中的城尾。父亲在路边一处石台上坐下来。石台下是一片缓缓而下的土坡，坡接崖壁，崖壁下是滚滚远去的江水。再往前的崖壁上方——远远超出水位线的高处，一座宏伟壮观的大桥正在修筑，凌空的两翼即将合拢。父亲说，他少年时代从湳洞司步行到剑河中学求学的时候，清水江上没有桥，只有轮渡，他就是从正在筑桥的位置坐渡船第一次来到剑河，父亲由此开始与剑河

山城结下了不解之缘。父亲说他还清晰地记得当时渡江的情景，船下的江水波涛汹涌，船身飘摇，他小小的双手紧紧地抓住船围的木板，生怕一个浪头过来把自己掀到水里去。当时他就想：如果能在这处并不宽的河面上架起一座桥，那该多好啊。20世纪末，随着清水江下游电站的动工，剑河县政府启动了搬迁方案的制订，父亲作为地方文化名人参与了制订方案的全过程。当时，因为父亲等人力主，才把这处桥的位置确定下来。父亲60多年前在此处建桥的梦想，而今即将成为现实。父亲高兴地对我说：“这里夹山较窄，位处柳川镇东端。在这里建桥，不仅节约成本，而且与即将在水位线上建城的柳川镇相映成趣，提升景观品位。”

我们就要回新城的时候，父亲在踏上公共汽车之前，回头再次扫视了一遍这处遗址，遗址四周的山山水水，以及不远处即将合拢的新桥，如同腾飞的两翼……可是，父亲万万想不到的是，这是他最后一次踏上这座山城的土地。

在重病的日子里

忘不了2008年初那场50年不遇的雪灾。很少下雪的广东北部忽然处在天寒地冻的困境之中，更不要说贵州了。中国南部的条条道路上，货车、私家车、客运车被堵在白雪皑皑的路上等待救援，粤北、广西、贵州告急……父亲居住的剑河县城，四面厚雪封城，交通完全堵塞。在这种情况下，为了安全，父母家人给我电话再三强调，叫我们无论如何不要回乡过年。这次雪困，到了农历年底才解除。

大年三十那天，我跟父母家人电话拜年，父亲一扫雪灾受困的无奈和不快，高兴地告诉我，他得到文化部的邀请，将于春暖花开的时节随中国文化考察团赴欧洲进行文化交流。父亲没去过欧洲，欧洲文艺复兴后期的古典铜版画和木版画曾经深深地吸引着他，他虽然年迈体衰，不能刻画了，但可以写作，他要借此机会近距离直观感受欧洲古典版画的魅力。听到我担心他的身体，他说不用担心，最近几个月他的身体状况有了很大的改善。

可是，元宵节刚过，父亲出了意外。

正月十九那天，家人一大早给我打电话，告诉我父亲头天晚上在厕所摔了一跤，摔得很重，半夜送到医院，医生诊断摔伤了腰骨。虽说“伤筋动骨一百天”，但父亲已是耄耋老人，医生说没有四五个月难以康复。

没过多久，父亲在医院接到中国文化考察团赴欧洲进行文化交流改期的通知，启程时间改到了7月中旬。他的伤情四五个月就能康复，父亲又看到了希望。父亲没出过国，他想这恐怕是他最后机会了。于是他积极配合治疗，并强迫自己多吃东西，保证营养。在父亲和医生的努力下，父亲住院不到4个

月时间就康复出院了——这是个奇迹。父亲回到家第一时间给我打电话，告诉我出院的消息，实际他是想告诉我欧洲之行又有希望了。

为了防备父亲再次摔倒，代然特意买来毯子铺在客厅、饭厅和通往厕所的过道上。不幸的是，在距离欧洲出访还有半个多月的时候，父亲在毯子上不小心又摔了一跤，这次比上次更严重：右股骨粉碎性骨折。

父亲的欧行愿望再次转为失望，我能想象得到父亲那比身体受伤更痛苦的失落。

高考结束，我携妻儿赶回贵州。父亲已从剑河县人民医院转到黔东南州医疗条件最好的州人民医院治疗。我们在凯里下了火车，拖着行李箱直接到医院看望父亲。父亲消瘦了好多，显得很疲惫。不是周末，家人大都要上班，大哥金霞退休了，只有他留在医院看护父亲。大哥说："父亲不肯吃东西，每次吃饭都要像哄小孩似的劝了又劝，他喝一口汤汁吃一口饭，吃得很艰难，吃了几口就不愿吃了，说是没胃口……"光靠输液保证不了营养，我们很担心。父亲笑着说："我是病人嘛，能像你们那样有胃口，那我就不是病人了。等我病好了，我一餐吃一大碗。"那天，由于我们的到来，父亲破例吃完了一小碗米饭，还喝了一些骨头汤……

大哥对我说，前些天来凯里的路上，不知道为什么，父亲忽然提出不想在州人民医院住院，问父亲为什么，他不回答。我问："父亲是不是想上贵阳医治？"大哥说征求过父亲意见，父亲不愿长途折腾，不同意。听大哥这么说，我知道了原委。最近几年，父亲最要好的朋友杨念一、戴聚一等先后在州人民医院去世。念一叔2006年初春因病去世的时候，父亲还在418医院住院。父亲忽然接到"念一快不行了"的噩耗，催我大哥搀扶他打车来到州人民医院。面对奄奄一息的知己，多年来念一叔对他的深情厚谊，以及他们为黔东南美术事业的发展几十年风雨兼程的一幕幕，像电脑扫描一样在大脑中快速扫过……

父亲的眼角淌下了伤心的泪水……

父亲曾经给念一叔写过一首诗：

致念一君

相依笔奋数十年，逆境崎岖不畏难。

画苑有君舒艺胆，病床蒙弟问苦寒。

神州展志仰鲲鹏，苗岭崇文卷雾澜。

莫道榆桑臻暮晚，丹心一片慰天兰。

念一叔的辞世对父亲是个沉重的打击。

大哥说，是胜溢叔打电话开导，父亲才勉强同意住进州人民医院治疗。

我与妻儿在医院陪护父亲期间，我拿着父亲右侧股骨骨折坏死的片子和病历到凯里所有医院咨询，得到的结果都是：考虑患者已82岁高龄，并伴有高血压以及严重的脑萎缩和脑梗塞，实施股骨手术有危险，建议保守治疗。

我和妻儿的到来，让父亲开心了一阵子。一天上午，州文化局的领导来看望父亲，给父亲带来了一本最近编印的美术集，上边附有父亲的照片和简介。客人走了，思嵚指着美术集上边他爷爷的照片故意问道："公（爷爷），这是哪个？"父亲幽默地说："病人嘛。"大家笑了起来。

父亲右股骨骨折，身子不能活动，吃饭要靠喂。一天傍晚，大哥给父亲喂饭，父亲吃两口就不吃了。思嵚从他大爸手中接过饭碗，说："公，我喂您吧？"父亲说："我有个怪脾气，吃东西选人。不是我喜欢的那个人喂我，我不吃。"大哥马上检讨，表示歉意——中午大哥给父亲擦身子，不小心碰痛了父亲的脚。当然，父亲不是真正生大哥的气，玩笑话而已。父亲吃完思嵚喂的饭，舒了口气，表情轻松地对思嵚说："今天我基本高兴。"思嵚问："公，您这餐都把饭吃完了，怎么才'基本高兴'呢？"父亲笑着说："说话要讲分寸嘛，我脚还没治好。等医生把我的脚治好了，我就完全高兴了。"已经读初中的思嵚学习好，又乖巧，讨爷爷喜欢。父亲强迫自己吃完了一小碗饭，算是给足了思嵚"面子"。

然而，父亲像这样"勇敢"地吃饭的时候是不多的。有一次，我给父亲喂饭，他吃了两口就不吃了，我用治病与营养的道理劝他，他说"你不能强迫我吃饭"，又说"我心里乱得很"。父亲难受，我也难受。我试着与父亲聊他感兴趣的话题，问道："您写的天神哥《他有一杯子》的故事，是真的吗？"父亲答："是真的。"我又说："天神哥的故事中，《敬献鲜鱼汤》最好玩……"父亲终于开心地笑出声来，我趁机喂他一口饭……回忆一个故事一口饭，慢慢地，一小碗饭被父亲吃光了。

虽然我们尽最大努力宽慰父亲，但在州人民医院陪护父亲将近一个月的

时间里，父亲的身体状况没有明显好转。父亲曾经是闲不住的工作狂，现在天天躺在床上什么事都不能做，很郁闷。父亲经常整夜整夜不能入睡，白天也难入眠。看着父亲无奈、痛苦的样子，我心里很是难受但却无法解决。

一个周末，家里的人都来陪父亲。代然帮父亲翻身，我看父亲疼得咬紧牙关，急着问父亲哪只脚痛，父亲脸上露出一丝勉强的笑容说道："只要能回剑河，就哪只脚都不痛喽。"我知道父亲想回家了。

父亲的管床大夫说："李老师在这里心情不佳，回剑河可能会好些。在剑河、在这里都是保守治疗……"

父亲出院回到家没几天，我和妻子已到了回校上班的时间。父亲对我和妻说："别耽误教学，快回去吧。"父亲还提示我，有空多写写文章……

父亲回到剑河，睡眠得到了改善。从夏末到这年的年末，父亲时而在家疗养，时而住院治疗。9月底，父亲在电话中告诉我，他已经能够坐起来自己吃饭了，能够看书了，但写字时手抖得厉害。他说："这一跤把我彻底摔成了废物，除了还能回忆和思考外，我别的什么都不能做了……回忆我的一生，道路弯弯曲曲，荆棘丛生，举步艰难，但我始终坚持，不懈抗争，即使在人生最艰难的时候也毫不气馁。可是，现在，看来我要完成我人生中的最后一件工作已经不可能了……"父亲所说的"最后一件工作"，指的是他要写一部自传来纪念自己的人生。父亲虽然出版过两本名为《情洒山乡》《岁月从身边走过》的人生散记，但由于这两部著作大都是一篇篇散文汇编而成的，连贯性不强，内容不完整。父亲感叹"人生晚年，生命如霜"，一生坚强的父亲流露出人生暮年的伤感。他嘱咐我代他完成写作传记的心愿，我应承了下来——作为儿子，我要尽这份孝心；作为父亲精神品质的崇敬者，我要担起这份重任。父亲的传记如果能写出来，何止是纪念人生呢？父亲崇高的精神和品质也可以启迪后人。

春节我回到剑河，父亲已经能够较长时间地坐在沙发上烤火、看电视了，精神也比夏天在州人民医院住院的时候好了很多。

春节过后，父亲忽然提出要回家乡南明司头寨住几天。母亲担心，因为父亲行动不便，而且马上83岁高龄了，乡镇医疗条件不好，万一有个三长两短……子女们知道父亲思乡心切，而这可能是他回司头的最后一次机会了，便劝说母亲。大哥退休了，与在南明务农的大嫂驻守老屋，父亲回去有人照顾，吃住也方便。父亲终于有了这次故乡之行。

3月16日下午，父亲回到南明司头寨。下了车，父亲坐上轮椅，代然推着他走进寨子，大妈、六叔六妈、万良叔、大哥大嫂等家族爷崽站在寨口迎接父亲，一起簇拥着他回到多年未回的老屋。

在堂屋，六叔、万良叔分别坐在父亲的左右，握着父亲的手，悲喜交集，父亲也流下了激动的泪水。

连续几天，许多邻里、亲戚来看望父亲。父亲与他们回忆过去的交谊，闲谈村寨的发展，问候他们家庭的情况……聊得很开心。

时值春暖花开的时节，南明盆地到处鲜花盛开。油菜花正艳，整个南明大坝被油菜花铺成了金色的海洋。大坝四周的寨子中、山坡上到处是梨白桃红，空气弥漫着花草的清香。这天天气很好，大哥用轮椅推着父亲到坝子边沿去看油菜花。来到司头寨脚，往左穿过盐仓库，在通往老街的路口，父亲叫大哥停下来。父亲往左边的坡脚寨望去，整个寨子吊脚木楼的赭色与寨前油菜花的黄灿相互映衬，一派生机。吊脚木楼鳞次栉比，一直延伸到高处的南明小学，小学木楼在茂林的遮掩下，只露出以蓝天白云为背景的墨色瓦檐。父亲回忆起在这里度过的童年时光……

父亲把视线收回往前方望去。自从30多年前集市搬迁后，老街的位置变成了一丘丘良田，热闹了700多年的街市早已没了踪迹。父亲没有把目光移开，怔怔地眺望，街没了但记忆还在。与奶奶开玩笑"打摊捐"受冤屈，给奶奶送牢饭含泪穿过长长的街巷，大年初一在街上接过爷爷手里的一元盘缠赴考，与母亲在街市相识相知，师范毕业身染重病在街上摆摊刻印章养家，创作《你见到毛主席了吗》《侗家姑娘积肥忙》处女作改变人生命运……过往的一切是那样清晰，一个个自己的人生故事仿佛就发生在昨天；它又是那样遥远而虚幻，像梦境一般，早已消失在眼前这一大片油菜花海里边。他的内心涌出万千的感慨。

父亲把视线收回来。艳阳下，不时有辛勤的蜜蜂扇动着透明的羽翅从父亲的耳边飞过，落在近旁金灿灿的花枝上欢快地迂回，一边歌唱，一边采蜜；各色花纹的蝴蝶在花簇间翩跹、舞翅。这时有一群麻雀从大田坝的远处飞来，叽叽喳喳地从父亲头上的天空飞过……父亲被春天田野的生机勃勃感染，平静的脸上泛出慈祥的笑意。

在南明的日子，父亲在大哥的陪护下去了儿时游乐的寨脚，去了他早年读书的小学，去了天神哥的故居……父亲在家乡时的人生过往不断引发他的回忆和思索，家乡的一草一木牵动着他内心深处的情感。

六叔天天过来陪伴父亲。

六叔从计生办退休后身体还好，不愿随子女进城生活，与六妈留住司头祖屋养养鸡鸭，种种地，料理几棵果树，自得其乐。

在父亲六兄弟中，六叔最后自立门户。奶奶跟大伯住，大伯建新楼搬了出去，六叔六妈继承并改造了祖屋——将昔时的四合院天井木楼改建成了吊脚楼。

司头寨一米多宽的花街路（现在铺成了水泥路）从寨子中间沿坡而下，在我家木楼后侧往右斜伸，再横出寨中与街道相连。原先，寨头左上角由左到右并排的两栋木楼分别是大叔、六叔的房子，与大叔、六叔的房子隔路相望由上至下梯级排列的，分别是三叔、四叔的木楼。而今，大叔和三叔的房子早已迁移到寨口街边去了。四叔四妈跟随儿女在城里养老，他们的房子不常住。父亲的同胞兄弟中就只剩六叔长住司头上寨了。

这天傍晚，六叔宰了只自家养的乌骨鸡炖好后，端来与父亲一起吃晚饭。两兄弟边吃边聊，聊起了当年打野猪的事情。父亲说：“1971年我被迫害下放回司头务农，你和大哥‘拖’我去打过几次野猪。打野猪我不行，总是跑在最后。”六叔说：“你不知道，‘拖’你去打野猪，实际上是为了给你分一份野猪肉。”有一次，父亲随队伍穿过几道塆，攀越过几道山梁，实在走不动了，便停下来坐在路边休息，掏出本子画速写。待大家把野猪抬到路边，他才知道打到了野猪。父亲没功劳而分到的野猪肉却不比大家少，很抱歉，大伙笑着说：“这几次打野猪，因

❖ 山民舞步（42×43cm）

为有你在场，我们一次都没落空，是沾你这文化人的福气啊……”后来，父亲依据这几次打野猪的经历创作了版画《山民舞步》，先后被《贵阳晚报》《贵州日报》和《文化报》刊发、转载。

六叔说到他打野猪的最佳搭档老姚不久前走了，老姚是南明医院的医生，父亲认识。老姚去世的消息，让父亲轻松的表情一下子变得凝重起来。这次回乡，父亲得知近邻远寨与自己同时代的老人已经越来越少了。年轻时教自己唱山歌的好友郑三不在了；父亲“文化大革命”期间被遣送回乡，在生产队与自己一同放排牛、教会自己烧炭的郑老四不在了；在司头寨劳动改造的岁月里，处处关照自己的吴队长不在了……

父亲六位同胞兄弟中大伯万章、三叔万发，也在好几年前离开了人世。说起这些，父亲和六叔很是伤心难过。

过了几天，远在凯里市住在女儿家的四叔万坤得知父亲回到了南明，他与四妈从凯里赶回来陪伴父亲。

父亲在南明住了将近一个月才回剑河。这次南明之行，成了父亲与两位叔叔在老家司头寨的最后一次团聚。

魂归故里

父亲从南明老家回到剑河没多久，我做了一个噩梦：父亲去世了，我哭得泪流满面。我从梦中哭醒，好久不能入睡。小时候做噩梦过后问母亲，母亲总是轻松地说：梦与现实是相反的。用母亲的话来推断，这是“梦死得活”。话虽这么说，但我终究不放心，天一亮就打长途电话过去，听到父亲一切安好才放下心来。

6月24日上午，大哥金霞打电话告诉我：父亲昨天不舒服住进了医院，今天早上嘴唇干裂，脸部浮肿，不吃东西。我叫他把电话放在父亲耳边，带着不能陪伴在父亲身边侍奉的愧疚问候父亲，并劝他吃点东西。父亲有气无力地说：“我吃不下东西……我心里难受……恐怕是挺不过去了。”我强忍悲痛，宽慰父亲：“能挺过去的，您前不久还对我说我大嫂找人算过了，您肯定能活过90岁。您还对我说‘我就活你大嫂讲的这岁数算了’。”父亲听了我的话，声音微弱地说：“我那是开玩笑的。这是自然规律，我不怕……”听了父亲的话，我有种不祥的预感。我给父亲的管床医生打电话，医生说我父亲虽然很虚弱，但生命体征算是正常，一时不会有危险。我松了一口气。

可是，6月26日傍晚，我刚回到学校值班，代然打电话过来带着哭腔告诉我“父亲走了”。忽然，曾经的噩梦变成了噩耗，我整个人一下子坠入了撕心裂肺的痛苦深渊。

在离开学校回家的路上，失去父亲的那种情感上的痉挛扯痛着我的神经，让我第一次体会到痛苦的可怕。夜深了，我躺在床上久久不能入睡。房间夜的黑色从窗口弥漫出去，我悲伤的思绪穿越到我的童年、少年、青年、壮年、中年……父亲不仅生我养我，而且在我人生的每一个阶段都起着重要的作用：在前台、幕后，或扶持，或鞭策，或指点，引导着我克服自身弱点奋勇前行。特别是父亲不服从命运安排，一生挣扎向上的追求精神一直鼓舞着我，使我在平凡的教师岗位上毫不懈怠地努力工作，不断做出成绩，并在繁忙的工作中长期坚持写作，断断续续地有作品问世，并成长为特级教师、作家、评论家。虽然我生活在异乡，不能与父亲朝夕相处，不能时常得到他的点拨，但父亲时时刻刻都是我行走在人生路上的精神依靠。父亲不在了，我眼前一片茫然……

我细细翻阅记忆中与父亲在一起的一个个画面。

父亲在我脑海中的最初记忆，是他在南明老屋的清晨教我唱《读书郎》的情景。父亲在外工作，平日除了下乡路过南明回家探望一下，只有到过年的时候才有一个多礼拜的时间，回到家跟妻儿生活在一起。那一年我还很小，正月某天的清晨，屋外边白雪皑皑，天寒地冻，不怕冷的青菜雀在窗外不远处高大的梨子树上热闹悠扬地鸣啭。室内，父亲侧着身子用被子把我紧紧地搂在怀里，轻松快活地教我唱歌，父亲唱一句，我跟着学一句。“小么小二郎/背着那书包上学堂/不怕太阳晒/也不怕那风雨狂/只怕先生骂我懒呐/没有学问无颜见爹娘……”不知是不是因为这首歌的原因，我不到6岁就征得母亲同意，跟随寨上几个比我年龄稍大的伙伴上了学……

我哥哥先随父亲进城读书，我读小学二年级的时候也进了城，接着父亲又把弟弟妹妹接到了城里。父亲用他一个人那微薄的工资盘我们读书，如果不省吃俭用，怎么能开支得过来呢？所以他不喝酒，不抽烟，给自己买件衣服都舍不得，好多年都是那几件洗得发白的中山装，而我们几兄妹年年过年都有新衣穿。我念初中的时候，父亲为了提高我的作文能力，多次在做完工作夜已深的时候，熬夜给我写示范作文。父亲平日在生活开支上精打细算，但对于我们兄弟姊妹提出买学习资料、学习用具等与学习相关的东西却毫不吝惜。“学好数理化，走遍天下都不怕”是20世纪80年代非常响亮的一句口号，1979年我考上高中，父亲给我的礼物是一套“数理化自学丛书”，这套书用掉了他差不多半个月工资。虽然后来我读了文科，但父亲那一切为了儿女成长的慈爱，永远铭记在我的心里……

父亲给了我许许多多，我给了父亲什么呢？父亲说没就没了，仿佛世界忽然间改变了，变得让我不认识了。

父亲的生命跨过84座山峰后，于2009年6月26日傍晚5点36分，心力突然衰竭，他那跳动了84年的心脏停止了跳动，静静地走了。亲人们的一声声呼唤和剑河人民医院的医生们奋力抢救，都没能挽留住他……

我和妻儿从广东清远赶回剑河的时候，亲人们按照当地风俗，已在剑河新城7号区父亲居住的宿舍大楼前的院子里支起钢架帆布棚，设置了祭奠父亲的灵堂。

7号区9号楼是父亲在剑河的最后一处居所。2006年夏天从老县城搬过来后，父亲在这里住了3年。这3年，父亲因2005年遭遇的那场严重的交通事故，身体一天不如一天，经常入住医院。可是每当他从医院回来，就忘记了医生“好好静养”的叮嘱，全身心投入工作之中。在这里，父亲拖着病体，用不到一年的时间，就奇迹般地完成了《伟人名流与黔东南》65幅作品的创作，作为黔东南建州51周年的献礼和剑河新县城落成典礼的贺喜；在这里，他不知道多少次接待进城请教农民画创作的苗族青年，指点他们创作出不少登上国家或世界艺术殿堂的优秀农民画作品；在这里，他接待过来自祖国各地乃至世界各地的艺术家……

灵堂布置得庄重肃穆。父亲安卧在玻璃冰罩下用鲜花装饰的灵床上，灵堂正中悬挂着父亲的遗像，一副挽联垂挂两旁，上书“爱桑梓绘苗侗锦绣名垂青史，拓沃土育温泉桃李情洒画乡”。

我携妻儿回到剑河来到灵堂前，放下行李，我扑通一下跪在父亲的灵床前，声泪俱下：“爹，我们回来了。”却再也听不到回音……

躺在灵床上的父亲很安详，面色没有什么变化，只是本来就消瘦的脸又小了一些。父亲自号耕牛，杨长槐主席曾经在省文联会议上评价父亲是“贵州赫赫有名的累不垮的‘老黄牛’馆长”，而今父亲被病魔反复折腾，极度瘦弱的身躯哪怕怎样松软的土地都犁不动了。我擦掉模糊双眼的泪水，认真观看父亲的遗像。这张彩色半身像是父亲遭遇交通事故之前拍摄的，父亲平和的脸上那刚健的皱纹如同版画上用刀刻出的线条一般，生动，有力，刚强。我再次瞻仰父亲遗容，他那瘦小的脸平静而安详。如果真有在天之灵的话，父亲此时在想什么呢？从不服输的父亲走完了自己的人生之路，这个时候也许正在回看那坎坷而充实的人生，我想，他会因为从不虚度年华而欣慰，并为自己用毕生精力推动贵州苗岭山乡文化艺术的发展所取得的成就而自豪。

我担心母亲承受不了失去父亲的痛苦，尽量压住与父亲生离死别的悲怆，上楼进屋见母亲。家人都忙去了，我们进屋的时候，只有母亲一个人坐在沙发上发呆。思嵚叫了一声“奶”，母亲站起来，眼神一亮，说了一句：“你们来了。”随即一滴眼泪从她的眼角涌出，她用手把眼泪拭去。我扶母亲坐下，想安慰她，母亲却先开口安慰我们：“人死不能复生，你们不要太伤心……”又平静地嘱咐我和妻子，“你爹生前留有话，要回南明。你们出门多年，不太熟悉家乡的风俗，凡事要多征求家族的意见。还有，来悼念你爹的客人要招呼好，不要怠慢人家……”我们强忍悲痛，一一应承。母亲平静而坚强，我紧绷的心弦略微放松。

得知父亲去世，中国美术家协会、中国少数民族美术促进会、中国侗族文学学会、贵州省文化厅、贵州美术家协会、贵州省作家协会等各级部门发来唁电。

中国美术家协会在唁电中写道：

惊悉李万增先生不幸仙逝，在此表示沉痛哀悼。

李万增先生是我国优秀的版画家。李先生在几十年的创作中，执着追求，努力探索，是中国画家群体中成就卓著的艺术家。他的逝世是中国美术界的一大损失。李万增先生千古。谨向先生亲属诚挚慰问。

中国美术家协会会员工作部

2009年6月28日

中国侗族文学学会在唁电中写道：

剑河县文联、剑河县李万增先生治丧办公室：

惊闻著名侗族作家、诗人、美术家李万增先生不幸仙逝，侗族文学学会殊深悲痛。李先生在文学、美术上都造诣良深，著作多，品位高，远传海外。他热爱家乡，无私奉献，奋斗不息，刻苦创新，堪称楷模。他的逝世，是侗族文艺界的巨大损失。

特此吊唁，并请其亲属节哀！

李万增先生千古！

侗族文学学会

2009年6月29日于北京

邓敏文、粟周熊、杨长槐、董克俊（国家一级美术师，著名版画家）、杨抱林、杨思藩、申济友、牙克强（贵州民族大学美术系主任）、潘年英（湘潭大学教授，著名作家、人类学家）、石玉辉（贵州民族日报社原党组书记）等在京城、外省、筑城的父亲生前好友，都以唁电、博文、送花圈等不同的形式，表达对父亲的悼念之情。

邓敏文先生在博客中转发中国侗族文学学会的唁电，并以“为悼念李万增先生，特将10多年前我和杨志一先生为李先生合写的一篇书序重载于后”为引语，重发了父亲人生散记《艺海萍踪》的序言《人生诗情重，旅途画意浓》来表达缅怀之情。

潘年英先生与我父亲是忘年交，他以“沉痛悼念李万增先生”为主题发博文说，他与父亲虽然属于不同县，但相距只有15千米，“小时候去南明赶场，曾在李老家的屋檐下避过雨……我是看李老的民间文学《孃花与太阳的儿子》长大的……”他把1994年2月1日刊发于《贵州日报》的旧作《李万增其人其画》翻出来发在博客上，表达悼念之情。

扬长槐、杨抱林、杨思藩直接打电话来家里慰问悼念……

灵堂两边和前边过道路基一层靠一层地摆满了花圈，一些花圈上题写了挽联或挽诗。“画韵笔香铭青史，艺高德厚启后人”“纵情山乡雕日月，板绘苗岭表真情”“一世画业融浩气，两行浊泪寄哀思”……这些挽联或寄托对父亲的哀悼、怀念之情，或表达对父亲的敬意，让人动容。

剑河中学在祭奠父亲的花圈上题有挽诗一首：

悼李老

——晚生邓茂田、唐大模敬挽

平生奋勉经文苑，亮节高风照汗青。

艺海萍踪翻蕴藉，孃花版画响足音。

黄钟毁弃文笔事，泰斗昭彰座右铭。

岂叹耕牛桑榆晚，将军梦里诉衷情。

这首挽诗以朴素的语言和铺陈的形式概括父亲坎坷的身世，歌颂父亲德艺双馨的高贵品质，同时巧妙地将父亲的艺苑成果自然嵌入诗句中，缅怀父亲的人生。

剑河中学是父亲的母校，68年前，父亲在这里上学，与袁行恕、陈致平老师结下师生情缘，受到老师的关怀厚爱，受到美术启蒙。父亲对剑河中学很有感情，剑河中学视父亲为骄傲。

哀乐低回，苍天悲泣。父亲的一些生前友好从乡下、从县区、从凯里、从贵阳赶来悼念父亲。小广侗寨民间侗戏师王元江老人是父亲半个世纪的老朋友，他已经80多岁了，但老人家重情重义，由其孙子的陪同，乘公共汽车颠簸将近100千米的山路赶来祭奠父亲。他步入灵堂的时候，眼泪夺眶而出，悲伤痛哭，哭得身软，那情景无不让人动容……

中年作家景戈石和文玉深是父亲的忘年交。景戈石从工作地岑巩县驱车100千米赶来祭奠父亲，和剑河诗人文玉深一同来到父亲灵前，鞠躬叩首，泪流满面。

父亲的老战友、版画家杨通河先生虽身体不好，也从凯里赶来。他和潘建海（黔东南凯里学院美术系主任）教授噙着泪水，在父亲的灵前静静地站着。通河先生表情肃穆，若有所思，他是在回顾与父亲一同为黔东南文化艺术发展大胆开拓、努力奋斗的岁月？还是在追忆他与父亲成功合作的那幅题为《高原风韵》的版画作品？《高原风韵》是一幅以黔东南苗族节日为题材的经典作品，这幅画作构思精巧，场面广阔，100多个形态各异、生动精彩的人物自然组合，由近及远，让观赏者有置

❖ 高原风韵（与杨通河合作）（110×75cm）

身歌的海洋、舞的海洋的激动。作品是他与父亲友谊的见证，也是他们热爱家乡，共同倾注心血而结出的硕果。画作长存，合作者已逝，通河先生老泪纵横。

…………

追悼会之前，县委、县政府、县人大常委会、县政协的领导先后前来悼念父亲，问候家属。追悼会那天，治丧委员会的某个同志告诉我，依照上级的文件规定，父亲文化馆馆长这级别，县委常委领导是不适合参加追悼会的。可是在追悼会场上，李昌钦副县长、宣传部部长吴一生等领导还是来了。许许多多我认识或不认识的人早早赶来，佩戴白花，为父亲送行。追悼会在7月1日的晚上8点进行。追悼会结束，李昌钦副县长对我说，这是他调来剑河工作几年所见到的参加人数最多最隆重的追悼会。他感慨说：受世人尊敬与级别无关，李老对家乡文化事业做出了重大贡献，赢得了剑河人民的崇敬。

按照侗族的风俗，老人去世要停灵几天才入土安葬。我长期在异地工作，不懂家乡风俗，一切听从兄弟、族人的安排。李代军、李代桓、吴述文、李代举、李代虎、李代育、李代刚、李代云、李代海、李子鱼、李代奎、李代忠、李代平、二爹家李代勇、三爹家李代勇、李代荣、李代根、李诗锋、李诗毅、罗朝根、罗朝健、罗朝海等族人和亲戚放下工作，尽心操办父亲的丧事，用他们的话来说要“风风光光”地送别父亲。追悼会那天晚上遗体入殓，灵柩是用家乡南明大山的百年老杉木制作，是父亲在他退休的第二年亲自托老木工打造的。殉葬的东西有三种：一是他生前选定的自己的两本画集和四本文著，二是几份唁电，三是依据侗家的规矩准备的几件沾有家人汗渍的衣服。

代桓二哥、代虎弟调动了家族亲友的12辆小车为父亲送行。丑时出灵，我手捧父亲遗像，与几位族人乘坐灵车护送父亲。车队启程，缓缓离开父亲生活了3年的新县城，那10座让父亲引以为豪的刻着父亲版画作品的石桥，在车队后边慢慢远去……

父亲用84年的人生，走完了由南明到剑河老县城念初中，到镇远念高师，再回到剑河工作的生命历程，现在他要回老家南明去了，这一去就永远不再回来了。苍天同悲，一路上漆黑的天空不时洒下点点滴滴的细雨……

为父亲送行的车队护卫灵柩在高速公路上驰行，驰过父亲中老年时代曾经倾注生命与热血打造的“全国画乡”温泉苗寨，驰过他少年时代赴镇远考学遇到同学而不得不用掉仅有的一块银圆乘车的三穗县城，驰过他童年时代离家躲兵灾而留下3个月美好回忆的展勤寨……到了堡子，车队离开高速公路，进入崎岖颠簸的县道，爬过高高的轿子山。父亲青年时期因婚姻遭迫害，与母亲去叔公李世荣将军家八十村避难，后来为搜集写作《将军梦》的史料近10次走访八十村、浦头寨，都是经轿子山步行前往，这一带留下了许许多多父亲的足迹。过了地灵寨，车队沿着盘山公路盘旋而下，来到山脚，再朝西南方向穿过8里长的圭坪塆，来到南明大坝边缘，车队在我们李氏祖坟山前停了下来。

留在南明安排葬礼的代军大哥带领家族爷崽、亲戚朋友早已等候在公路边。许多寨邻也早早赶来送父亲最后一程，公路两边挤满了乡亲。父亲在家乡还是第一次惊动这么多人。

这时天将破晓，夜幕飘散，南明大坝逐渐显出了淡淡的轮廓，塆口的盘梅寨也开始升起了炊烟。李氏祖坟山名叫蚂蚓塆，在盘梅寨东北侧。这片祖坟山置于清代道光年间，至今已有160多年。

蚂蚓塆山形厚重，面东向阳，吸纳天地灵气，四季鸟语花香。祖先墓园居于半山，背靠一坡苍翠的松林，面向开阔邈远、溪流潺潺、风清气爽的山川田园，长塆左右雄壮的山脉逶迤向远方与云海相连。

读过私塾、懂风水的启彩公选祖坟山于此，是看中了这里的风水。父亲是画家，喜欢山水，但他决定归葬蚂蚓塆并不仅仅是因为这里的山水风光。代然说在父亲去世的头天上午，父亲打了个盹醒来忽然说他想他的爹妈了。古人说“野人怀土，小草恋山”，父亲的情感里有着深深的故土情怀啊。

父亲自打离开奶奶的襁褓就开始了与人生的抗争，在他形成了世界观之后，更是义无反顾地肩负起一个中国传统文人发奋图强的责任。他外在的和善、文弱掩饰不住内在的刚强，他不听从自己所处时代下环境的左右而不屈抗争——与命运、与不公、与他人的白眼抗争了一辈子，最终，他胜利了。一个人在冥冥之中来到人世，又必将归于尘埃，父亲为自己没有白来这世上走一遭而自豪。可是最近几年，父亲在与病魔的斗争中却显得力不从心，他知道自己违背不了生命的规律，他选择了放弃。

我听懂了父亲话里的无奈和深思，两眼噙满泪水。

我知道，期盼父亲“成龙”来改变家庭命运的爷爷奶奶，没能等到父亲“成龙”就先后辞世，这是藏在父亲内心深处难以排解的愧疚。而现今，父亲为家族、为家乡、为苗侗民族争得了一个个殊荣。不要说几十幅美术作品被送往几十个国家展出，多幅作品被中国美术馆和海外机构收藏；不要说《李万增民族风情画集》在香港举办的国际图书大展中受到高度赞扬；更不要说他作为中国第一位在中国美术馆举办个人画展的侗族画家，把70多幅民族风情版画送进了至高无上的美术殿堂，光是荣获文化部美术专业奖项“民族百花奖”和中国文化艺术政府最高奖“群星奖”，就已经够让人自豪的了，更何况父亲还另有11本著作问世和获奖……如果这世上真有在天之灵的话，我的爷爷奶奶一定会为我的父亲感到自豪。

一切准备就绪，时辰已到。“起灵了……”代军大哥一声呼唤，打断了我的思索。

我眼噙泪水，手捧父亲的遗像在夏日的晨雾中走在送葬队伍的前边。大家护着灵柩，一步一步地爬上公路里坎那陡陡的阶梯路，往右穿过一段杂生着星星点点各色野花的百米草径，再缓步攀登上墓园最高处，在亲人们的一片啜泣声中，把父亲安葬在了苍松翠柏的下边，让父亲的灵魂安息在我的爷爷奶奶和各位祖先的身旁，长眠在他无限热爱的家乡。

人生如寄，但斯人不朽！

李万增年表

1927年5月10日，生于贵州省剑河县南明侗乡一个普通农民家庭。

1947年7月，毕业于贵州省剑河中学。在校期间受袁行恕老师画业启蒙。

1948年2月，考入贵州省立镇远高等师范学校，拜师蒋跛公先生学习国画。

1949年9月，与罗先梅结婚。

1950—1952年，遭婚姻磨难休学。

1953年9月，镇远中师速成班毕业。

1953年10月，患病回乡疗治。

1955年，处女作《你见到毛主席了吗》《侗家姑娘积肥忙》两幅水彩画入选“贵州首届青年美展”，《侗家姑娘积肥忙》荣获铜牌奖。参加工作，在县轻工业局从事会计工作。

1956年，水彩画《侗家姑娘积肥忙》入选“全国青年美展”，在《中国青年》发表。

1957年，水彩画《清水江上》入选“贵州省第一届美术作品展”，被评为优秀作品，入选贵州省第一本美术作品集《贵州省第一届美展美术作品选集》由贵州人民出版社出版。

1958年，被吸收为贵州省文联绘画组成员。版画处女作《黎明前的号角》入选“贵州省第一届版画展”，在《贵州画报》发表。第二幅版画《爷孙俩》在《贵州画报》上发表。

1959年，第三幅版画《公社春来早》、连环画《公社带来苗家乐》（5

幅）入选“贵州省美术作品展”，宣传画《献礼》在《山花》发表（首次以笔名“耕牛”在报上发表作品）。

1960年2月，调到县文化馆工作。版画《渔歌》《三月春早》参加“贵州省美术作品展”和“贵州群艺馆美术作品巡展”。

1961年，水彩画《潕阳江上》、宣传画《时刻准备上战场》入选“贵州省美术作品展”，版画《打击侵略者》在贵州《群众文艺》发表。

1962年3月至1966年3月，多次赴温泉采集苗族刺绣艺术资料，复制服饰40件作品（粉画）。赴县属4个区，下到苗村侗寨文化站开绘画培训班，指导民族青年学习绘画。主办《清水江歌谣》（内刊）。

1963年，版画《苗山春早》入选“贵州省美术作品展”。与文化馆的同志首次组织举办全县文艺调演会，搜集的民间歌谣在这次调演会上大放异彩。

1964年，版画《号角》《山乡邮递员》在《广西日报》发表。

1965年，版画《志在青山》在《贵州日报》发表。首次向党组织递交“入党申请书”。

1966年4—6月，参加省艺术干训班学习，任学习委员，剧本《林木悠悠》《州庆赞歌》被评定为优秀作品。“文化大革命”开始，惨遭迫害，入“牛棚”苦役改造。

1968年，与龙开朗合作的版画《欢腾的黔东南》入选全国“万岁美展”。

1970年5月至1973年6月，惨遭迫害，被遣送农村劳动改造。期间，劳动之余画了300多幅速写，搜集百余万字文化资料，开始写作民间文学。

1973年7月，得到黔东南州委领导的关心过问，恢复工职。在国营建筑公司从事企业会计工作。

1974年3—4月，出席昆明“全国户县农民画展”，与美术界不少人士结识，重新燃起事业之火，在昆明画了近百幅写生作品和速写。6月调电影院从事幻灯编撰绘制工作。

1975年5—7月，因幻灯创作让黔东南州电影公司在重庆、湖南、贵州调演立大功，得以赴孝感、济南、泰山、黄县、柳县、烟台、青岛、黄海、上海、杭州、长沙等地考察采风，画了两百幅写生和速写。

1975—1979年，创作《苗岭变坦途》《水稻黑壳的秘密》《郑世桢》等

15套电影幻灯连环画，共计1500余幅，参加湖南长沙、黔阳，重庆，贵州等地调演，被列为重点观摩作品，昆明驻军、兴义、安顺等地区电影单位派员求艺拜师，昆明驻军派员登门学习达半年之久。在“全省电影幻灯宣传调演会”上，黔东南州电影公司领导高度赞誉“李万增同志为我省幻灯宣传事业立了大功”。在《苗岭》《贵州日报》《南风》《山花》等报纸杂志发表70多篇民间文学作品。

1976年12月8日，县委、县政府组织召开李万增等文化人平反会议，贵州省文化厅处长张锦山和州文化局局长杨国仁参加会议。政府补发了李万增被迫害期间的全部工资。

1980年，回文化馆工作。

1981年2—5月，随田宇高、杨长槐等著名画家赴南部方言侗乡黎平、从江、榕江及广西采风写生，画了300多幅速写、水彩、国画以及版画草图，记了两本厚厚的笔记。12月，出席贵州省农村文艺工作者先代会，受表彰。版画《斗牛》入选文化部、中国美协举办的“全国少数民族美展”，在《中国民间文艺论坛》发表后，《广西日报》《贵州日报》《南风》等10多家报刊转载。

1982年3月，出席贵州文联“民族文学颁奖会”，作品《雷打塘》获一等奖。4月，著名版画家刘宗河先生来访，获赠画作。5—7月，参加贵州群艺馆美术创作学习，创作《苗山不尽栋梁材》《春风送暖苗家乐》《侗家迎新娘》3幅版画作品。10—12月，参加省美协在花溪举办的“少数民族美术创作班”学习，任版画组组长，完成了水印版画《三更迎亲》《凯旋》和黑白版画《中秋芦笙会》3件作品。在两期创作培训中，是创作作品数量最多、质量最高的画家，6件作品入选“贵州省艺术馆、文化馆美术作品展”，《侗家迎新娘》在《贵州日报》发表后，相继被《山花》《中国文化报》《广西日报》等20多家报刊转载。

1983年2月，担任文化馆馆长。再次递交入党申请，选择加入中国共产党而放弃担任政协专职副主席机会。2—4月，参加贵州文联民研理论学习，结识州文化部部长王蒙及著名作家彭荆风、何世光。赴湖北恩施出席“湘鄂川黔五地州美展”开幕式，到三峡采风。与州委书记李仁山率队赴北京出席“黔东南州美术作品赴京展”开幕式。版画《催亲鼓》参加“两岸美术作品展”，被台湾画会珍藏，并在《广西日报》等报刊发表。水印版画《请来侗乡吃油茶》入选“贵州、西安美术联展”“贵州造型美展”。出席黔东南州文代会，被选为文联委员及州美协副主席。筹办“剑河少儿艺校”。先后有著名画家王振中、盛济坤，贵州省国画院张润生及水彩画家林发荣、夏维俊来访，互赠画作留念。

1984年3—5月，参加贵州文联《南风》改稿班学习。5月，被选为“湘黔桂三省区侗族画展”筹委，出席广西三江开幕式。被选为“黔东南州十一县市美术联展”筹委，出席巡展开幕式。被选为县科协副主席。11月，出席在湖南怀化召开的首届“全国侗族文学史学术研讨会”，在会上宣讲论文《侗族民族浅谈》。版画《侗寨》在《中国文化报》发表，被《山茶》《广西日报》《贵州日报》转载。版画《侗家迎新娘》《中秋月歌》《苗山不尽栋梁材》《跳花坡》参加“贵州艺术馆美展”，其中《侗家迎新娘》《催亲鼓》被中央音乐学院张帆教授收藏，《迎亲图》《梳妆》被日本高明女士收藏。20余篇民间文学入选《贵州各族人民机智人物故事选》出版。8月，中国美术馆党委书记曹振锋研究员来访，陪同采风。

1985年，《三更迎亲》《对歌》《侗乡岁岁奏凯旋》《春至》《一年之计在于春》等版画作品在《贵州美术》《农业经营管理》《贵州风情与传说》等报刊发表或出版。国画《清水江畔》为“修我长城，爱我中华”献资义卖，《清水江畔》被海外人士收藏。

1986年，《侗乡月歌》《赶歌会》《家有贵客来》等10件版画作品作为纪实风情散文集《多情的红豆树》插图出版。散文及民族文学作品《从凉月到吃粑》等12篇在《南风》《贵州民族报》《山花》等报刊发表或入选《侗乡风情录》出版，其中《侗乡龙灯》等两篇被译成俄文在苏联出版。

1987年，晋升副研究馆员，是剑河第一个晋升副高职称的专家。侗族民间文艺著作《孃花与太阳的儿子》（16万字）由贵州人民出版社出版，入选“西南图书香港展”，获全国侗族文学一等奖，获黔东南州人民政府“艺术创作评奖”优秀作品奖，被中央民族大学、贵州大学、黔东南图书馆收藏。版画《久仰人的歌》获“贵州群众画展”二等奖，版画作品《龙舟竞渡》《梳头河》《对歌》在《贵州日报》发表，版画作品《相思树》《新人桥》《古老的歌》《赛马》在《广西日报》《三月三》《贵州政协报》发表。民间文学《娘花》在云南《山花》发表。剑河县委、县政府召开嘉奖会，表彰李万增创作并公开出版了剑河县建县两百多年来的第一部著作《孃花与太阳的儿子》。

1988年，出席贵州省总工会先进代表颁发大会，被授予“贵州省自学成才奖”；出席省文化厅先进代表颁发大会，被授予贵州省“孺子牛奖”；剑河县委、县政府召开嘉奖会，表彰李万增几十年如一日，德艺双馨，为剑河县文化发展做出突出贡献，成为剑河历史上第一个晋升高级职称的专家；代表黔东南州美协组织接待江苏画家代表团来访；筹办“黔东南州美术作品赴省展”并出席开幕式；摸索路子，大力开展农民画和少儿画培训。版画《斗牛归来》《中秋月歌》《伴嫁》及国画《咏月》等8件作品被台湾人士购藏；版画《伴嫁歌》在《贵州日报》发表；被中国民间文艺家协会批准为会员。

1989年，3月，中央民族学院美术系教授周秀青来访，赠画留念；5月，出席北京“全国首届风俗画获奖作品展开幕式”，会晤著名雕塑家刘开渠先生；9月，美国韩丁先生及夫人丘广才博士来访，参观并收藏温泉农民画。被评为县、州1983—1988年度先进文化工作者；10月，出席贵州省美协花溪美术理论研讨会，结识著名美学理论家王朝闻先生；大力开展温泉农民画培训，开发民族智慧，农民以画创收已见成效；水粉画《侗乡油茶》由文化部选赴乌拉圭、阿根廷等国展览和入选《中国民间绘画选萃》外文出版；版画《请来侗乡吃油茶》获“全国首届风俗画展”优秀作品奖，选送欧美等国展览，被珍藏；主编“国家星火计划”的“剑河县三套集成卷”出版（内部），全书90万字；纪实风情散文集《多情的红豆树》（16万字）由贵州人民出版社出版。

1990年，3月，赴滇西采风；出席黔东南州美协理论研讨会，续任第二届常务副主席；12月，被文化部授予“全国先进文化馆长”荣誉称号；小版画4件入选“全国藏书票展”，版画《高原鼓声》入选“贵州省美术作品展”，版画《山民舞步》《鼓楼堂内考秀才》《凉宵》在《中国文化报》《贵州日报》《贵阳晚报》发表，版画《高原风采》《三更迎亲》被日本高鸣正明收藏。经过几年打磨，创作出“中国版画第一长卷”《侗乡集锦》，该作入选“贵州省美术作品展”，在国际“米公杯”美术书法大赛中获奖，被选送澳大利亚悉尼展出。

1991年，加入中国美术家协会和中国版画家协会；6月，多年坚持组织农民画培训，成绩卓著，剑河温泉被文化部命名为“中国现代民间绘画之乡”；中央民族学院著名画家毛水仙教授来访，陪伴采风。受日本路姬日中文化友好协会会长福田一郎先生书信专访；9月，费心筹办“黔东南州美术作品展览”；10月，贵州电视台来访，拍摄《情洒山乡》专题片；12月，出席贵州民间绘画研讨会议，被选为理事；版画《高原雄风》入选“贵州省美术作品展览”“全国艺术馆美术作品展”，荣获“中国西南艺术节”一等奖；3件书法、国画作品为日中文化友好协会会长福田一郎先生收藏，荣获中日联办“纪念日中友好20周年”少儿美术辅导奖；荣获县委、县政府“拔尖人才奖”；论文《试论民间绘画长存久荣》于《群文天地》发表。

1992年2—6月，蹲点培训农民画、少儿画创作；8月，筹办“黔东南州农民画展”；10月，出席广西龙顺“全国侗族文学理论研讨会”，与著名诗人柯原先生、著名学者杨志一先生一同探讨侗族文化的发展；12月，出席黔东南州侗学会，被选为理事；接受天津美术学院画家陈义泉先生专访，福建画家王和举先生来访；论文《从侗寨鼓楼看侗族人民的艺术观》在《贵州美术》发表，被中国《文化月刊》、贵州《文史丛刊》转载，获“全国少数民族文学会”理论研讨一等奖；论文《论作家的民族责任感——读侗族作家谭良洲短篇小说集〈娘伴〉》《论社会主义美术的主旋律》分别在《故乡》《贵州美术》发表；版画《久仰人的歌》《苗年》、国画《侗乡鼓楼》被法国岑国珍女士收藏，《太平鼓》《苗山春早》被美国凯罗琳女士收藏；版画《太平鼓》入选“贵州省美术作品展”；散文《情系滇西》《琼瑶父母与剑河抗日演出队》《情绕侗乡》、小说《新嫁娘》《一杯开水》分别在《高原》《群文天地》《滇池》等报刊上发表；统计近几年剑河农民画、少儿画成果：200余件参加国内外画展，80余件获国内外金、银、铜奖，40余件为国内外珍藏、出版、发表，蜚声海内外；出任剑河首届文协主席。

1993年，1月，退休；3—8月，在黔东南州人民医院住院疗治严重肠胃炎；贵州电视台邀请赴省城花溪医院、花溪河景、红枫湖侗寨、花溪石板寨等地补拍《情洒山乡》专题片部分场景，充实内容；成立“苗岭画廊”，任经理；12月，接受《人民中国》杂志编辑部部长丘桓兴先生专访；筹办“黔东南州庆美展”；《李万增民族风情版画集》由贵州民族出版社出版；版画

《月是侗乡明》《苗山情》《红军长征过侗乡》《节日笙歌》在《贵州美术》发表，其中《节日笙歌》入选“贵州省美术作品展”；版画《十八岁的风采》被“全国民族文化博览会”收藏；因多年来“为黔东南民族文化事业呕心沥血，贡献卓著”，荣获黔东南州首届“科技兴州基金奖”。

1994年，荣获文化部美术专业奖项“民族百花奖”；出席贵州美协第三届代表大会；筹办“黔东南州国庆画展”；出席中国少数民族美术促进会，被选为常务理事；8月，与龙开朗先生一同接受日本版画家吉田穗高先生专访，《渔家父子》为日本版画家青木先生收藏；版画《催亲鼓》在海南《新闻图片报》发表，《春初》等3件版画在《贵州日报》发表；《苗山赛马》入选“贵州省美术作品展览”，《高原之春》入选全国首届“民族百花美展”。

1995年，5月12—17日，文化部在中国美术馆举办“李万增民族风情版画展”，原中顾委委员周林、中国美协党组书记王琦、中央美术学院院长古元、中国儿童剧院原党组书记任弘、中国少数民族美术促进会会长官布、全国侗学会会长杨志一，文化部部分领导、贵州省委宣传部主要领导，贵州省文联党组书记杨长槐，以及在京文化名人唐国强、邓敏文、杨进铨等两百多人出席开幕式，《人民日报》《光明日报》《中国人民画报》《创业》《舞蹈》《贵州日报》等20多家报纸杂志刊登了画展消息和采访文章及部分版画作品，北京电视台、贵州电视台、贵州广播电台等媒体也播报了画展消息；国画《满江红》入选“纪念中菲建交20周年”“纪念世界反法西斯战争50周年”书画展获佳作奖；10月，于筑城误服腆胺中毒引发急性结膜炎，眼睫严重内倒。

1996年，6月6日，英国著名画家夏丽斯一行专访，收藏国画《松鹤延龄》、水印版画《苗山不尽栋梁材》《侗锦》、版画《太平鼓》《侗家迎新娘》等作品；版画《红军长征过榕江》入选全国“纪念红军长征胜利60周年画展”获一等奖，入编画集出版；版画《久仰人的歌》荣获黔东南州人民政府首届艺术创作评奖特别奖。版画《银春》《苗山情》在《贵州日报》《贵州档案》发表；眼疾历经3次手术仅稍有好转，受托难违，主编《李氏族谱》内部刊发。

1997年，出席中国美协、中国少数民族美术促进会、文化部民文司联办

的“庆祝香港回归画展”开幕式，出席中国少数民族美术促进会常务理事会，版画《开心鼓声颂国魂》荣获银奖，结识新西兰华人画家李健庄先生出席黎平全国侗学会会议，并代表贵州发言；在广东清远完成诗集《艺海萍踪》整理编辑工作；水印版画《风雨桥畔》在《贵州日报》发表；散文《小鸭芙蓉的回忆》《侗乡老人节》入选《侗族散文集》出版；在黔东南州人民医院做第四次眼疾手术，未痊愈，赴广州中山大学眼科中心进行第五次手术。

1998年，荣获中国文化艺术政府最高奖“群星奖”，赴京出席颁奖会；3—7月，在京改稿，诗集《艺海萍踪》出版；安徽《都市报》专版刊发题为《著名书画家李万增》的文章和《侗寨》《爷孙俩》《斗牛》等5幅版画作品。《贵州民族报》以《侗族画家李万增作品选》为题，专版刊发国画《达摩感悟图》《牧牛图》、版画《秋山鸟语》《傣家风情》。

1999年，长篇传记文学《将军梦》（与李代权合著，著名作家龙志毅作序）由香港银河出版社出版，《凯里晚报》连载，荣获建国50周年（1949—1999年）中国侗族文学创作“风雨桥奖”，名次位列第二，并被北京大学图书馆、辛亥革命武昌起义纪念馆馆藏；国画《牧牛图》《侗女》入选“新西兰华人画展”；版画《苗山木鼓》《高原雄风》《请来侗乡吃油茶》《新郎哥》《苗山赛马》《催亲鼓》《太平鼓》《梳妆》《山民舞步》被神州版画博物馆珍藏。

2000年，10—11月，黔东南州举办“李万增风情画展”，展期一个月，参观者36000多人次。10月26日，黔东南州民族局、黔东南州文联在民族博物馆会议厅举办“李万增美术作品研讨、分享会”；向黔东南民族博物馆赠献作品12幅：版画《侗家斗牛》《山妹上学》《侗乡风情》《山民舞步》《凉月》《梳妆》《风雨桥畔》《游方》《伴嫁》《银春》，纸版画《跳丧》，国画《昭君出塞》；11月3日，黔东南州文联在州人大会议厅举办黔东南州首次文学创作研讨会——“李万增、余一元文学创作研讨会”；论文《艺术突破贵在创新》在《贵州民族报》发表。《贵州民族报》以《李万增风情版画选》为题，再次专版刊发李万增作品6幅：版画《土家风情》《故乡曲》《酒香意浓》《布依姑娘》《隔窗对歌》、国画《鸟市》。版画《侗乡集锦》长5米，被称为“中国版画第一长卷”，在黔东南州民族博物馆被盗；《送寒衣——毛主席长征过剑河》等10余件国画和版画作品在黔东南州文化局宿舍被盗。

2001年，《将军梦》受到龙超云副省长重视，批经费再版；出席省民委《李万增民族风情画集》出版审稿会。

2002年，精装版《李万增民族风情画集》（著名画家古元、王琦题词，杨长槐作序）面世，入选香港大型国际书展，新华社发文赞誉；6月，赴岑巩出席陈圆圆研讨会；10月，贵州侗学会在剑河召开，再会京中侗友杨志一、邓敏文、粟周熊三位先生，聚叙别情。

2003年，人生散记《岁月从身边走过》由中国工人出版社出版；9月，应邀出席镇远置县280年庆典；版画《独木龙舟闹清江》《苗山春早》在《贵州工人报》发表；版画《苗山木鼓》获"中国西部11省书画作品展"优秀作品奖。

2004年初夏，开始全身心投入画册《伟人名流与黔东南》的选材、立意及创作；10月，《李万增国画集》由国际文化出版社出版；版画《故乡月》《报京三月三》分别在《贵州日报》《贵州民族报》发表。

2005年，有15件版画、国画作品入选"当代中华文化名家专题邮票"工程出版发行；6月21日，为创作《伟人名流与黔东南》上凯里查找相关文字资料，乘坐的公共汽车发生严重交通事故，医院下病危通知，抢救脱险，在凯里418医院住院一年。

2006年，6月，身体状况稍有好转，被交通事故肇事单位诱导出院，迁住剑河新县城，撑着病体创作《伟人名流与黔东南》画册；接待江西宜春艺术学院副院长、画家宋小敏先生率学生专访；接待画家尹光中探访；政府选用李万增的100多件版画作品，分别雕刻在一米多长的青石板上，作为剑河新县城10座石桥的桥栏装饰，支付20多万元稿酬被婉言谢绝。

2007年，9月，《伟人名流与黔东南》分两个版本由中国文学艺术出版社出版，一本作为黔东南建州51周年献礼，一本作为剑河新县城落成典礼的贺喜。版画《伴嫁》为日本吉田春生先生收藏。

2008年，处在重病之中。入选"人民功勋艺术家"名册。

2009年6月26日，因心脑血管疾病在剑河县人民医院逝世，享年84岁。社会各界人士以各种形式缅怀这位平凡而伟大的文艺工作者。

跋

父亲那份对艺术、对民族文化的痴迷延续了一辈子。已经是78岁的老人了，他还在为创作一本名为《伟人名流与黔东南》的画册东奔西走，结果在一次从剑河上凯里查找资料的途中发生了严重交通事故，身体遭受重创，原本还算硬朗的身体从此每况愈下。83岁那年又不幸摔了一跤，导致右股骨粉碎性骨折，身体状况更是急转直下。

父亲感叹“人生晚年，生命如霜”，一生坚强的父亲流露出人生暮年的伤感。他在电话中对我说，曾经打算写一部传记来纪念自己的人生，遗憾的是，他要完成这项工作已经不可能了，他把这个任务交给了我。为父亲写传记我责无旁贷：作为儿子，我要尽这份孝心；作为父亲精神品质的崇敬者，我要担起这份重任。父亲的传记如果能写出来，何止是纪念人生呢——父亲崇高的精神和品质也可以启迪后人。

可是，接受任务过后，我大多数时间在高三备考第一线，同时兼任一些别的工作，工作任务繁重而迟迟没有动笔。直到前年，《他不仅仅是来过——李万增传》在广东“清远市文艺创作精品”扶持项目评选中胜出，我才从繁忙的工作中挤出时间，真正开始这本传记的写作。

有关父亲人生的著作，父亲自己写过两本。一是1995年9月贵州人民出版社出版的《情洒山乡》，二是2003年10月中国工人出版社出版的《岁月从身边走过》。自号“耕牛”的父亲，被贵州省文联杨长槐主席称为“贵州赫赫有名的累不垮的‘老黄牛’馆长”。由于长期拼命工作，透支身体，多年不愈的肠胃病在1993年忽然恶化，父亲住进了州人民医院。我的祖爷爷、爷爷都没活过60岁，已过花甲之年的父亲面对一天不如一天的身体状况，内心无限感慨，于是开始用文字梳理人生。他用不到一年的时间，以散文的笔法写成了《情洒山乡》这本人生散记。这本书是抱病写出来的，写得比较简略，显得有些粗糙。于是，2002年，父亲在《情洒山乡》的基础上，又开始了人生散记《岁月从身边走过》的构思和写作。《岁月从身边走过》将79篇独立的散文按照一定的逻辑顺序组合成册，是一本与众不同的散文集。这部著作或追述人生沧桑，或回忆文坛画界交谊，或阐述对绘画、文学艺术的真知灼见，表现了父亲处身变革时代，把生活带给自己的喜怒哀乐化成动力并执着奋斗的内心世界，让读者读有所悟。书中附录精选了杨长槐、杨志一、邓敏文、董克俊、杨抱林、杨念一、潘年英等文人墨客撰写的20多篇研究父亲作品的评论文章，是珍贵的文化资料。

我细心阅读父亲留下来的书籍和资料，结合立意和主题，进行一定取舍，并梳理出模糊不清的地方进行考证。写作的过程如同在崎岖的山路上行走，爬坎过沟，走走停停。父母健在时，问一问便可解决的问题，而今，只能停下笔多方咨询考证。在我查阅的资料中，《贵州文史丛刊》《黔东南名人风采》《黔东南宣传》《苗侗文坛》等书籍、报刊对父亲的记述，让一些模糊不清的内容在我的头脑中清晰起来。在我访问的前辈、亲人和朋友中，杨长槐、申济友、王毅、唐学东、李万本、李荣信、李代举、张绪海等热情地向我伸出援手，解决了写作过程中遇到的诸多问题。写完这本书，我等于一步步蹒跚地沿着父亲走过的路再走了一遍。

父亲一生经历过不同的时代，他作为普通文化人，很难左右自己的人生命运，在时代的动荡、变革中，只能本着自己做人的良知、对民族的情感和责任，朝着自我拟定的目标磕磕碰碰地举步前行，走完了他坎坷亮丽的一生。荀况说："岁不寒无以知松柏，事不难无以知君子无日不再是。"意思是，岁月不寒冷就无从知道松柏的坚毅挺拔，事情不危难就无从知道君子的志向远大。父亲人生历经坎坷，矢志不渝，不忘初心，彰显了他人性的光辉。有人说"幸福的人没有故事，不幸的人才有故事"，这话不无道理。父亲坎坷的一生，故事丰富，生动感人。

为了把父亲的人生写得更加客观些、丰厚些，近几年，我利用假期，走访过父亲曾经生活过的一些地方，访问过他的一些老朋友、老同事，听这些当事人娓娓动听地讲述，父亲当年身背书箩下乡搜集美术素材、培训农民

画、开展群众文艺活动的感人事迹。我了解到，父亲开展文化工作所到的每一处村寨，所创作的每幅作品、每篇文章、每部著作的背后，都有感人的故事。这些故事一次又一次深深地感动着我，激励我把这些感人的故事介绍给读者，让更多的人了解父亲，了解他的人生、他的精神、他的那些感染人的作品。

在我少年时代，父亲曾经把《钢铁是怎样炼成的》作为我学习略有进步的奖品。“人最宝贵的是生命，生命每人只有一次，人的一生应当这样度过：当他回忆往事的时候，他不会因为虚度年华而悔恨，也不会因为碌碌无为而羞愧。当他临死的时候，他能够说：‘我的整个生命和全部精力，都献给了世界上最壮丽的事业——为人类的解放而斗争。’”小说主人公保尔这段著名的独白，几十年来一直感动着我。这段话内含的精神品质也是我父亲一生的写照。《他不仅仅是来过——李万增传》书名源于此。

经过整整两年的努力，终于将传记写出来。学桓兄不仅热心审阅，还提出了中肯的修改意见；绪海老同学在审阅中帮助我细致查实校正了好几处历史知识的错漏。在校改过程中，梁捷、李代育、洪玲、凌勇军、谭恩祺等亲友付出了心血。妻子晓美、儿子思嵚协助我进行资料查询，大大减轻了我的劳动。本书的出版，得到清远市文联原主席林闻先生和李冰冰女士的关怀和帮助，得到著名作家唐德亮先生的热心指点，得到中国侗族文学学会会长杨玉梅女士和常务副会长石佳能先生的支持鼓励。在此，一并致以诚挚的谢意。

由于学识粗浅和时间、精力所限，未能多方位、多角度搜集资料，未能进行更加深入地推敲、思考，因此本书肯定存在诸多不足之处，还期望专家、学者和广大读者批评指正。

2022年11月16日于清远